Griechische Sagen
Bearbeitet und ergänzt
von Richard Carstensen

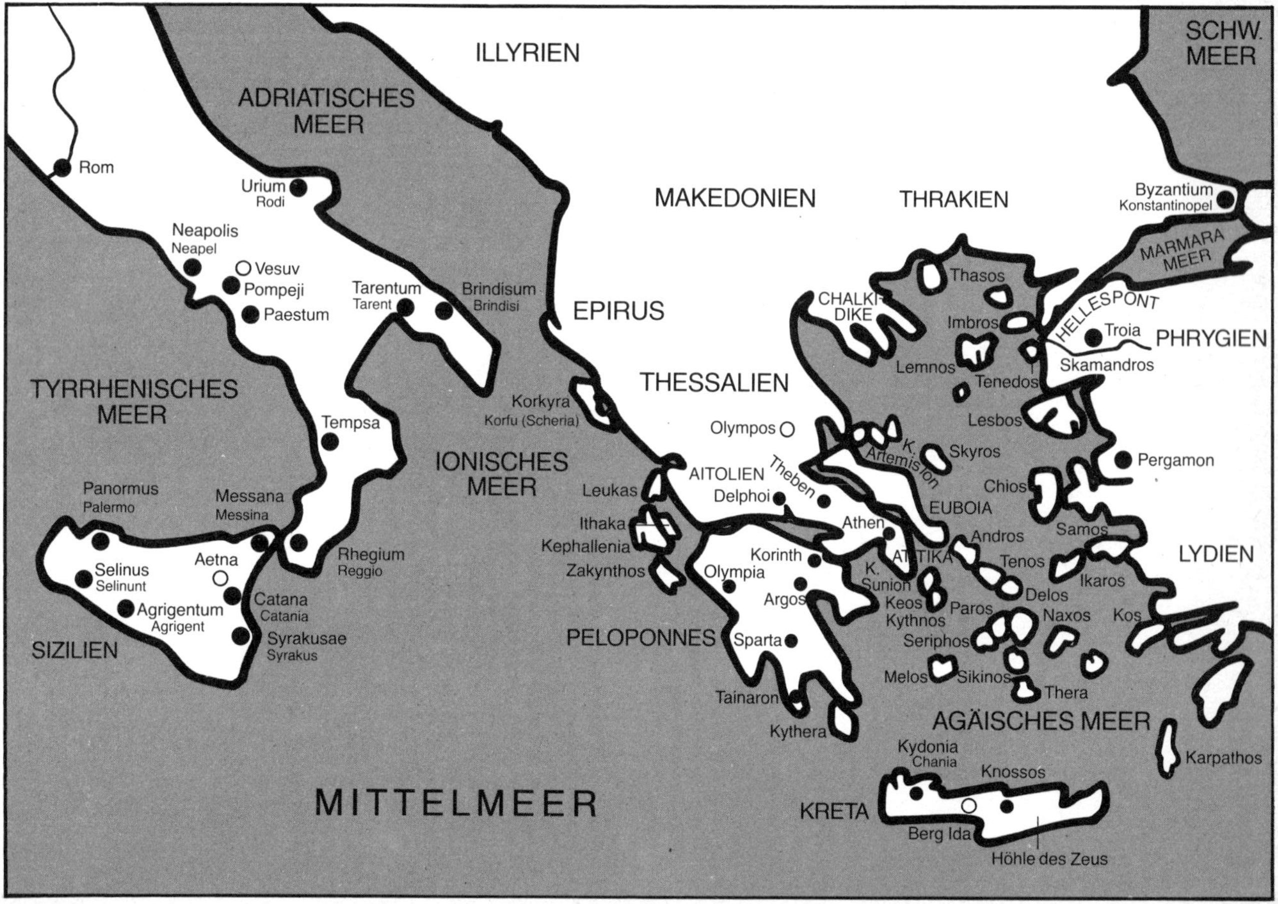
ILLYRIEN
SCHW. MEER
ADRIATISCHES MEER
Rom
Urium
Rodi
MAKEDONIEN
THRAKIEN
Byzantium
Konstantinopel
MARMARA MEER
Neapolis
Neapel
Vesuv
Pompeji
Paestum
Tarentum
Tarent
Brindisum
Brindisi
EPIRUS
CHALKIDIKE
Thasos
HELLESPONT
Imbros
Troia
PHRYGIEN
Lemnos
Tenedos
Skamandros
TYRRHENISCHES MEER
THESSALIEN
Korkyra
Korfu (Scheria)
Tempsa
Olympos
Lesbos
K. Artemision
Skyros
Pergamon
IONISCHES MEER
AITOLIEN
Theben
Chios
Panormus
Palermo
Messana
Messina
Leukas
Delphoi
EUBOIA
Ithaka
Athen
Samos
Andros
LYDIEN
Kephallenia
Rhegium
Reggio
Korinth
ATTIKA
Tenos
Selinus
Selinunt
Aetna
Zakynthos
Olympia
K. Sunion
Ikaros
Delos
Catana
Catania
Argos
Keos
Paros
Agrigentum
Agrigent
Kythnos
Naxos
Kos
PELOPONNES
Sparta
Seriphos
Syrakusae
Syrakus
SIZILIEN
Melos
Sikinos
Thera
Tainaron
AGÄISCHES MEER
Kythera
Kydonia
Chania
Karpathos
Knossos
MITTELMEER
KRETA
Berg Ida
Höhle des Zeus

Griechische Sagen

Die schönsten Sagen des klassischen Altertums
von Gustav Schwab

Bearbeitet und ergänzt von Richard Carstensen

Deutscher Taschenbuch Verlag

Das vorliegende Werk erschien 1954 unter dem Titel
Gustav Schwab, ›Die schönsten Sagen
des klassischen Altertums‹.
Es wurde bearbeitet und ergänzt von Richard Carstensen.

Mit einer Karte von Ingrid Kellner

Von dem Herausgeber Richard Carstensen ist
außerdem bei dtv junior erschienen:
Römische Sagen, Band 7905

Ungekürzter Text
1. Auflage Oktober 1978
3. Auflage Mai 1980: 23. bis 32. Tausend
Deutscher Taschenbuch Verlag GmbH & Co. KG, München

ISBN 3-77090-130-4
Umschlaggestaltung: Celestino Piatti
Umschlagbild: Vasenbild Achilleus und die Amazonenkönigin Penthesilea,
Hirmer Fotoarchiv, München
Gesamtherstellung: Kösel, Kempten
Printed in Germany · ISBN 3-423-07904-5

VON DER ENTSTEHUNG DER WELT

Zu Beginn aller Dinge war der grenzenlose Weltraum, den die Dichter des Altertums das Chaos nennen. Ohne Maß, ohne Anfang und ohne Ende war es; gähnend tat es sich ins Unermeßliche auf. Seine Urkluft war noch mit finsterem Nebel angefüllt. Trotzdem barg das Chaos schon die Grundbestandteile allen Wesens: Erde, Wasser, Luft und Feuer.

Aus der ungeformten Leere gingen Gaia, die Erde, und der dunkle Tartaros, der Abgrund unter der Erde, hervor; neben diesen beiden aber erwuchs Eros, die im ewigen Weltall wirkende Liebe.

Gaia, die Erde, erzeugte Meer und Himmel, welche die Alten Pontos und Uranos nennen. Auch die Titanen, die drei Kyklopen und die drei hundertarmigen Riesen sind Kinder der Urmutter Erde, denn Eros, die alles bezwingende Liebe, führte sie dazu, sich mit dem Meere und mit dem Himmel zu verbinden.

Uranos, der Himmel, machte sich jedoch bald zum Herrn. Er war der Vater der riesigen einäugigen Kyklopen, die die Erfinder der Blitze sind, und der zwölf gewaltigen Titanen. Sechs Söhne und sechs Töchter waren es; Okeanos, Japetos, Kronos und Hyperion sind unter den männlichen, Tethys, Themis, Rhea und Theia unter den Töchtern die berühmtesten.

Urgewaltig an Gestalt und Macht waren die Titanen, die zu Stammvätern und Stammüttern späterer Göttergeschlechter werden sollten: Okeanos ist der große Weltstrom, der Erde und Meer rings umfließt; alle Fluten des Meeres, Flüsse und Quellen entströmen ihm, und Sonne, Mond und Gestirne erheben sich aus seinen Wogen und senken sich wieder in ihn hinab. Seine Frau ist Tethys, die quellende, nährende Feuchtigkeit; viele Stromgötter entsprangen aus dieser Titanenehe. Themis pflegt in der Weltordnung seit Urzeiten Gerechtigkeit, Sitte und Naturgesetz, während aus der Ehe von Hyperion und Theia, den beiden Lichtgestalten, die Sonne, der Mond und die Morgenröte hervorgingen.

Kronos, den die Römer Saturnus nennen, ist der jüngste der Titanen, und mit Rhea sollte er Uranos und Gaia in der Weltherrschaft folgen.

Schreckliches wird aus jenen Urtagen berichtet. Uranos fühlte sich von seinen eigenen Söhnen, den riesigen Kyklopen, in seiner Herrschaft bedroht und verbannte sie in die Tiefe des finsteren Tartaros. Vergeblich suchte Gaia ihre Kinder vor dem Hasse des Vaters zu schützen. Da rief sie die Titanen zur Rettung der Brüder auf. Nur Kronos, der Jüngste, wagte es aber, für sie einzutreten.

„Ich werde dir eine Waffe geben!“ rief Gaia in ihrem Zorn, ließ im Schoße der Erde das Eisen wachsen und daraus eine Sense werden. Ein furchtbarer Kampf war es, in den Kronos sich stürzte; mit seiner scharfen Waffe verstümmelte er den eigenen Vater, entriß ihm die Herrschaft und machte sich zum König.

Mit dieser entsetzlichen Tat kam das Verbrechen auf die Welt. Aus den Blutstropfen aber, die von dem Getroffenen zur Erde hinabfielen, erwuchsen die furchtbaren Rachegöttinnen, die Erinnyen, und das Riesengeschlecht der Giganten. Gräßlich war schon die Rache, die die Worte des verstümmelten Uranos heraufbeschworen: „Einst wird auch einer deiner Söhne dich vom Throne stoßen, so wie du es mir angetan hast!“ rief er dem Sohne zu. In Angst mußte Kronos seither leben, und als seine Gemahlin Rhea bald darauf Kinder gebar, verschlang er sie jedesmal sogleich nach der Geburt: seine Töchter Hera, Hestia und Demeter und seine Söhne Hades und Poseidon.

In unsäglichem Mutterschmerze hatte Rhea ihre Kinder Kronos hingegeben. Als sie nun wieder einem Kinde das Leben schenken sollte, machte sie sich auf, ihre Eltern Uranos und Gaia um Rat zu fragen. „Geh auf die Insel Kreta“, sagten diese, „dort wirst du vor deinem gewalttätigen Manne sicher sein!“ Dieses Gebot befolgte Rhea; wieder brachte sie einen Knaben zur Welt, und in der einsamen, dunklen Höhle des Berges Ida, in der sie ihn versteckte, konnte sie sein Leben retten.

Der Neugeborene hieß Zeus. Zwar verlangte Kronos auch nach diesem Sohne, doch Rhea täuschte ihn listig, indem sie ihm einen in Windeln gewickelten Stein reichte. Der grausame Titan verschlang ihn gierig und ahnte nicht, daß der Sohn inzwischen, von den Bergnymphen wohlbehütet, heranwuchs. Eine göttliche Ziege reichte ihm ihr Euter, die Bienen des Berghanges brachten ihm Honig, und wenn er sich mit seinem kindlichen Geschrei in Gefahr brachte, so schlugen Rheas Priester lauten Lärm, damit Kronos das Versteck nicht entdecke.

Als Zeus herangewachsen war, trat er vor seinen Vater Kronos und zwang ihn, die unsterblichen Kinder, die er verschlungen hatte, wieder herauszugeben. Schrecklich sollten sich des sterbenden Uranos Racheworte weiter erfüllen, denn mit seinen Geschwistern begann Zeus nun vom thessalischen Olymp aus den Kampf gegen Kronos und dessen Brüder, die Titanen. Den Kyklopen und den hundertarmigen Riesen, die Kronos im Tartaros gefangen hielt, gab Zeus die Freiheit und machte sie damit zu seinen Helfern. Sogar einige der Titanen, vor allem Okeanos, Tethys und Themis, standen Zeus zur Seite. Furchtbar war der Streit der Urgewalten um die Weltherrschaft; sein Widerhall drang bis in die Tiefen des Tartaros. Die mächtigste Waffe des Zeus waren die Donnerkeile, die die Kyklopen ihm geschmiedet hatten; unaufhörlich schleuderte er sie von seiner Bergburg, dem Olympos, hinab, bis die Titanen unterlagen. So blieb Zeus der Sieg und damit die Herrschaft über die Welt.

Dankbar für die tapfere Hilfe, teilte Zeus nun die Weltherrschaft mit seinen Brüdern. Während Hades die Unterwelt bekam, gab er Poseidon die Gewalt über das Meer; er selber behielt als Herrschersitz den Himmelsthron. Die Titanen, die treu zu ihm gestanden hatten, beließ er in ihren Machtbereichen, während er die feindlichen im Tartaros gefangenhielt.

An Zeus' Seite lebte als seine Gemahlin seither die Göttin Hera, die als des Kronos älteste Tochter zur Welt gekommen war. Aus dem Schaume des Meeres entstieg seine Tochter Aphrodite, die Göttin der Liebe und der Schönheit, die alle anderen Göttinnen an Anmut und Liebreiz übertraf. Zwei Kinder wurden dem obersten Gotte von Leto, einer Tochter des Titanen Koios, geschenkt: Phoibos Apollon, der Gott des Heils und der Ordnung; er war Schirmer des Gesetzes, alles Guten und Schönen in der Natur und in der Menschenwelt. Artemis, seine Schwester, war ebenfalls die schützende, heilbringende Göttin, die Spenderin frischen, blühenden Naturlebens; wie ihr Bruder Apollon war sie unvermählt.

Zeus' Lieblingstochter aber war Pallas Athene, die aus seinem Haupte, dem Sitze der Klugheit, entsprang; so war sie die Göttin der Klugheit, eine mächtige und kluge Lenkerin und Schirmerin der Städte und Staaten in Krieg und Frieden.

Andere Gottheiten traten damals in den Kreis der Himmlischen wie Iris, die Götterbotin, die den Verkehr zwischen den Göttern und Menschen vermittelte. Aus Zeus' Ehe mit Hera erwuchs Hephaistos, der als kunstfertiger Gott der Schmiedeesse die Macht des Feuers bezähmte.

Doch noch war die neue Weltordnung nicht gesichert. Gaia nämlich, die Urmutter Erde, sah mit Zorn ihre Kinder in der Unterwelt schmachten; sie zu befreien, schickte sie den hundertköpfigen, feuerspeienden Typhon, und Zeus, der Sieger, hatte nun wiederum einen erderschütternden Kampf zu bestehen, bis er auch das Drachenungeheuer bezwungen hatte.

Gaia aber ließ nicht nach; sie stachelte die schrecklichen Giganten auf, den Göttersitz zu erstürmen. Furchtbar war der Kampf, den Zeus in der Schlacht mit dem Geschlecht der Riesen zu bestehen hatte. Sie brachen aus der Unterwelt hervor, daß die Gestirne aus Furcht erblaßten. „Geht hin und rächt mich an den Himmlischen!" mit diesen Worten trieb Gaia sie an, „gebrauchet meine eigenen Glieder, die Berge, zu Stufen, um den Olymp zu bezwingen!"

Die riesenhaften Ungeheuer waren schrecklich anzuschauen; statt der Füße hatten sie geschuppte Drachenschwänze. Sie jubelten bei den Worten ihrer Mutter auf und schwelgten in der Vorfreude des Sieges. „Ich will Aphrodite zu meinem Weibe machen!“ prahlte der eine der Riesen, „Artemis soll mein Weib werden!“ rief der andere, und ein dritter rühmte sich gar, er wolle die schöne Athene freien. So zogen sie den Bergen Thessaliens zu, um von dort aus den Göttersitz zu stürmen.

Indessen sammelten die bedrängten Götter alle verfügbaren Kräfte, um dem schweren Angriff der Riesen standhalten zu können. Iris, die Götterbotin, holte die Himmlischen zusammen; selbst die Geister der Verstorbenen rief sie zur Hilfe auf. Gehorsam folgten alle dem Rufe.

Und es war wirklich höchste Not. Alle Elemente waren in wildestem Aufruhr; vom Himmel ertönte die Wetterposaune, und das Land antwortete mit anhaltendem Erdbeben.

Die Götter nahmen alle tapfer am Entscheidungskampfe gegen die wütenden Riesen teil. Phoibos Apollon sandte seine immer treffenden Pfeile, Hephaistos schleuderte glühende Kohlen aus seiner Schmiedeesse, und Poseidon stieß mit seinem Dreizack; die Moiren, die Schicksalsgottheiten, schwangen ihre Keulen, und alles zermalmend fuhr Zeus' Donner nieder. Auch Herakles, Zeus' erdgeborener Sohn, den Athene auf sein Geheiß zur Hilfe holte, griff voll Ungestüm in den Kampf ein.

Aber ob die Riesen in ihrem Zorn auch einen Berg nach dem andern aus seinen Grundfesten rissen und neue Berge, den Ossa, den Pelion und den Oeta, aufeinander türmten, Zeus zeigte sich stärker. Er blieb Sieger in dem mörderischen Kampfe, und niemand wagte es künftig, ihm seine Herrschaft streitig zu machen.

Hoch auf dem Gipfel des Olymp thront Zeus seither als Oberster im Kreise der Götter. Nicht Schnee noch Regen fallen dort, kein Windhauch weht. Nektar und Ambrosia ist die Götterspeise, die allen Himmlischen ewige Jugend und Unsterblichkeit erhält.

KLEINERE SAGEN

PROMETHEUS

So war nun die Welt geschaffen. Himmel und Erde hatten darin ein festes Gefüge, und das Meer war in seine Ufer gewiesen. In fröhlichem Gewimmel bevölkerte allerlei Getier den Erdraum; in den Wellen tummelten sich die Fische, in den Lüften die Vögel, und über den Erdboden hin eilten leichtfüßige Tiere aller Art. Aber noch fehlte es an dem Geschöpfe, das berufen war, mit seinem Geiste die weite Welt zu beherrschen.

Da betrat Prometheus die Erde.

Er war ein Enkel des Uranos, des Himmelsgottes, und Sohn des Titanen Japetos, dessen Geschlecht einst durch Zeus entthront und in den Tartaros verbannt worden war. Prometheus, der seines Vaters erfindungsreiche Klugheit geerbt hatte, wußte von dem göttlichen Samen, der im Boden ruht. Er nahm Erdenton und formte aus ihm nach dem Ebenbilde der Götter eine Gestalt. In die Brust schloß er ihr gute wie böse Eigenschaften ein, die er den Seelen aller Lebewesen dieser Erde entnommen hatte, und formte daraus die menschliche Seele. Die Göttin Pallas Athene, seine himmlische Freundin, die sein Werk mit Bewunderung betrachtete, blies dem beseelten Erdenkloß ihren Atem ein und gab dem Menschen damit den Geist.

So entstanden die ersten Menschen.

Gar bald füllten sie in unendlicher Vielzahl das Erdenrund. Doch was nützte ihnen der herrliche Bau ihrer Glieder, was der göttliche Funke, wenn sie nicht die himmlischen Gaben wohl zu verwenden verstanden? Sie lebten wie im Traume dahin, denn nicht des Gehörs noch des Gesichts wußten sie sich zu bedienen. Ohne Plan war, was sie taten, denn was ahnten sie vom Lauf der Sterne, was von den Jahreszeiten, was von der Kunst des Häuserbauens? Und was wußten sie von der segensreichen Macht des Feuers!

Da wurde nun Prometheus zum Lehrmeister seiner Geschöpfe: er lehrte sie den rechten Gebrauch aller Gaben der Himmlischen, lehrte sie sehen und hören, nach dem Wandel der Gestirne den Tag einteilen und den Jahresablauf in der ewig wechselnden Schönheit seiner Zeiten erleben. Nun lernten sie, sich die Tiere zu dienstbaren Helfern zu machen und mit Schiffen das Meer zu befahren. Sie verstanden, Steine und Ziegel zu bereiten, das Holz zu behauen und feste Häuser zu errichten. Nur eines fehlte den Menschen: das Feuer.

Die Götter, voran der gewaltige Zeus, hatten von den Menschen Anerkennung ihrer Herrschaft und Verehrung für den Schutz verlangt, den sie den Erdensöhnen gewährten. Die Menschen waren zu solchem Dienste bereit, und Prometheus wurde von ihnen geschickt, mit den Göttern zu verhandeln. Aber in törichter Vermessenheit versuchte er, Zeus selber, den Allwissenden, zu täuschen, und so versagte der Weltenbeherrscher den Menschen die göttliche Gabe des Feuers.

Doch auch hier wußte der schlaue Titanensohn Abhilfe. Er näherte sich mit einem leicht entzündbaren Riesenhalm dem vorüberfahrenden Wagen des Sonnengottes Helios, entnahm ihm den Feuerbrand und eilte mit dieser Fackel zur Erde, den Menschen das Feuer zu bringen. Allüberall flammten die Holzstöße auf: Der Mensch besaß jetzt die wohltätige, segensreiche Kraft des Feuers.

Zeus aber, den Weltenbeherrscher, schmerzte es, das Menschengeschlecht nun mit solcher Gabe ausgestattet zu sehen. Sogleich sandte er ihnen ein schlimmes Übel, um die Macht der Menschen zu begrenzen. Er führte eine wunderschöne Jungfrau unter sie, die von Hephaistos, dem Gott des Feuers und der Schmiedekunst, geschaffen und von allen Göttern mit einer unheilbringenden Gabe beschenkt worden war:

Pandora, die Allbeschenkte, hieß sie, die nun unter die arglosen Menschen trat und sich von ihnen bewundern ließ. Nichts Böses ahnend, nahm Epimetheus trotz der Warnung seines Bruders Prometheus ihr Geschenk, eine schöne Büchse, an. Wie schwer sollte sich seine Gutgläubigkeit für alle Menschheit rächen! Denn kaum wurde der Deckel von Pandoras Büchse zurückgeschlagen, da entflogen dieser alle Krankheiten, Übel und Schmerzen und verbreiteten sich mit Blitzeseile über die Menschen im Erdenrund, die bisher frei von Beschwerden und Krankheiten gelebt hatten. So strafte Zeus des Prometheus Raub.

Ein einziges Gut war in der Büchse verborgen: die Hoffnung. Doch ehe sie entweichen konnte, schlug die böse Götterbotin den Deckel zu und verschloß sie für immer. Die Qualen der Krankheiten und des Elends aber traten sogleich in allen Gestalten vor die Menschen: Zeus hatte ihnen die Stimme versagt, und so näherten sie sich stets heimlich und schweigend. Fieberkrankheiten überfielen die wehrlosen Menschen, und der Tod hielt reiche Ernte.

Doch nicht genug mit solcher Strafe! Voller Zorn blickte Zeus auf Prometheus, und auch ihn selber sollte der Strahl seiner Rache treffen. Mitleidslos ließ er ihn von seinen Knechten in die wildeste Einöde des Kaukasus schleppen und von Hephaistos mit unlösbaren Ketten über einem schaurigen Felsgrund anschmieden. Dort hing nun der Götterenkel an der einsamen Klippe, aufrecht stehend, so daß er niemals das wankende Knie beugen konnte, und ohne Schlaf für die müden Augen. Speise und Trank waren dem Unglücklichen versagt; statt dessen fraß täglich ein Adler von seiner Leber, die sich unablässig erneuerte.

Viele Jahrhunderte dauerte die Qual des Verdammten. Vergeblich rief er Wind und Wolken, die Sonne und die Ströme zu Zeugen seiner Pein an – Zeus blieb erbarmungslos und unerbittlich. Erst als der Held Herakles des Weges kam, sollte die grausige Leidenszeit ein Ende finden: Den gewaltigen Helden, der auf der Fahrt nach den Äpfeln der Hesperiden war, ergriff unbändiges Mitleid mit dem Schicksal des Titanensohnes; er erlegte den Adler und befreite den Gequälten von der grausigen Haft.

DEMETER UND PERSEPHONE

Seit Demeter zusammen mit den Geschwistern ihrem gewalttätigen Vater Kronos entronnen war, thronte sie, einer verjüngten Gaia gleich, unter den Olympischen als die milde und mächtige, segenbringende Göttin der Fruchtbarkeit.

Aus ihrer Verbindung mit Zeus hatte sie eine Tochter, der sie mit innigster Mutterliebe zugetan war: Persephone, die wohlbehütet im Kreise ihrer Gespielinnen aufwuchs.

Als sie einst in ungetrübter Jugendlust auf den blühenden Fluren der Mutter Demeter spielte und Blumen zum Kranze pflückte, klaffte urplötzlich neben ihr der Erdboden. Hades, der Gott der Unterwelt, der wegen des Reichtums im Schoße der Erde auch Pluton genannt wird, sprengte mit rossebespanntem Wagen aus seinem Reiche hervor. Vergeblich schrie Persephone nach Rettung; der Gott entführte sie gewaltsam in die dunkle Unterwelt und machte sie dort zu seiner Gemahlin.

Verzweifelt und untröstlich irrte Demeter auf der ganzen Erde umher, ihre verschwundene Tochter zu suchen. Endlich verriet Helios, der alles sieht, ihr den Aufenthalt des Mädchens. Da verließ Demeter den Olymp und zog sich in ihrem Schmerze in die Einsamkeit zurück. Mißwuchs sandte sie zürnend über die Länder, alle Fruchtbarkeit ließ sie von der Erde verschwinden, so daß Hungersnot die Menschen bedrohte.

Vergeblich versuchte Zeus, die Göttin milde zu stimmen. Da sah er sich schließlich genötigt, dem Bruder die Rückgabe seines Raubes zu gebieten. Hades gehorchte dem Verlangen des Höchsten der Götter und entließ Persephone. Vorher aber hatte er sie vom Granatapfel kosten lassen, der geheimen Zauber barg: Wer von dieser Speise genoß, war der Liebe verfallen. Und so weilte Demeters Tochter nun nach dem Willen des Zeus zwei Drittel eines jeden Jahreslaufes, in der Zeit des Blühens und Reifens, bei ihrer Mutter auf der Oberwelt. Dann aber siegte in ihr die eheliche Liebe, und freiwillig ging sie wieder in die Unterwelt hinab, um die Winterzeit bei ihrem Gatten zu verbringen.

Dort thront Persephone ernst und streng wie ihr Gatte, mit dem sie die Herrschaft im Reiche der Schatten teilt; aber sie erscheint auch als gütige Versöhnerin, und manches Mal hat sie den harten, unbeugsamen Pluton zu milderem Sinne bewegt.

DEUKALION UND PYRRHA

Lange bevor unser Menschengeschlecht diese Welt bevölkerte, hauste auf Erden das Geschlecht der ehernen Menschen, die grausam und voll Gewalttätigkeit waren und stets nur auf Streit und Zank und Krieg sannen. Ihre Wohnung war aus Erz, mit Erz bestellten sie das Feld, und ihr Sinn war unbeugsam und hart wie das Erz.

Zeus, der Weltenbeherrscher, der von ihrem gottlosen Starrsinn gehört und sich in Menschengestalt unter sie begeben hatte, war voll Empörung zum olympischen Göttersitz zurückgekehrt. „Das Gerücht ist noch weit milder als die Wahrheit!“ rief er zornentbrannt im Rate der Götter; „ich bin entschlossen, das ruchlose Geschlecht von der Erde zu tilgen!“ Schon griff er nach den Donnerkeilen, um sie gegen die Gottlosen zu schleudern. Doch er mußte fürchten, die feurigen Blitze könnten den Äther in Flammen setzen und die Achse des Weltalls verbrennen, und so legte er sie wieder aus der Hand.

„Ich werde einen ungeheuren Regen vom Himmel senden und das eherne Geschlecht in Wolkengüssen ertränken“, schwur er ingrimmig. Sogleich wurde der Nordwind, der die Regenwolken zu verscheuchen pflegte, in die Höhlen des Windgottes Aiolos eingeschlossen; nur der Südwind wurde freigelassen. Mit triefenden Schwingen und regennassem Bart, das Antlitz in nachtschwarzes Dunkel gehüllt, so schwang sich der Südwind zur Erde hinab; Nebel lagerte auf seiner Stirn, und in den weißen Haupthaaren rann die Flut. Er packte die tief herunterhängenden Regenwolken, und unter Donnerrollen fing er an, sie auszupressen.

Da goß sich unendlicher Regen auf die Erde hinab. Auch der Meergott Poseidon kam dem Bruder bei dem Zerstörungswerk zu Hilfe. „Laßt euren Wassern alle Zügel schießen!“ befahl er seinen Flüssen, „brecht in die Häuser der Sterblichen ein und zerstöret die Dämme, mit denen sie euch einengen!“ Und während die entfesselten Ströme sich gegen alles Menschenwerk stürzten, durchstach der Flußgott selber mit seinem Dreizack das aufgedämmte Erdreich und ließ die wütenden Fluten eindringen.

So strömten die Wasser über die offene Flur, über Häuser und Tempel hin, überspülten die Saatfelder und rissen Bäume und Pflanzen nieder. Und wo ein Palast fest genug war, den Fluten zu trotzen, da deckten doch bald die Wellen seinen Giebel, daß auch die höchsten im Strudel verschwanden. Meer und Erde waren nicht mehr zu unterscheiden; alles versank in den weiten, uferlosen Wassern.

Die Menschen suchten sich zu retten, so gut sie konnten. In ihrer Verzweiflung strebten sie auf die höchsten Berge, doch die meisten packte das unbarmherzig vordringende Wasser, bevor sie Rettung fanden. Und wer einen der unwirtlichen Gipfel erreichte, der war dazu verdammt, in kurzer Zeit dem Hungertode zu erliegen.

Damals lebte Deukalion, des Prometheus Sohn, mit seiner Gattin Pyrrha. Niemand unter den Sterblichen war den beiden gleich an Rechtschaffenheit und Frömmigkeit. Prometheus selber hatte zu der Zeit, da er noch im Rate der Götter saß, das Paar gewarnt und ihnen ein Schiff gebaut. Und als nun auch über sie des Zeus Vernichtungsgebot fiel, da konnten beide sich in ihrem Fahrzeug über die wildbewegte Flut retten.

Als der Allvater vom Himmel hinabschaute und nur noch dieses einzige Menschenpaar erblickte, beide fromm und gottesfürchtig und ohne alle Schuld an dem furchtbaren Strafgericht, zu dem ihn sein göttlicher Zorn geführt hatte, da sandte er den Nordwind aus, ließ die schwarzen Wolken auseinandertreiben und den Nebel entführen. Er zeigte dem Himmel die Erde und der Erde den Himmel wieder. Auch Poseidon legte den Dreizack beiseite und besänftigte die Flut.

Da erhielt das Meer wieder Ufer, und die Ströme kehrten in ihr Bett zurück.

Tränen rollten dem frommen Deukalion über die Wangen, als er das Land so verwüstet und grabesstill liegen sah. „Nun sind wir beide allein das Volk der Erde", sagte er wehklagend zu seiner Frau; „alle anderen sind in der Wasserflut ertrunken! Ach, wenn mich doch mein göttlicher Vater die Kunst gelehrt hätte, menschliche Wesen aus Ton zu formen und ihnen menschlichen Geist einzuhauchen!"

Weinend traten die beiden vor den halbzerstörten Tempel der Themis, warfen sich auf die Knie nieder und flehten zu der Göttin: „Gib du uns Kunde, Himmlische, wie wir unser vernichtetes Geschlecht zu neuem Leben erwecken sollen! O hilf du unserer versunkenen Welt!"

„Verhüllt euer Haupt!" erklang da die Stimme der Göttin, „und werft die Gebeine eurer Mutter hinter euch!"

Lange rätselten die beiden an dem geheimnisvollen Götterspruch. „Verzeih mir, Himmlische", rief Pyrrha die unsichtbare Göttin an, „wenn ich vor deinem Gebote erschaudere! Aber wie kann ich dir gehorsam sein, wenn du mich das Andenken meiner Mutter kränken heißt!" Doch Deukalion fiel ihr ins Wort: „Ich erkenne den Sinn ihrer göttlichen Worte, denn niemals verlangt ein Gott Freveltat vom Menschen: Unsere Mutter, das ist die nahrungspendende Erde, und ihre Knochen sind die Steine; und diese, Pyrrha, sollen wir hinter uns werfen!"

Noch mißtrauten beide dieser Auslegung des göttlichen Spruches. Doch dann entfernten sie sich vom Altar der Göttin, umschleierten ihr Haupt und warfen Steine hinter sich.

Und da begab sich das Wunderbare: Das Gestein verlor seine Härte und Sprödigkeit, es wurde geschmeidig, es wuchs – es gewann Gestalt! Menschengestalt, zwar noch grob und unfertig zuerst, so wie ein Künstler die rohen Formen aus dem Marmor herausmeißelt, doch bereits erkennbar Was feucht und erdig war an den Steinen, wurde zu Fleisch, das Feste und Steinige zu Knochen. Und nicht lange dauerte es, so standen die fertigen Menschen vor Deukalion und Pyrrha. Die Steine, die Deukalion geworfen hatte, hatten männliche, die von Pyrrha geworfenen weibliche Gestalt angenommen.

Das ist nach der Sage der Ursprung unseres Menschengeschlechts, und in der Tat, es verleugnet seine Herkunft nicht einen Tag: ist es doch ein hartes, kraftvolles Geschlecht, das tauglich zu schwerer Arbeit und fähig ist, Mühe und Anstrengung auf sich zu nehmen.

IO UND ZEUS

Auf seinen Wanderungen, die Zeus in Menschengestalt durch alle Gegenden der bewohnten Erde zu machen pflegte, war ihm einst Io, des Pelasgerkönigs liebliche Tochter, begegnet. Selten hatte eine Jungfrau ihm so gefallen wie sie, und selten hatte sein Herz so voll Liebe geschlagen wie bei ihrem Anblick. Sie ahnte nicht, wer vor ihr stand, als der Gott um sie warb. Doch vergeblich suchte er sie zu gewinnen, und als er sich nun zu erkennen gab, da floh die Jungfrau erschrocken vor ihm. Angst beflügelte ihren Schritt, um ihm zu entkommen. Aber der Gott entfaltete seine überirdische Macht, er hüllte das ganze Land ringsum in undurchdringlichen Nebel und zwang so die Jungfrau in seine Gewalt.

Inzwischen blickte Hera argwöhnisch von der Himmelshöhe hinab, denn oft hatte Zeus Umgang mit irdischen Frauen gesucht. Voll Verwunderung gewahrte nun die Göttermutter, wie sich auf der Erde Nebel ausbreitete. Nebel am hellen Tage, das mußte ihren Verdacht erregen, denn nicht aus dem Flußbett oder aus sumpfiger Wiesenlandschaft stiegen die Dünste empor. „Muß ich dir wieder auf deine Schliche kommen, du Treuloser!“ rief sie voll Zorn und blickte suchend um sich. In der Weite des Himmels war der Gatte nirgends zu entdecken. So schwang sie sich zur Erde nieder und gebot dem Nebel zu weichen. Doch Zeus hatte geahnt, daß die Gattin ihm nachspüren werde, und schnell verwandelte er die Königstochter in eine liebliche, silberglänzende Kuh.

Die Göttin durchschaute sogleich die List, aber sie stellte sich, als ließe sie sich von ihm täuschen. Bewundernd trat sie deshalb vor das schöne Tier, denn auch in der verwandelten Gestalt bewahrte Io ihren Liebreiz. „Wem gehört dieses herrliche Rind, und woher kommt es?“ fragte Hera den Gatten, und dieser, einmal zur Lüge gezwungen, mußte nun weiter zur Lüge seine Zuflucht nehmen. „Sie stammt von der Erde“, erklärte er und dachte, so ihren neugierigen Fragen zu entgehen. Und wirklich, Hera schien sich nun zufriedenzugeben. „Schenk mir doch das schöne Tier!“ wandte sie sich dann plötzlich dem Gatten zu, und Zeus konnte nicht wagen, ihr die Bitte abzuschlagen, wollte er nicht noch weiter das Mißtrauen der Eifersüchtigen wachhalten. Weigerte er sich, so würde Heras Zorn die Geliebte treffen. Schweren Herzens übergab er der Gattin das erbetene Geschenk, um sich und die Verwandelte nicht zu verraten. Immer noch ahnte er ja nicht, daß Hera längst seinen Betrug durchschaut hatte.

„Ich muß mich vor weiterer List schützen“, sagte Hera zu sich selber, denn sie fürchtete, Zeus werde alles daransetzen, ihr die strahlendschöne Kuh wieder zu entführen. So legte sie dem Tier sogleich ein Halfterband um und führte es zu Argos, dem seltsamen Wesen mit den hundert Augen.

„Ich habe dich als Wächter über diese Kuh ausersehen“, wandte sie sich in gebietendem Tone an ihn, „und vertraue sie deiner Obhut an.“ Schweigend gehorchte Argos der Göttermutter, und sicherlich hatte Hera ihre Wahl gut getroffen. Hundert Augen hatte Argos, von denen immer nur zwei in wechselnder Folge sich der Ruhe ergaben, während die andern alle Wache hielten. Wohin er auch blickte, immer blieb ihm Io vor Augen.

Wie grausam war das Los der Verwandelten! Am Tage war es ihr gestattet, auf der Weide zu sein. Wenn aber der Sonnenwagen unter dem Horizont verschwand, dann führte der hartherzige Wächter sie in ein Verlies und schloß sie in Ketten. Laub und bittere Kräuter waren ihre Nahrung, und statt des prächtigen Lagers im elterlichen Palaste hatte die Unglückliche jetzt den nackten Erdboden als Ruhestätte, und ihren Trank mußte sie in schlammigen Gewässern suchen.

Um Gnade und menschliches Mitleid flehend, wollte sie die Hände zu Argos erheben – die Hände? Verzweifelt mußte Io sich daran erinnern, daß sie ja ein Tier geworden war. Wollte sie ihr Leid klagen, so war es schreckliches Gebrüll, das sie ausstieß. Voll Entsetzen vernahm die Jungfrau die tierischen Laute – war das ihre eigene, war das Ios Stimme? Als Kuh zog sie unter Argos' Obhut durch das Land, sie weidete auf den Feldern in ihrer eigenen Heimat, am Strande des Flusses, wo sie sich einst im Spiel und Reigentanz gefreut hatte. Und als ihr gar im Wasser ihr Spiegelbild entgegenblickte, die Tiergestalt mit den Hörnern, da schauderte ihr im tiefsten Innern, und voll Entsetzen wollte sie vor sich selber fliehen. Wie grausam hatte doch Zeus an ihr gehandelt, als er ihr die menschliche Gestalt genommen hatte!

Voll Sehnsucht suchte sie die Nähe des geliebten Vaters und der Schwestern, aber wer sollte in der Tiergestalt die verschwundene Io erkennen? Zwar bewunderten alle das schöne Tier, streichelten es liebevoll und reichten ihm frisches Gras, aber niemand ahnte, wen die Kuh verbarg, als sie dem Vater die Hand leckte und ihre heißen Tränen rinnen ließ. Immer wieder versuchte sie, menschliche Worte zu bilden, um alles zu erklären, aber die unförmigen Lippen versagten sich allem Mühen.

Da plötzlich kam ihr die Erleuchtung: War ihr auch Gestalt und Sprache genommen, menschliches Denken hatte der Gott ihr nicht rauben können! Io zeichnete mit dem Fuße Schriftzeichen in den Sand, und voll Entsetzen erfuhr der Vater nun plötzlich das schreckliche Schicksal der Tochter. „Weh mir!" rief der Greis in fassungslosem Schmerze und hielt voll Verzweiflung die Tochter umfangen. „So soll ich dich wiederfinden, geliebte Io? Viel größer ist jetzt mein Schmerz als vorher, da ich in allen Ländern vergeblich nach dir forschte! Du schweigst, geliebte Tochter, und kannst nicht Antwort geben – nur tierisches Gebrüll ist deine Sprache!"

Voll Trauer blickte die Verwandelte den gebeugten Vater an. „Ich war so arglos“, fuhr er fort, „daß ich von Brautkranz und Hochzeitsfackeln für dich träumte und auf einen Eidam hoffte – nun gehörst du zur Herde. – Ach, würde doch ein schneller Tod mich von all dieser Qual befreien!“

Aber schon trat der vieläugige Argos dazwischen, drängte den jammernden Greis beiseite und riß das Rind mit sich fort. Er führte Io auf ferne, einsame Weiden, erklomm selber eine ragende Berghöhe und lugte wachsam nach allen Richtungen.

Nun endlich konnte Zeus, der Urheber von Ios schrecklicher Qual, sie nicht länger ohne Hilfe lassen. Er rief Hermes, seinen geflügelten Sohn, zu sich und befahl ihm, die unglückliche Gefangene zu befreien. „Wenn nicht anders“, gebot er dem Götterboten, „so scheue dich nicht, Gewalt anzuwenden!“

Sogleich nahm Hermes Hut und Flügelschuhe, ergriff den Zauberstab und schwang sich vom Sitz der Götter zur Erde hinab. Dort legte er ab, was ihn als Boten der Himmlischen kenntlich machte, behielt nur den Stab in der Hand und nahm die Gestalt eines Hirten an. Schnell sammelten sich Ziegen um den lockenden Ton seiner Syrinx, der Hirtenflöte, und unauffällig näherte sich der Götterbote den Feldern, wo Argos seine Gefangene bewachte. Wie Zauberklang ertönte die Flöte den Ohren des Wächters. „Wer du auch sein magst“, rief er zu Hermes hinüber, „komm her und nimm mir zur Seite auf dem Steine Platz! Denn für deine Tiere findest du nirgends fetteres Gras, und du selber hast hier erquickenden Schatten!“

Gern folgte der Angesprochene der Aufforderung, setzte sich zu Argos und wußte ihn so angenehm zu unterhalten, daß unter ihrem Plaudern die Zeit wie im Fluge verstrich. Sollte es dem listigen Götterboten nicht gelingen, den Vieläugigen einzuschläfern? Er griff zur Syrinx und entlockte ihr so wundersame Weisen, daß Heras Wächter sich nur mühsam gegen die bestrickende Wirkung zu wehren vermochte. Zwar fiel ein Teil seiner Augen in Schlaf, aber aus Furcht vor Heras Zorn zwang sich Argos, die übrigen wachzuhalten. Und als der Schlummer übermächtig werden wollte, raffte er sich auf, die Müdigkeit abzuschütteln: „Sag mir, du fremder Hirt“, wandte er sich an den Flötenspieler, „ist diese herrliche Rohrpfeife nicht erst aus unseren Tagen? Kannst du mir erzählen, was zu ihrer Erfindung geführt hat?“

„Gern will ich dir davon berichten“, entgegnete Hermes sogleich. Im Herzen aber frohlockte er, seinem Ziele näherzukommen. „So höre: In Arkadiens Schneebergen lebte einst die schönste der Baumnymphen. Syrinx nannten sie ihre Gefährtinnen, die Dryaden. Vergeblich warben Waldgötter und Satyrn, die als des Weingottes Dionysos schalkhafte Begleiter den Wald durchstreiften, und Pan, der bocksfüßige Hirtengott, um ihre Liebe – Syrinx wußte allen Werbungen zu entschlüpfen, denn sie hatte sich ganz dem Dienste der Jagdgöttin geweiht, streifte wie Artemis im Jagdkleid durch die Wälder und wollte nichts von der Ehe wissen.“

Vorsichtig blickte der listige Erzähler auf Argos, und wirklich, seine Worte erreichten, was er erstrebte; nur mit Mühe noch wußte Argos sich wachzuhalten, und schnell fuhr Hermes in seiner Erzählung fort, um den andern ganz in Schlaf zu wiegen. Er berichtete, wie die Nymphe Pans Werbung verlachte und vor seinem Drängen durch den unwegsamen Wald davoneilte, wie Pan ihr folgte und wie schließlich ein breiter Flußlauf ihre Flucht hemmte. „Da flehte Syrinx in ihrer Angst die Flußgötter um Schutz an“, erzählte Hermes weiter, „damit sie nicht in die Hand des Verfolgers falle. Schon war Pan heran, griff nach der begehrten Beute und – hielt ein Schilfrohr in den Händen! Voll Betrübnis stand er vor der Verwandelten, doch seine Seufzer weckten einen so tiefen, klagenden Widerhall in dem Rohre, daß er, entzückt von dem zauberhaften Tone, sich getröstet fand. ‚Welch herrliche Erfindung!‘ rief er in weher Freude, ‚sie soll uns für immer verbinden!‘ Und nun schnitt der Waldgott Röhren verschiedener Größe, verband sie mit Wachs untereinander und nannte sie nach dem Namen der lieblichen Nymphe, deren Liebe ihm versagt geblieben war.“

Vorsichtig blickte Hermes auf den Wächter, und wirklich: So einschmeichelnd hatte er seine Worte zu setzen gewußt, daß Argos in tiefem Schlummer lag; alle Wimpern hatten sich herabgesenkt. Da schwieg der Götterbote sogleich und strich mit dem Zauberstabe vorsichtig über alle hundert Lider, die Betäubung zu verstärken. Argos regte sich nicht. Nun war für Hermes die Stunde gekommen, seinen Auftrag zu erfüllen. Schnell nahm er das Schwert, das er heimlich unter dem Mantel führte, und erschlug das Ungeheuer, so daß es rücklings vom Felsen stürzte.

Aber Hera gönnte der verhaßten Nebenbuhlerin nicht die nahende Freiheit. Voll Zorn hatte sie vom Äther herab gesehen, wie Hermes den von ihr bestellten Wächter beseitigte, und nicht länger verschob sie ihre Rache: Schreckliche, namenlose Angst senkte sie der armen Io ins Herz, daß diese, wie von Erinnyen gepeinigt, davonstob. Dem Wahnsinn nahe, jagte sie durch alle Länder der Erde. In Ägypten endlich war sie am Ende ihrer Kräfte; dort sank sie am Ufer des Nilstromes in die Knie, von der unendlichen Qual besiegt. „Ihr Götter!“ rief sie flehend, hob das schöne Haupt und richtete die Augen in hoffnungslosem Jammer zum Himmel empor, „Allvater“, rief sie, „mach ein Ende mit meinem Leid!“

Da mußte Zeus Erbarmen haben mit ihrer namenlosen Qual, an der er doch die Schuld trug. Er ging zu Hera, umarmte sie zärtlich und bat um Milde für das unglückliche Menschenwesen. „Bei der Styx schwöre ich dir, geliebte Gemahlin“, rief er, „niemals wieder wird Io unsere Ehe stören! Befreie sie, ich bitte dich, aus ihrer schrecklichen Not!“

Da ließ Hera sich zur Milde stimmen. Endlich durfte Io ihre Tiergestalt ablegen. Das Fell schwand von ihrem Leibe, das Gehörn schrumpfte ein, und Augen und Mund waren wieder die eines Menschen. Schultern und Hände wurden, wie Io sie einst gehabt, und die Klaue wandelte sich zurück zum zierlichen Menschenfuß. Nichts blieb mehr von der Kuh als die leuchtend weiße Farbe.

Glückstrahlend erhob sich Io – kaum wagte sie zu glauben, daß sie wieder menschliche Gestalt besaß, daß sie in aufrechtem Gang einherschritt, kaum wagte sie, einen Laut zu sprechen, so mächtig war die Erinnerung an das Gebrüll, das sie so lange ausgestoßen hatte.

Da näherte sich ihr eine Schar weißgekleideter Jungfrauen. „Der Götter Wille ist an dir sichtbar geworden, Io“, sprach zu ihr die Wortführerin, „und als gottbegnadet sollst du künftig unter uns wohnen!" Einen Tempel weihte man ihrem Dienste, und dort an heiliger Stätte lebte Io, geehrt vom ganzen Land, bis der Tod sie zum Hades führte.

EUROPA

Fern von Griechenland, in Phoinikien, wo König Agenor über die Städte Tyrus und Sidon herrschte, wuchs die wunderschöne Europa heran. Niemand, so sagten alle Leute, war der Jungfrau an Schönheit gleich, und im Lande ringsum rühmte man die liebreiche Art, mit der sie jedermann begegnete. Wenn sie mit den Gespielinnen am Strande einherwandelte oder blumenbekränzt den Reigentanz der Mädchen anführte – stets war sie die Schönste, der alle sich willig unterordneten.

Eines Tages schritt Europa mit den Gefährtinnen wieder zum Spiel aus dem Palast des Vaters. Sie suchte Freude und Geselligkeit; denn ein schrecklicher Traum bedrückte ihr fröhliches Gemüt. Asien, so hatte ihr geträumt, der mächtige Erdteil, in dem ihres Vaters Reich lag, stand vor ihr in der Gestalt einer schönen Frau und breitete die Arme über sie, um sie vor dem Griff einer Fremden zu schützen. Doch diese andere, ebenfalls ein Erdteil in Traumgestalt, drang heftig auf Frau Asia ein, ihr den zarten Schützling zu entreißen. „Laß mir mein Kind!" rief Asia bittend, „denn ich bin es doch, die es zur Welt gebracht und aufgezogen hat! Laß mir meine geliebte Tochter!" Doch die Fremde war unerbittlich. Sie entriß der Widerstrebenden die Jungfrau und führte sie davon. „Sei unbesorgt, du Schöne", sagte die Fremde zu Europa und hieß sie ihre Tränen trocknen, „denn einer herrlichen Zukunft trage ich dich entgegen! Dem Weltenbeherrscher selber, so ist es vom Geschicke bestimmt, sollst du zu eigen sein!"

Nur schwer fand Europa ihre Unbekümmertheit wieder, so sehr lastete der unerklärliche Traum auf ihr.

Die Gefährtinnen zogen sie lachend in ihren Kreis, hießen sie fröhlich sein und halfen ihr, den lastenden Druck abzuschütteln. Nun tönten wieder die lieblichen Gesänge über den Strand, zum Klange der Leier tanzten die Jungfrauen den Reigen, und im Spiele tollten sie über die Wiesen dahin. Welch liebliches Bild bot die Schar der Jungfrauen in ihren blumengestickten Gewändern – doch die Krone trug wiederum die herrliche Europa, die in ihrer Schönheit alle überstrahlte. Inmitten der Blütenpracht schritten die Mädchen dann im Spiele über die Wiese, pflückten von den Blumen, was ihnen am besten gefiel, und knüpften sie zu duftigen Gewinden. Wie unter den Chariten, den Göttinnen der Anmut, die Liebesgöttin selber, so heißt es, stand Europa inmitten der Gefährtinnen.

Niemand wußte, daß Zeus in unstillbarer Liebe zu der schönen Jungfrau entbrannt war. Eros, der Liebesgott, der als einziger der Götter Macht über den Weltenbeherrscher besaß, hatte ihn mit seinen Pfeilen getroffen, so daß Zeus keinen anderen Wunsch kannte, als Europa zu gewinnen. Er selber wußte, daß hier nur List zum Ziele führen könne, denn Hera, die Göttermutter, verfolgte jeden Schritt ihres Gatten.

„Nur List kann helfen", sagte sich Zeus, und rief Hermes, seinen geflügelten Boten. „Schwing dich zur Erde hinab", gebot er ihm, „und geh nach Phoinikien, das der König Agenor beherrscht. Du findest dort auf den Bergwiesen seine Viehherden weiden, die sollst du zum Strand des Meeres hinabtreiben!"

Der Götterbote ahnte nicht den Grund des Befehles. Während er gehorsam zur Erde eilte, legte Zeus seine göttliche Gestalt ab und verwandelte sich in einen Stier.

Doch was für ein Stier! Noch niemals hatte sich wohl solch ein herrliches Tier auf der Erde gezeigt! Wie Gold schimmerte das glatte Fell, kraftvoll zeichneten sich die Muskeln am Hals und Rücken ab, und die Hörner schienen wie von Meisterhand gedrechselt, so fein standen sie auf der hohen Stirne, die als Schmuck eine silberglänzende, sichelförmige Blesse trug.

Ohne daß Hermes es bemerkte, mischte sich der göttliche Stier unter Agenors Vieh. Die Herde wurde von dem Götterboten, wie ihm befohlen war, zur Meeresküste hinabgetrieben, und mit funkelnden Augen blickte der verwandelte Zeus zu den Wiesen hinüber, wo Europa im Kreise der Gefährtinnen tanzte. Sie allein war ja sein Ziel und seine Sehnsucht. Die ganze Herde zog nun weidend über die Wiesen, und langsam näherte sich der schöne Götterstier den tanzenden Jungfrauen. Anfangs wollten sie ängstlich zurückweichen, aber das edle Tier schritt so friedlich daher und zeigte soviel Sanftmut, daß sie schnell alle Furcht vergaßen. „Wie herrlich ist er anzuschauen!" rief Europa entzückt, „nie sah ich solch einen Stier!"

Voll Bewunderung umstanden die Jungfrauen das sanftmütige Tier und streichelten ihm das goldschimmernde Fell. Europa reichte ihm einen Strauß voll duftiger Blumen. Zum Dank leckte er ihr schmeichelnd die Hand und kauerte sich dann zutraulich zu ihren Füßen nieder. Voll Rührung sah sie auf das edle Tier, das sie so sehnsüchtig anblickte und ihr den Rücken zum Dienste anzubieten schien. „Ist es nicht, als möchte er sprechen wie ein Mensch!" rief die Königstochter. „Er ladet dich ein, auf seinem Rücken zu reiten", entgegneten die Gespielinnen drängend, „er ist ja so sanftmütig, daß man sich ihm ohne Gefahr anvertrauen kann!"

Der Stier stieß ein Brüllen aus, aber es klang nicht wie das Brüllen des Viehs, das auf der Weide geht. So freudig und so voll Zustimmung schien der Laut, daß die Mädchen ganz verwundert aufblickten. „Ist es nicht, als habe er unsere Worte verstanden!" rief die schöne Europa entzückt. Sie ließ sich von den Gespielinnen die Blumengewinde reichen, bekränzte damit die Hörner des Stiers, der ihr das Haupt willig entgegenbeugte, und – schwang sich dann unter den fröhlichen Zurufen der Mädchen auf seinen Rücken.

Im gleichen Augenblick stand das Tier auf den Füßen, schüttelte sich wie in wohliger Freude und setzte sich in Bewegung. Zuerst langsam, doch immer schneller wurde sein Schritt, und schon fiel er in Trab, daß die Freundinnen nicht mehr folgen konnten. Unschlüssig und ganz verwirrt blieben sie zurück, vergeblich klangen Europas Rufe über die Felder, denn niemand war da, der ihr helfen konnte. Als der Stier nun seinen Schritt verdoppelte, klammerte sich die Jungfrau angstvoll an die beiden Hörner. Die Sinne wollten ihr vergehen in ihrer Angst; denn nun jagte sie auf dem Rücken ihres Reittieres wie im Fluge dahin. Schon lagen die Wiesen, auf denen sie im Spiele getanzt und Lieder gesungen hatte, weit hinter ihr; wie grausam war sie aus dem Kreise der Gefährtinnen gerissen worden! Lähmende Furcht beengte ihr Herz, schon lag der Strand vor ihr, und nun – nun stürzte sich der Stier in die Wellen und schwamm mit seiner Beute davon! Die Jungfrau hielt zitternd die Hörner umklammert. Da kam schmeichelnd die Stimme des schwimmenden Tieres, eine leibhaftige Menschenstimme: „Fürchte dich nicht, Geliebte, denn kein Leid soll dir geschehen! Ich führe dich dem höchsten Glück entgegen."

Schnell glitt das seltsame Paar durch die Wellen. Kein Tropfen berührte die Reiterin; gleichmäßig wie ein Schiff schwamm der Stier dahin. Längst war das heimatliche Ufer hinter der Jungfrau geblieben, längst war die Sonne am abendlichen Horizont verschwunden; vor ihr breitete sich das unendliche Meer aus. Eine seltsame Ruhe war über die Jungfrau gekommen. Mütterlich breitete das Nachtdunkel den Mantel um sie, als sie so sicher durch die Flut getragen wurde, immer weiter nach Westen. Und als Eos, die Morgenröte, mit rosigen Fingern über den Horizont tastete, um den strahlenden Helios, ihren Bruder, zu verkünden, da beleuchtete das aufkommende Tageslicht immer noch das ungleiche Paar in der unermeßlichen Weite des Meeres. Sollte der Ritt durch die Wellen kein Ende nehmen?

Den ganzen Tag hindurch glitt der Stier mit seiner schönen Reiterin unermüdlich dahin. Da endlich, als die Sonne wieder ihre Bahn vollendete, zeigte sich das Land. Rasch schwamm der Stier darauf zu und betrat den Strand. Ohne einen Laut ließ er sich auf die Erde nieder, so daß die Jungfrau leicht von seinem Rücken gleiten konnte, und – entschwand ihren Blicken.

Hilflos blickte Europa sich in dem fremden Lande um, als plötzlich ein Mann, anzusehen wie ein Gott, vor ihr stand. „Sei unbesorgt und ohne Furcht, du schöne Jungfrau!" redete er sie mit freundlicher Stimme an, „denn es wird dir kein Leid geschehen." Europa blickte den Fremden fragend an. „Ich bin der König dieser Lande; es ist die Insel Kreta, auf der du dich befindest“, fuhr er fort. „Ich will für dich sorgen und dich beschützen, wenn du meine Gemahlin werden willst; an meiner Seite sollst du herrschen.“

So seltsam einschmeichelnd klang die Stimme des göttergleichen Mannes, daß Europa überrascht aufhorchte. Da plötzlich durchfuhr es sie: Es war die Stimme des Stieres, der sie glich! Da vertraute sie sich dem Manne an, reichte ihm die Hand und willigte ein, seine Gemahlin zu werden.

Doch als Europa am anderen Morgen erwachte, fand sie sich wieder allein in dem fremden Lande. Entsetzt blickte sie sich um. War alles nur ein häßlicher Traum? Doch so sehr sie sich auch die Augen rieb, die fremde Umgebung blieb, unbekannt war die Landschaft um sie her, und das Gestade, das sie vor sich sah, war nicht das der geliebten Heimat. Da sank sie mit Schluchzen und bitteren Klagen zu Boden, in Selbstvorwürfen zerriß sie ihr Gewand, und nichts wünschte sie sehnlicher, als daß der Tod käme, sie aus ihrem jammervollen Leben zu befreien.

Doch niemand erhörte sie, keine Gottheit schien sich der Unglücklichen zu erbarmen. „Bin ich noch wert, daß mich die himmlische Sonne bescheint?“ stieß sie klagend hervor, „kann ich noch jemals wagen, meinen lieben Eltern unter die Augen zu treten, da ich so schwer gefehlt habe? Verlangt nicht die Ehre von mir, meinem schmachvollen Leben selber ein Ende zu bereiten?“

Plötzlich schrak sie auf, denn hinter ihrem Rücken vernahm sie geflüsterte Worte, die wie heimlicher Spott klangen. Als sie den Blick zurückwandte, stand vor ihr die Göttin Aphrodite; an der Hand hielt sie ihren Sohn Eros, den Liebesgott. Erschrocken fuhr Europa zurück, aber die Schaumgeborene begrüßte sie liebevoll. „Laß von deinem Kummer, schöne Europa!“ sagte sie tröstend, „denn alles, was sich ereignet hat, war nach dem Willen der Götter. Ich selbst war es, die dir dieses Geschick im Traum ankündigte, und Zeus, der Göttervater selber, hat dich zu seiner irdischen Gemahlin gemacht. Unsterblich sollst du hinfort sein, Europa, denn der Erdteil, der dich aufgenommen hat, soll für alle Zeiten deinen Namen tragen.“

Lange Jahre lebte Europa als Königin auf der Insel an der Seite ihres göttlichen Gatten, der sie oft in Menschengestalt besuchte. Aus der Ehe erwuchsen drei Söhne, von denen Minos, berühmt durch seine Macht und Weisheit, nach ihr die Herrschaft übernahm. Aphrodites Götterspruch aber ging in Erfüllung, denn für alle Zeit lebt Europas Name in der Menschheit fort.

KADMOS

König Agenor von Phoinikien war untröstlich über den Verlust der geliebten Tochter Europa. Niemand kannte die Spur der Verschwundenen, denn auch die Gespielinnen wußten nur zu melden, daß der göttergleiche Stier sie durch die Wellen entführt habe. Da rief der unglückliche Vater seinen Sohn Kadmos zu sich. „Du weißt", sagte er, „daß dir, dem Bruder, wie uns gramgebeugten Eltern das Leben ohne unsere geliebte Tochter nichts gilt. So zieh hinaus, Kadmos, sie zu suchen und – bring Europa zurück! Wage aber nicht, mir vor die Augen zu treten", rief Agenor in seinem Schmerze, „wenn du mir ohne Europa zurückkehrst!"

Aber wer sollte wohl die Spur finden, die Zeus selber verhüllt hatte? Vergeblich durchirrte der unglückliche Kadmos die weite Welt, die verlorene Schwester zu finden. Und schließlich mußte er einsehen: Niemals wieder würde er in die Heimat zurückkehren dürfen!

Da wandte er sich in seiner Not an das Orakel und fragte, welches Land er künftig bewohnen solle. Und Apollon selber gab ihm die Weisung: „Dir wird auf einsamem Felde ein Rind begegnen, das noch nie unter dem Joche vor dem Pfluge gegangen ist. Von ihm sollst du dich leiten lassen, und wo es sich im Grase lagert, dort gründe eine Stadt!"

Wie seltsam war der Orakelspruch! Doch Kadmos folgte ihm voll Vertrauen. Kaum hatte er die Höhle verlassen, die das Orakel barg, da sah er ein Rind daherwandeln, bedächtigen Schrittes; man sah ihm an, daß es noch nie einen Pflug gezogen hatte. „Dank dir, Apollon!“ rief der Heimatlose aus und folgte mit seinen Gefährten dem voranschreitenden Tier. Er ließ sich von ihm führen, durch den Fluß und eine weite Strecke Weges. Da plötzlich blieb die göttliche Kuh stehen, erhob ihre Stirn mit dem hohen Gehörn zum Himmel und stieß ein lautes Gebrüll aus. Dann blickte sie auf die Schar der Männer, die ihr folgten, und ließ sich langsam in das üppige Gras gleiten.

Den Königssohn durchfuhr heiße Freude. „Hier erfüllt sich des Gottes Weissagung!“ stieß er dankbar hervor und küßte den Boden, der ihm zur neuen Heimat werden sollte. „Ich grüße euch, ihr Felder und ihr Berge!“ rief er und breitete die Arme aus, „ich ergreife Besitz von euch nach des Gottes Weisung!“

Strahlend stand die Sonne über der frohgestimmten Schar. „Auf, ihr Diener!“ mahnte er seine Begleiter, „wir wollen Zeus ein Dankopfer bringen! Geht und holt Wasser aus dem Quell!“

Der Wald, in den die Diener eintraten, war voll von altem Baumbestand, an den noch kein Beil gerührt hatte. Mittendrin war eine steinerne Grotte, von Gestrüpp und Sträuchern umwachsen, und in ihr hörten sie den Quell rauschen, den sie suchten. Froh traten die Männer herzu und tauchten den Krug in das Wasser, doch da fuhren sie entsetzt zurück: Ein Drache schoß urplötzlich vor ihnen in die Höhe! Furchtbar war das Untier anzuschauen: Aus seinen Augen sprühten Flammen, in drei Reihen standen die Zähne, und drei Zungen zischten die Ahnungslosen an; der schreckliche Bauch war wie von Gift geschwollen.

Der Krug entfiel den Händen der Männer, alles Blut wich ihnen aus den Adern; fassungslos vor Schreck, an allen Gliedern bebend, standen sie da. Schon bäumte sich der Drache in jähem Sprunge zu gewaltigem Bogen und stand halb aufgerichtet, so daß er weit die Baumkronen überragte. Und ehe die überraschten Phoiniker an Flucht denken konnten, waren sie schon die Beute des Untieres: Seine schrecklichen Zähne, der Pesthauch seines Rachens, seine wütende Umschlingung ließen keinen entrinnen.

Ungeduldig wartete Kadmos indessen auf die Rückkehr der Diener. Die Mittagszeit war längst verstrichen, da machte er sich selber auf, nach ihnen zu forschen. Er warf sich das Löwenfell um, das er einst als Jagdbeute heimgebracht hatte, nahm Lanze und Wurfspieß mit sich – dazu sein mutiges Herz, das besser als jede Waffe war.

Schon nach wenigen Schritten stieß Kadmos auf das grausige Bild: Dort lagen die Leichen der toten Gefährten, und daneben der Sieger, das gräßliche Untier. „Meine armen Genossen!" rief Kadmos in seinem Schmerze, „ich werde euren Tod rächen – oder aber euer trauriges Los teilen!" Schon hatte er einen mächtigen Felsblock ergriffen und schleuderte ihn mit ungeheurer Wucht auf den Drachen. Mauern und Türme hätten unter dem Wurfe wohl gezittert – das Untier aber regte sich nicht; wie ein Panzer schützten es die Schuppen. Gegen den scharfen Speer aber zeigte es sich nicht unverwundbar, als Kadmos ihm die Waffe tief in den Rücken stieß. Schäumend vor Schmerz warf der Drache den ungefügen Kopf zurück, biß grimmig in den Wurfspeer hinein und zerbrach den Schaft; das Eisen aber blieb in seinem Körper stecken. Er brüllte in sinnloser Wut, daß ihm die Kehle schwoll. Schaum floß aus dem Maule, und sein Pesthauch vergiftete die Luft. Bald ringelte er sich zusammen, bald wieder schoß er in die Höhe, daß er aufrecht stand wie ein Baum. Kadmos wich allem Andrängen aus, schützte sich mit dem Löwenfell und stieß die Lanze abwehrend vor. Der Drachen aber biß in das Eisen hinein, daß das Blut aus dem giftigen Gaumen zu fließen begann und ringsum die Kräuter rötete. Da stieß der Held ihm die Lanze in den Hals, so tief, daß die Waffe den Nacken und zugleich den Stamm einer Eiche durchbohrte. „Die Gefährten sind gerächt!" rief der Sieger frohlockend aus.

Während er das grimmige Untier betrachtete, hatte sich plötzlich Pallas Athene, seine Beschützerin, vom Götterhimmel herabgelassen und stand leibhaftig vor ihm. „Nimm die Drachenzähne!" gebot sie dem Helden, „lockere mit dem Pfluge das Erdreich und säe sie in die Furchen! Aus ihnen soll ein neues Volk erwachsen!" Staunend hörte Kadmos die Worte der Göttin. Er gehorchte ihrem Gebote, zog mit dem Pfluge Furchen und streute die Drachenzähne als Saat hinein. Was mochte die seltsame Weisung Athenes bedeuten?

Da – kaum vermochte des Kadmos Verstand es zu fassen – hoben sich die Schollen, und in den Furchen zeigten sich Lanzenspitzen – Helme sodann, auf denen farbige Zier prangte – Schultern und Brust und gewaffnete Arme traten hervor; so wuchs die Saat der schildtragenden Männer aus den Furchen.

Schon rüstete sich Kadmos zur Abwehr, da rief ihn einer der Erdentsprossenen an: „Laß die Waffe und mische dich nicht in unseren Zwist!" Dann wandte der Sprecher das Schwert gegen einen der anderen Eisenmänner und streckte ihn zu Boden. Im gleichen Augenblicke warf ihn selber ein Speerwurf nieder; doch auch der, der den Speer geschleudert, hauchte sogleich sein Leben aus. Ein wilder Kampf hub an unter den soeben Geborenen, ein wilder Bruderkampf aller gegen alle. Wütend stürzten sie aufeinander los, und nicht eher endete das schreckliche Morden, bis fast alle dahingerafft waren.

Fünf nur blieben verschont. Einer von ihnen – es war Echion – warf auf Athenes Geheiß die Waffen nieder und zeigte sich zum Frieden bereit. Da ließen auch die andern ab vom Streite.

Die fünf Erdentsprossenen wurden die Helden des Kadmos, als er, der Heimatlose, nun die neue Heimat fand. Nach Apollons Geheiß erbaute er eine neue Stadt, und er gab ihr, wie der Gott es geboten hatte, den Namen Theben.

AKTAION

Theben war erbaut, und unter des Kadmos weiser Regierung wuchs die junge Stadt und blühte auf, daß es scheinen mochte, die Götter hätten den Phoiniker für das traurige Los der Verbannung entschädigt. Aber kein Sterblicher darf vor seinem Tode glücklich genannt werden, und bevor Kadmos hochbetagt aus dem Leben schied, mußte er noch bitteres Leid durch das Schicksal seines Enkels erleben.

Aktaion, der aus der Ehe von Kadmos' Tochter mit dem jagdliebenden Aristaios entsprossen war, hatte vom Vater die Freude am edlen Weidwerk geerbt. Einst hatte er wieder mit den Gefährten seit früher Morgenstunde in den heimatlichen Wäldern gejagt und reiche Beute gemacht. Als nun die Sonne die Mittagshöhe erreichte, rief Aktaion die Jagdgenossen zusammen: „Laßt uns mit der Beute des Tages zufrieden sein, ihr Freunde", sagte er, „Garne und Waffen sind feucht vom Blute des Wildes, das wir erlegt haben – nun laßt uns an die wohlverdiente Ruhe denken! Wenn morgen in der Frühe wieder die rosige Eos am Himmel erscheint, dann wollen wir von neuem ans Werk gehen!"

Froh folgten die Gefährten seinem Geheiß und ruhten sich aus von den Mühen der Jagd. Aktaion selber schritt tiefer in den Wald hinein, einen kühlen Platz zu suchen, wo er die Mittagshitze verschlafen könnte. Der Kadmosenkel ahnte nicht, daß hier ein schreckliches Verhängnis auf ihn wartete.

In der Nähe lag ein schattiges Tal, ganz von Föhren und Zypressen lieblich eingefaßt, das der Artemis geweiht war. Es barg tief in seinem Grunde eine baumumwachsene Grotte, die die Natur ganz seltsam, als sei eine Künstlerhand am Werke gewesen, zu einem steinernen Bogen geformt hatte. Zur Rechten ließ ein Quell sein klares Wasser in einen Weiher rieseln, den ein Rasenrand lieblich einsäumte. Hier war die geweihte Stelle, wo die jungfräuliche Göttin nach den Mühen der Jagd Erfrischung zu suchen pflegte. Auch heute war sie, von den Nymphen gefolgt, in die Grotte getreten, hatte der Waffenträgerin Jagdspeer, Bogen und Köcher gereicht und von den Dienerinnen Gewand und Sandalen lösen lassen. Die geschickteste unter ihnen war gerade dabei, der Göttin herrliches Haar zu flechten, während die übrigen das Wasser schöpften, um es über sie strömen zu lassen.

Während Artemis sich im Bade erquickte, kam ahnungslos der Kadmosenkel dahergeschritten. Ein böses Schicksal führte ihn vor die geweihte Grotte. Entsetzt schrien die dienenden Nymphen beim Anblick des Mannes auf und drängten sich vor die Göttin, sie mit ihrem Leibe zu schützen. Doch um Haupteslänge überragte Artemis die Begleiterinnen. Glühendes

Rot brannte auf ihren Wangen. Unbeweglich stand Aktaion. Wie geblendet war er von dem göttlichen Bilde, daß Mund und Fuß ihm stockten – der Unglückliche vergaß zu fliehen! Die Göttin beugte sich zur Quelle nieder, schöpfte von dem Wasser und bespritzte dem Eindringling Haupt und Haar. Drohend klangen ihre Worte: „Nun geh und berichte den Menschen, daß du die Göttin Artemis unbekleidet hast schauen dürfen – wenn du es vermagst!" Zugleich aber gab sie dem Unseligen das Geweih eines Hirsches, streckte ihm Hals und Ohren, die menschlichen Hände wurden zu Hufen und die Arme zu Hirschbeinen, ein fleckiges Fell bedeckte Aktaions Leib! Er spürte die gräßliche Verwandlung nicht, denn mit der Tiergestalt hatte die Göttin ihm auch die Furchtsamkeit des Hirsches verliehen, so daß er in Angst davonstürzte.

Erst jetzt auf der Flucht spürte er mit Verwunderung, wie schnellfüßig er war. Da zeigte ihm der Spiegel eines Gewässers das Bild des Hirsches. Das sollte Aktaion, der tapfere Kadmosenkel, sein? Entsetzt rief er – wollte er rufen, doch keine menschliche Stimme entrang sich der Brust, nur gequältes Stöhnen des Tieres, dessen Gestalt ihm die erzürnte Göttin gegeben hatte. Tränen rannen ihm über das Antlitz, das nicht mehr sein eigenes war. Nur der menschliche Geist war dem unseligen Wesen verblieben, das einst Aktaion gewesen war.

Was sollte er nun tun? Zum Königspalast heimkehren? Sich im Walde verstecken? Furcht und Scham kämpften miteinander – da erspähten die Hunde den vermeintlichen Hirsch. Wütend, gierig vor Jagdlust, machte sich die Meute – wohl fünfzig an der Zahl – an die Verfolgung. Durch das Revier, wo er selbst so oft das Wild gejagt, mußte er jetzt selber als Verfolgter vor den eigenen Hunden fliehen, über Stock und Stein und durch unwegsames Gelände. Er möchte rufen, schreien möchte er: „Haltet doch ein, ich bin es, Aktaion, euer Herr!" Doch nur Hirschgebell drang klagend zum Himmel.

Da hatte ihn die Meute gestellt. Von allen Seiten umringten ihn die Hunde, fielen wütend über ihn her und packten ihn am Rücken, an der Brust. Stöhnend sank das edle Tier in die Knie. Aber dieses Stöhnen war nicht das Winseln eines weidwunden Hirsches! Doch auch nichts Menschliches hatte der Klagelaut. Nun waren auch schon die Jagdgefährten heran; ahnungslos hetzten sie die Meute. Und zugleich riefen sie den Herrn und bedauerten, daß er nicht das Jagdglück der Hunde miterlebte.

Bei dem Rufe seines eigenen Namens wandte der sterbende Hirsch noch einmal das Haupt, dann endete sein Leben unter den grimmigen Bissen der Hunde.

PHAËTHON

Phaëthon, so erzählten sich die Leute, war der Sohn des Sonnengottes Helios. Aber bitter mußte er darunter leiden, daß seine Mutter eine Erdgeborene war, denn die Menschen, unter denen er lebte, wollten nichts wissen von seiner überirdischen Abstammung. „Du prahlst mit einem himmlischen Vater“, spotteten sie, „den du selber niemals gesehen hast! Wer weiß, ob du nicht von ganz dunkler Herkunft bist und besser daran tätest, gar nicht von deinem Vater zu reden!“ Und als Klymene, die Mutter, für ihren Sohn und seine göttliche Geburt eintrat, da mußte sie zum Spott noch harte Beschimpfung erdulden.

Phaëthon wollte solche Schande nicht länger ertragen.„ Ich will Klarheit!“ rief er entschlossen und machte sich auf den Weg; er wollte Helios, seinen göttlichen Vater, selber um Antwort bitten!

Wie staunte der Jüngling, als er die Königsburg betrat! Auf herrlichen Säulen, schimmernd von gleißendem Golde und feurigem Karfunkel, ruhte der Palast; in glänzendes Elfenbein war der Giebel gefaßt, und die mächtigen Doppeltore leuchteten im Silberglanze. So sehr blendete die strahlende Lichterfülle Phaëthons Augen, daß er nicht nahezutreten wagte. Staunend starrte der Jüngling von ferne auf die Wunderpracht.

Der goldene Thron, auf dem Helios saß, war mit glänzenden Smaragden geziert. Zu beiden Seiten des Sonnengottes stand sein Gefolge, der Tag, der

Monat, das Jahr, die Jahrhunderte, die Horen; da stand der junge Frühling im Blütenschmucke, der Sommer mit dem Kranz aus Ähren, es standen da, rebenbekränzt, der Herbst und der eisige Winter in schneeweißem Haar.

Helios, dessen Augen nichts entgehen kann, hatte den Jüngling längst erspäht.

„Was führt dich zu mir?“ rief er, „was suchst du in der Burg deines Vaters, mein Sohn Phaëthon?“

„O du strahlendes Weltenlicht“, kam zögernd die Antwort, „Vater Phoibos, wenn du mir erlaubst, dich so anzusprechen, in schwerer Herzensnot nahe ich dir!“

„So sprich!“

„Ich muß in harten Zweifeln leben, ob du wirklich mein Vater bist, Phoibos, und Spott und Beschimpfung der Mitmenschen muß ich auf mich nehmen. Gib mir ein Zeichen als Unterpfand, göttlicher Vater, ich bitte dich, daß man mich als deinen echten Sohn gelten läßt und ich mich nicht länger mit Zweifeln zu quälen brauche!“

So sprach Phaëthon. Da legte sein himmlischer Vater die Strahlen ab, die rings sein Haupt umleuchteten, und hieß ihn nähertreten. Herzlich schloß er den Sohn in seine Arme: „Niemals werde ich dich als meinen Sproß verleugnen, denn es ist wahr, was Klymene gesagt hat. Damit dir aber jeder Zweifel schwinde, sprich einen Wunsch aus; er wird dir erfüllt werden! Bei der Styx, dem Flusse der Unterwelt, bei dem die Götter schwören, ich gelobe es dir!“

Der Vater hatte kaum seine Worte beendet, da bat Phaëthon um den Sonnenwagen: „Vertrau mir deinen Wagen an“, sagte er; „deinen Sonnenwagen und die geflügelten Pferde!“

Wie bereute Helios, solchen Schwur getan zu haben! Dreimal, viermal schüttelte er sein erlauchtes Haupt. „Mein Sohn“, rief er, „deine Bitte hat mich zur Torheit verleitet! O könnte ich doch mein Versprechen ungeschehen machen! Alles würde ich dir zugestehen, nur nicht diesen Wunsch! Laß dir abraten, Sohn; es kann nicht dein ernster Wille sein! Was du in deinem Unverstande verlangst, geht weit über Menschenkräfte! Und dabei bist du noch ein Knabe! Nicht einmal die anderen Götter, ja, selbst Zeus nicht, der Donnerer, der über alle Götter herrscht, vermag solche Aufgabe zu meistern! Denn niemand außer mir kann auf der feuersprühenden Achse stehen."

Helios redete voll Besorgnis auf den Sohn ein. „Laß dich doch belehren, Phaëthon! Steil beginnt der Weg, den mein Wagen machen muß, und nur mit Mühe zwingen ihn meine Pferde am frühen Morgen, obwohl sie doch noch ganz frisch sind. Hoch über die Himmelskuppel führt dann die Bahn. O Phaëthon, selbst mich packt oft schreckliche Furcht, und mein Herz zittert vor Angst und Grauen, wenn ich aus der schwindelnden Höhe auf das Meer und die Erde unter mir hinabblicke! Die letzte Wegstrecke ist abschüssig, da gilt es, Gewalt über die Zügel zu haben. Selbst Thetis, des Meergottes Nereus liebliche Tochter, die mich dann in ihre Fluten aufnimmt, ist immer wieder voll Furcht, ich könnte in den Abgrund stürzen. Du weißt, daß das Himmelsgewölbe mitsamt der Sternenwelt im ewigen Wechsel kreist – bedenkst du auch, daß ich dieser Bewegung entgegenfahren muß?

Wie wolltest du solcher Gewalten Herr werden, wenn ich dir den Wagen überließe? Unendlich Schweres würde dir außerdem entgegentreten. Vermöchtest du wohl meine wilden Rosse zu meistern, die glühendes Feuer aus ihren Nüstern stoßen? Kaum mir wollen sie gehorchen, wenn die hitzige Wut sie packt!"

Phaëthon wollte sich nicht überzeugen lassen. „Soll mein Geschenk dir denn den Tod bringen?" fuhr Helios in seiner Erregung fort; „Phaëthon, mein lieber Sohn, laß ab von deiner Forderung, solange es noch Zeit ist! Ein sicheres Unterpfand willst du, um wirklich als mein Sohn zu gelten? Ich gebe dir, was du auch willst – nur laß ab von deiner Bitte! Sieh mein Antlitz an, wie leiderfüllt es ist! Ach, könntest du mir ganz ins Herz sehen und alle Vatersorgen nehmen! Blick um dich, Phaëthon, blick über Meer und Land: Was sich deinen Augen bietet – du darfst es dir wünschen, keine Bitte soll dir versagt sein!"

Der Sohn stand immer noch reglos und sprach kein Wort.

„Phaëthon", begann der Vater von neuem, „laß dich doch überzeugen. Nicht eine Ehre ist es, was du forderst, sondern eine Strafe, die dir furchtbares Verderben bringen kann!"

Aber Phaëthon blieb unbelehrbar. Bittend hing er dem Vater am Halse.

„Es sei", sagte Helios entschlossen, „ich habe es ja bei der Styx geschworen."

Damit nahm er den Sohn bei der Hand und führte ihn zu dem Sonnenwagen, des Hephaistos unübertrefflicher Arbeit. Golden war die Achse, golden die Deichsel, golden die Radnabe; die Speichen waren aus Silber; mit herrlichen Edelsteinen war das Geschirr verziert.

Phaëthon trat vor das Wunderwerk und betrachtete es mit staunenden Blicken. In diesem Augenblick rötete sich der Himmel: Eos öffnete ihr Purpurtor und die rosenerfüllte Vorhalle. Langsam wichen die Sterne vom Himmelsrund, als letzter folgte ihnen der blinkende Morgenstern.

„Schirrt die Rosse!" befahl der Gott nun den geflügelten Horen. Wie schwer wurde ihm dieser Entschluß, aber es galt, jetzt keine Zeit mehr zu versäumen. Behende erfüllten die Horen des Gottes Befehl, führten die feuersprühenden Tiere von ihren Krippen weg, wo sie sich an der Götterspeise Ambrosia erquickt hatten, und legten ihnen die herrlichen Zäume an.

Helios nahm einen Krug mit heiliger Salbe und bestrich sorgsam das Antlitz des Sohnes: „So wirst du der glühenden Flamme widerstehen können", sagte er. Um das Haupthaar legte er ihm seinen Strahlenkranz. Bittere Seufzer rangen sich aus seiner Brust, als er den Sohn voll Besorgnis mahnte: „Willst du meinem väterlichen Rate folgen, Phaëthon, so nimm nicht die Stachelpeitsche! Um so mehr aber gib acht auf die Zügel, denn die Rosse rennen in solchem Ungestüm, daß es Mühe kostet, ihnen Einhalt zu tun. In weiter Krümmung zieht sich die Straße hin; du wirst deutlich die Wagenspuren erkennen. Weder Himmel noch Erde vermögen zuviel Sonnenhitze zu ertragen, darum laß den Wagen nicht zu tiefen Lauf nehmen oder zu hoch emporklimmen! Steigst du zu hoch, so verbrennst du das Himmelsgewölbe, kommst du der Erde zu nahe, so gerät sie in Brand: Halte dich auf dem goldenen Mittelweg! Doch nun genug der Worte: Ich muß einem gütigen Geschick überlassen, wie es dich führen will. Auf nun, die finstere Nacht entflieht, wir haben keine Zeit zu versäumen!"

Die beiden standen vor dem Sonnenwagen. „Nimm die Zügel zur Hand, Phaëthon!" befahl der Vater; „oder – wenn du noch umzustimmen bist: Tu es nicht, mein Sohn. Bleib auf dem festen Boden und steh ab von deinem törichten Wunsche! Überlaß mir die Aufgabe, der Welt das Licht zu schenken!"

Aber der Jüngling hatte sich in seinem Eifer schon behende auf den Wagen geschwungen. Nun stand er oben, und glückselig, die Zügel führen zu dürfen, winkte er dem Vater, der voller Unmut dastand, seinen Dank zu. Ungeduldig stießen die vier geflügelten Rosse an die Schranke und wieherten in den Morgen hinein, daß ihr feuersprühender Atem die Luft erfüllte.

Die Meeresgöttin Thetis, die Phaëthons Großmutter war, ahnte nichts vom Schicksal des Enkels, als sie die Tore öffnete. Unendlich breitete sich die Himmelsweite vor den Augen des Jünglings aus!

In wildem Fluge stürzten die Rosse dahin und zerteilten die Morgennebel, die vor ihnen auf dem Wege lagen. Da merkten sie schnell, daß das Gefährt nicht die gewohnte Schwere hatte und auch das Joch ungewohnt leicht war. Schon kündigte sich das Unglück an: Wie die Schiffe, die nicht die richtige Last führen, auf dem Meere schwankend hin und her geworfen werden, so schoß der Wagen, von der üblichen Last befreit, in wilden Sprüngen durch die Luft und schleuderte hin und her, als sei er führerlos. Die Rosse wurden schnell verwegener und verließen die ausgefahrenen Spuren ganz. Phaëthon zitterte in wilder Angst. Wie sollte er die Zügel führen? Welchen Weg sollte er einschlagen? Wie sollte er die Rosse bändigen? Er war ganz und gar ratlos. Schon begann die furchtbare Hitze Unheil zu bringen.

Phaëthon blickte vom Himmel hinunter auf die Erde, die sich tief, tief unter ihm ausbreitete; da ergriff ihn lähmender Schrecken. „Hätte ich doch niemals nach meines Vaters Rossen verlangt", so ging es ihm durch den Sinn. „Hätte ich doch niemals von meiner wahren Abstammung gewußt und niemals die verhängnisvolle Bitte ausgesprochen!"

Nun war es zu spät. Was sollte er tun? Er wandte den Blick zurück. Da lag eine unendliche Strecke der Himmelsbahn hinter ihm, aber mehr noch breitete sich vor ihm die Weite der Himmelskuppel aus.

Was sollte er nun beginnen? Phaëthon starrte nach vorn; er wagte nicht, die Zügel zu lockern, aber er hatte auch nicht die Kraft, sie anzuziehen. Wie sollte er die Pferde anrufen, da er nicht einmal ihre Namen wußte!

Entsetzen hielt den unglücklichen Phaëthon gefangen, als er so durch das Weltall an den Sternbildern vorbeigezerrt wurde. Da verließ ihn jegliche Überlegung: Von kaltem Grauen gepackt, ließ er die Zügel fahren!

Das war das Ende. Als die Zügel die Pferderücken berührten, verloren die Tiere jegliches Maß. Nun verließen sie ganz ihre Bahn, stürzten durch die Lüfte in unbekannte Gebiete und jagten, wohin ihre entfesselte Wut sie trieb. Jetzt stießen sie an die Fixsterne, dann wieder rissen sie den Wagen auf abschüssigen Pfaden in die Tiefe und brachten ihn in bedrohliche Nähe der Erde.

Und dann geschah der verhängnisvolle Zusammenprall: Das feurige Gespann jagte in eine Wolkenschicht hinein, daß sie sogleich in hellen Flammen aufloderte! Schon griff der glühende Strom auf die Berggipfel über und versengte sie. In tiefen Rissen klaffte die Erde auf, daß alle Säfte vertrockneten. Alles Grün war dahin, das Laub der Bäume schoß brennend in die Höhe, und das Holz der Stämme bot den rasenden Flammen willkommene Nahrung. Weithin loderten die Saatfelder.

Mit unermeßlicher Kraft wälzte sich die Feuerglut durch das Land. Da sanken blühende Städte in Schutt und Asche, ganze Länder mit allen Menschen, die dort wohnten, kamen ums Leben. Die Wälder, die Felder, die Berge, alles ertrank in dem wilden Flammenmeer.

Fassungslos starrte der unglückliche Phaëthon in das Wüten der entfesselten Elemente, die er gerufen hatte. Kein Platz auf der Erde schien von dem Feuerbrand verschont. Wie sollte er selber die Glut der höllischen Flammen ertragen? Wie aus dem Innern einer Feueresse stieg die Hitze zu ihm empor und raubte ihm den Atem. Glühende Asche wurde hochgewirbelt und erfüllte die Luft zum Ersticken. Schon fühlte er, wie der Wagen unter seinen Füßen zu glühen begann. Längst hatte er jede Richtung verloren; die geflügelten Rosse rissen ihn, ganz wie sie wollten, durch den unendlichen Raum.

Damals, so heißt es, wurden Afrikas Bewohner zu Negern, damals trocknete Libyen zur Wüstenlandschaft aus. Der Erdboden klaffte in wilden Rissen auf, daß das Licht bis in die Unterwelt drang und die Abgeschiedenen in wilden Schrecken versetzte. Das Meer trat so weit von den Ufern zurück, daß hohe Berge auf seinem Grunde auftauchten. Die Wasserbewohner, die Fische und die Delphine, suchten angstvoll die Tiefe, und des Pontos Sohn Nereus, so wird berichtet, verbarg sich mit seinen Töchtern, den lieblichen Nereïden, verstört in seinen Höhlen. Selbst Poseidon, der Beherrscher der Fluten, hob die Arme über die Wellen. Die furchtbare Glut zwang ihn, in die kühle Wassertiefe zurückzukehren.

Phaëthon wurde inzwischen von den erbarmungslosen Rossen weiter durch das Himmelsrund geschleift. Da sprang die Glut auf seine Haare über, und jäh stand er in lodernden Flammen. Noch hielt er sich einen Augenblick aufrecht – dann wurde er in rasendem Wirbel durch die Lüfte geschleudert. Wie ein Komet sauste der brennende Körper durch das Himmelsall.

Ohnmächtig hatte Helios das Schicksal des Sohnes miterleben müssen. In unermeßlicher Trauer verhüllte der Gott sein Haupt.

Fern der Heimat nahm ein mächtig breiter Strom den Toten in seinen Wellen auf und wusch ihm die glühende Asche vom Antlitz. Mitleidige Najaden, die Nymphen des Flusses, gruben ihm ein Grab und bestatteten Phaëthon, der seine Verwegenheit so grausam hatte büßen müssen.

PERSEUS

Dem König Akrisios, der im Lande Argos lebte, war einst ein warnender Orakelspruch geworden. „Hüte dich vor deinem Enkel", lautete Apollons Weissagung, „denn er wird dir Thron und Leben entreißen!" Da ließ der König seine noch unvermählte Tochter Danaë in ein unterirdisches Gemach sperren und durch Wächter streng von aller Welt fernhalten. Aber Zeus, der in Liebe zu der schönen Jungfrau entbrannt war, wußte auch hier einen Weg. In Gestalt eines goldenen Regens drang er zu ihr ein und gewann ihre Liebe.

Der Vater wütete in Angst und Zorn, als wider seinen Willen ein Enkel geboren wurde. Um den Orakelspruch unwirksam zu machen, beschloß er, die Tochter mit ihrem Sohne, dem sie den Namen Perseus gegeben hatte, auszusetzen. Er ließ beide in einen Kasten einschließen und ins Meer werfen.

Zeus aber erbarmte sich der Geliebten und des Sohnes; er schützte sie vor den Gefahren des Meeres und ließ sie bei der Insel Seriphos landen, die unter der Herrschaft von zwei Brüdern, Diktys und Polydektes, stand.

Freundlich nahmen die beiden Brüder die hilfsbedürftige Danae mit ihrem Kinde auf. Nicht lange dauerte es, so entflammte Polydektes in Liebe zu der schönen Frau und machte sie zu seiner Gemahlin.

Als Perseus, von seinem Stiefvater sorgfältig erzogen, herangewachsen war, spürte er die göttliche Kraft in sich und ließ sich von Polydektes gern überreden, auf große Taten auszuziehen. Zuerst wollte er die schreckliche Medusa im Kampfe bestehen und dem König ihr Haupt bringen; sie war eine furchterregende, geflügelte Jungfrau, die mit ihren zwei Schwestern am Ende der Erde hauste.

Unter der Führung der Götter gelangte Perseus in die ferne Gegend, wo Phorkys, der Vater vieler entsetzlicher Ungeheuer, hauste. Perseus zwang dessen greisenhafte Töchter, ihm den Weg zu den Nymphen zu zeigen, und von diesen wundertätigen Geschöpfen gewann er, was er benötigte: Flügelschuhe, einen Reisesack und einen Helm aus Hundefell, der die Macht einer Tarnkappe besaß. Hermes, der Götterbote, reichte ihm als Waffe eine eherne Sichel. So ausgerüstet, flog der Zeussohn in das Land, wo des Phorkys drei Töchter, die schrecklichen Gorgonen, hausten. Nur Medusa, die dritte unter ihnen, war sterblich.

Die Ungeheuer lagen im Schlafe, als Perseus eintraf; ihre Häupter waren mit Drachenschuppen übersät und mit Schlangen statt Haaren bedeckt; sie besaßen mächtige Hauer wie Wildschweine, eherne Hände und goldene Flügel. Wer sie ansah, wurde durch ihren Blick in Stein verwandelt.

Perseus wußte das. Mit abgewandtem Gesicht stellte er sich deshalb vor die Schlafenden und fing nur mit seinem ehernen, glänzenden Schilde ihr dreifaches Bild auf. So fand er die Gorgo Medusa heraus. Athene führte ihm die Hand, als er entschlossen dem schlafenden Ungeheuer das furchtbare Haupt vom Rumpfe trennte. Ein Blutstrahl fuhr zischend in die Höhe, und aus dem Rumpfe entsprang ein geflügeltes Roß; es war der Pegasos.

Das Haupt der Medusa in seiner Reisetasche, machte Perseus sich davon. Zwar verfolgten ihn die beiden Gorgonen, aber der Helm der Nymphen entzog den davonfliegenden Helden ihren Blicken. Mächtige Winde faßten ihn sodann, schleuderten ihn wie eine Regenwolke hin und her und führten ihn bis zum Reiche des Königs Atlas. Vergeblich bat der junge Held um Obdach für die Nacht. Atlas, der einen Hain voll goldner Früchte hütete, dachte an eine alte Weissagung; er fürchtete für seinen Besitz und wies den Helden unter Drohungen fort.

„Auch wenn du mir keine Gastfreundschaft erweist“, rief Perseus in seinem Zorne, „so sollst du doch ein Geschenk von mir empfangen!“ Das Antlitz abgewendet, hielt er dem Lieblosen das Haupt der Medusa entgegen!

So mächtig an Gestalt Atlas auch war, er wurde im selben Augenblick zu Stein und in einen Berg verwandelt; Bart und Haupthaar wurden zu Wäldern, seine Glieder zu Berg und Tal, und sein Haupt wuchs als hoher Gipfel in die Wolken.

Weiter flog Perseus durch die Lüfte, bis er an die Küste Aithiopiens kam. Da sah er an einer Klippe das herrliche Bild einer Jungfrau. War es aus Marmor? Doch nein, ein Lüftchen bewegte ihr Haar, und in ihren Augen zitterten Tränen: Sie lebte! Fast hätte Perseus vergessen, seine Schwingen zu bewegen, so bezaubert war er von der unvergleichlichen Schönheit. Er sprach sie an, fragte nach ihrem Namen und ihrem Schicksal, doch die Scham hielt die schöne Jungfrau zurück, ihm Antwort zu geben. Endlich, damit Perseus nicht glaube, sie habe eigene Schuld vor ihm zu verbergen, berichtete sie ihr Geschick.

„Ich heiße Andromeda", sagte sie, „und bin die Tochter des Aithiopierkönigs Kepheus. Meine Mutter Kassiopeia hatte den Töchtern des Nereus gegenüber geprahlt, schöner zu sein als sie alle. Darüber wurden die Nereïden zornig, und ihr Freund, der Meeresgott, strafte das Land mit Überschwemmung und schrecklichen Ungeheuern. Zur Sühne, so verlangte er, sollte ich einem der Untiere zum Fraße vorgeworfen werden."

Kaum hatte die Unglückliche diese Worte gesprochen, da rauschten die Wogen auf; aus der Tiefe tauchte das Untier empor. Andromeda jammerte laut auf. Die Eltern eilten zur Hilfe herbei, aber sie waren machtlos gegen das Ungeheuer.

„Die Zeit drängt!" rief der junge Held entschlossen, „so höret denn meine Worte: Ich bin Perseus, Sproß des Zeus und der Danae. Ich bin Sieger über die schreckliche Gorgo. Freiwillig erbiete ich mich, Andromeda zu erretten; gebt Ihr sie mir dann zur Frau?" Freudig stimmten die Eltern zu. „Und mein Königreich soll deine Mitgift sein", versprach der Vater dankbar.

Schon kam das Untier herangeschwommen, kaum noch einen Steinwurf vom Felsen entfernt. Perseus stieß sich vom Boden ab, schwang sich hoch in die Lüfte, und während das Ungeheuer wütend auf den Schatten losfuhr, stürzte der junge Held wie ein Adler hinab, traf das Tier in den Rücken und stieß sein Schwert bis an den Knauf hinein. Verzweifelt wehrte sich der wütende Drache; Perseus ließ nicht ab, bis das Ungeheuer tot in den Fluten versank. – Dank und Liebe strahlten aus Andromedas Blicken, als der Held sie dann von ihren Fesseln befreite. Die Eltern waren überglücklich, als sie den Bräutigam in ihrem goldenen Palaste begrüßten.

Schrecklich aber sollte die Hochzeitsfeier enden. Noch dampfte das Mahl, zu dem man sich in Fröhlichkeit vereint hatte, als plötzlich Phineus, des Königs Kepheus' Bruder, mit seinen Kriegern in die Vorhalle stürmte. Er hatte einst um Andromeda geworben; doch als sie dem Drachen preisgegeben wurde, hatte er sich nicht getraut, um sie zu kämpfen.

„Meine Braut ist mir entrissen!" schrie er und schwang drohend den Speer; „ich bin gekommen, Rache zu nehmen!" Ein furchtbarer Kampf entspann sich. In blinder Wut schleuderte Phineus seinen Speer, Perseus warf zurück, Krieger und Gäste stürzten sich ins Kampfgewühl. Die Eingedrungenen aber waren in der Überzahl. Perseus stand an einem Pfeiler, der seinen Rücken deckte, und wehrte den Ansturm der Feinde ab. Erst als er sah, daß er mit den Seinen der Übermacht erliegen müsse, griff er zum letzten Mittel, das ihm zu Gebote stand. „Wer noch mein Freund ist", rief er durch das Kampfgetümmel, „der wende sich ab!"

Nach diesen Worten zog Perseus aus seiner Reisetasche das schreckliche Medusenhaupt, und wer es anblickte, erstarrte zu Stein. Auch Phineus, der den ungerechten Krieg entfesselt hatte, entging seinem Schicksal nicht.

Perseus konnte nun die geliebte Frau ungehindert heimführen; ein langes, glückliches Leben war ihnen beschert. Auch seine Mutter Danae fand Perseus wieder. Aber sein Großvater Akrisios sollte seinem Verhängnis nicht entgehen, wie der Orakelspruch es einst verkündet hatte. Um der Erfüllung der göttlichen Voraussage zu entgehen, war der König ins Pelasgerland geflohen. Perseus, der auf der Fahrt nach Argos war, nahm dort an den Kampfspielen teil, denen sein Großvater zuschaute. Ohne von der Gegenwart des Großvaters etwas zu ahnen, traf ihn Perseus ganz ohne Absicht mit seinem Diskus. So fand Akrisios durch seinen Enkel den Tod.

Perseus selber erkannte erst jetzt, was er getan hatte; in tiefer Trauer bestattete er den Großvater und kehrte in sein Reich zurück. Von nun an verfolgte ihn der Neid des Geschickes nicht länger. Andromeda schenkte ihm viele herrliche Söhne, in denen des Vaters Ruhm fortlebte.

PHILEMON UND BAUKIS

In jenen Zeiten, da die Götter noch auf Erden wandelten, geschah es einst, daß Vater Zeus in menschlicher Gestalt die Häuser der Irdischen besuchte. Er war in Begleitung seines Sohnes Hermes, des Götterboten, und wollte die Gastfreundschaft unter den Menschen kennenlernen.

Aber wo die beiden schlichten Wanderer auch anklopften und um Speise und Obdach baten, keine Tür öffnete sich ihren Bitten. War das Herz der Menschen so verhärtet, daß sie nicht den Bedürftigen Einlaß geben wollten?

„Machen wir noch einen letzten Versuch!" stieß Zeus ingrimmig hervor, als sie sich dem Ende des Dorfes näherten, denn längst war seine göttliche Geduld erschöpft. Und wirklich – kaum pochten die Himmlischen an die ärmliche Behausung, da wurde die Türe sogleich gastfreundlich geöffnet. Es war nur eine bescheidene Hütte, ärmlich und mit Schilf gedeckt, aber welch frommer Sinn herrschte hier!

In dieser Hütte wohnten Philemon und Baukis. Schon in ihrer Jugend hatte das Schicksal sie in ehelicher Liebe zusammengeführt; in Liebe und Treue waren sie alt geworden und lebten nun gemeinsam ihren Lebensabend. Die beiden spürten nicht Not und Armut, weil ihre Liebe ihnen über ihr karges Los hinweghalf und alle Dürftigkeit leicht machte. Kinder besaßen sie nicht, und war ihr Häuschen auch klein und bescheiden, so war es doch ihr eigenes, und sie schafften und wirkten darin als Diener und Herren zugleich.

Die Götter mußten ihr Haupt recht tief beugen, als sie durch die niedrige Tür schritten. Sogleich traten ihnen die weißhaarigen Alten mit freundlichem Gruß entgegen; Philemon zog eifrig die Sessel herbei und hieß die wandermüden Gäste sich ausruhen, während Baukis ihnen eine weiche Decke bereitlegte. Dann kniete sie vor dem Herde, schichtete trockene

Rinde und Reisig auf die noch warme Asche, hauchte vorsichtig die Glut an und blies mit schwacher Kraft in die Flamme. Baukis holte gespaltenes Holz herbei und stellte den Kessel aufs Feuer, während Philemon ihr, wie er es gewohnt war, hilfreich zur Hand ging und in den Garten eilte, um Kohl zu holen, den er mit geschickten Händen entblätterte.

„Heute wollen wir uns zu Ehren unserer Gäste etwas Besonderes erlauben", sagte er lächelnd zu seiner Frau; sie stimmte ihm eifrig bei. Er holte von der rußigen Zimmerdecke einen geräucherten Schweinsrücken herunter, den die beiden Alten sich für einen festlichen Anlaß aufgespart hatten, schnitt ein tüchtiges Stück ab und warf es ins kochende Wasser.

Die Götter schauten wohlgefällig zu, wie die beiden Alten sich mit rührendem Eifer mühten, es ihren Gästen bequem zu machen. Philemon suchte sie durch ein freundliches Gespräch zu unterhalten, Baukis schleppte eine Holzwanne herbei, um den wegmüden Füßen der Gäste ein Bad zu bereiten. Und während die Götter behaglich die Füße ins warme Wasser streckten, machten die Gastgeber das Ruhelager fertig. Die Liegestatt, auf der man in jenen Zeiten die Mahlzeiten einzunehmen pflegte, stand mitten im Zimmer und war mit Schilf aus dem nahen Teiche gepolstert. Philemon schleppte noch Decken herbei, die sie sonst nur an Festtagen hervorholte; sie waren zwar einfach und abgenutzt, aber die Götter hatten soviel Freude an dem Bemühen der freundlichen Alten, daß sie dankbar alles annahmen.

Inzwischen war das Essen fertig geworden. Baukis rückte mit ihren zittrigen Händen den Tisch vor das Liegesofa. Er hatte zwar nur drei Beine und stand nach der einen Seite ganz schief; aber das eifrige Mütterchen wußte schnell Rat. Die göttlichen Gäste lächelten in sich hinein, als sie rasch eine Scherbe unter das eine Tischbein schob; der Schaden war behoben. Es war etwas so Rührendes in all ihrem geschäftigen Tun, daß die Götter die Augen nicht von ihr wenden konnten, wie sie nun den Tisch abrieb und die Speisen auftrug, die sie trotz aller Armut herbeigezaubert hatte. Da waren frische Oliven und herrliche, eingemachte Kirschen, Rettich und Endiviensalat, Käse und gesottene Eier – wer wollte da noch von Armut reden! Philemon holte inzwischen den bunten Tonkrug herbei, stellte die geschnitzten Becher vor die Gäste und schenkte von dem selbstbereiteten Wein ein. Es wurde ein Festmahl, wie es der hohen Gäste wert war. Und dabei ahnten die beiden Alten nicht im geringsten, wen sie in ihrem Hause beherbergten!

Zum Nachtisch reichte Baukis Nüsse, Feigen und Datteln; alles war aus eigener Ernte. Auch Weintrauben fehlten nicht, und zuletzt gab es eine Scheibe goldgelben Honig. Die Götter waren wieder versöhnt nach der schlechten Behandlung, die sie vorher von hartherzigen Menschen erfahren hatten. Was ihnen aber am besten gefiel, das war die strahlende Miene der beiden Alten und die Freundlichkeit, mit der sie die Gäste immer wieder zuzulangen baten.

Die Götter hatten sich nicht nötigen lassen und dem Mahle alle Ehre angetan; auch dem Weine sprachen sie wacker zu. Der Hausherr schenkte von neuem die Becher voll, einmal, noch einmal und ein drittes Mal – ungläubig blickte er in seinen Krug: Er wollte nicht leer werden – nein: immer wieder füllte er sich mit Wein bis zum Rande hin! Philemons Augen weiteten sich in fassungslosem Staunen; sie glitten von dem Krug auf die Gäste – da erkannte er, wen er aufgenommen hatte! Auch der frommen Baukis öffneten sich die Augen.

„O zürnet uns nicht!“ riefen beide ängstlich aus und hoben die Hände zu den Göttern empor. „O zürnet uns nicht, daß wir euch nur solch kärgliches Mahl vorsetzten!“ Ehe die göttlichen Gäste Einspruch erheben konnten, eilten sie in den Stall hinaus, um ihre Gans, ihren letzten Besitz, den Himmlischen zu opfern.

Aber das verängstigte Tier war schneller als die beiden eifrigen Alten. Schnatternd und flügelschlagend entwischte es ihnen, flatterte ins Haus hinein und – suchte hinter dem Rücken der Gäste Schutz.

„Wer schutzflehend zu den Göttern kommt, bittet niemals vergeblich“, sprach Zeus und lächelte sein göttliches Lächeln. „Ja, wir sind Götter! Wir sind zur Erde hinabgestiegen, um den Menschen ins Herz zu schauen und ihre Gastfreundschaft kennenzulernen. Aber alle, die wir besuchten, zeigten sich hartherzig. Keiner von denen, die die Probe nicht bestanden haben, soll der verdienten Strafe entgehen!“

Die beiden Alten blickten betroffen auf den zornigen Göttervater. Sie wollten um Nachsicht für die verblendeten Mitmenschen bitten, doch Zeus Entschluß war unabänderlich.

„Verlaßt sofort eure Behausung und folgt uns auf den Bergesgipfel!" befahl er, „ich will nicht, daß ihr unschuldig mit den Schuldigen leidet."

Die beiden Alten griffen sogleich gehorsam nach ihren Stöcken und klommen den Berg hinan. Noch hatten sie den Gipfel nicht erreicht, als sie den Blick ängstlich zurückwandten – die ganze weite Landschaft war in einen See verwandelt! Alles war von den rauschenden Wellen bedeckt, die Wälder, die Felder, die Dörfer – nur ihr Häuschen ragte verloren aus der Flut heraus!

Fassungslos starrte das fromme Paar auf das furchtbare Gericht, und in innigem Mitleid beweinten sie das Schicksal der Menschen. Während ihr Blick über die weite Wasserwüste glitt, war Zeus hinter sie getreten. Und – siehe da – was für ein göttliches Wunder vollzog sich vor ihren Augen: Die armselige Hütte, die dem schrecklichen Strafgericht entgangen war, verwandelte sich plötzlich in einen herrlichen Tempel. Das Dach schimmerte in strahlendem Gold und ruhte auf ragenden Säulen, die Mauern wie der Boden waren von schneeweißem Marmor.

Philemon und Baukis hielten sich an den Händen und schauten in andächtigem Schweigen ins Tal hinab. Da richtete Zeus den Blick auf sie: „Philemon und Baukis", sprach er voll göttlicher Milde, „ich gebe euch einen Wunsch frei!"

Nur wenige Worte wechselten die beiden miteinander, dann gab Philemon die Antwort: „Allvater", sagte er demütig, „da du uns in deiner Güte einen Wunsch freigibst, so höre unsere Bitte: Laß uns deine Priester sein in jenem Tempel dort unten! Und wenn du uns den Schmerz ersparen willst", fuhr Philemon fort, „einst am Ende unseres Daseins das Grab des Ehegefährten zu sehen, so laß uns beide in der gleichen Stunde aus dem Leben scheiden!"

Wohlgefällig blickte Zeus auf den Alten. „Solche Bitte ehrt euch beide wie all euer Handeln! Sie ist euch gewährt!"

So lebten Philemon und Baukis als Hüter des Zeustempels. In Treue übten sie ihr Priesteramt, solange der Allvater ihnen ihr Erdendasein bestimmte.

Viele Jahre später, als das Alter ihnen endlich die Lebenskraft nehmen wollte, standen sie zusammen auf den Stufen des heiligen Tempels. „Wie wunderbar ist doch das Geschick, das uns die Götter vorbestimmt haben", sagte Philemon zu Baukis. Da sah er sie plötzlich im grünen Laube verschwinden – im gleichen Augenblick entschwand auch er den Blicken der Gattin! Schon schmiegten sich dichte Blätter um das Antlitz der beiden. „Lebe wohl – lebe wohl!" und „Hab Dank für alle Liebe!" das waren ihre Abschiedsworte; dann wuchsen sie zu zwei dichten Baumkronen empor.

Noch nach mehr als tausend Jahren zeigte man im Lande Phrygien die uralten Bäume, die Eiche und die Linde, die treu vereint zusammenstanden, wie einst im Leben Philemon und Baukis unzertrennlich treu zusammengehalten hatten.

DAPHNE

Nicht immer hatte Apollon sich den Göttern und Menschen im Schmucke des Lorbeers gezeigt, mit dem er sein goldenes Haar, seinen Bogen, seine Leier zu bekränzen liebte. Eros, der listige Liebesgott, dem alle Olympischen, selbst Zeus, sich beugen mußten, pflanzte ihm einst die Vorliebe für das leuchtende Grün dieses Baumes ins Herz:

Apollon, der strahlende Gott der schönen Künste und des Wissens um Zukünftiges, hatte sich des Eros Zorn zugezogen. Nie hatte er von Liebe wissen wollen, und voll Verachtung blickte er auf den knabenhaften Gott, der, mit seinem Bogen bewaffnet, daherkam. „Was soll denn diese Waffe, du kecker Knabe?" so rief er in lächelndem Spott, „meinst du nicht, daß sie besser auf meine Schultern paßt? Sieh mich an, Eros", und dabei blickte er überlegen und stolz auf Aphrodites kindlichen Sohn, „hast du nicht gehört von meinem Siege über den mächtigen Drachen? Tot liegt das Untier hingestreckt von meinen unfehlbaren Pfeilen! Willst du es wagen, dich mit solchen Taten zu messen?"

Eros würdigte den streitbaren Gott keiner Antwort. „Willst du nicht", fuhr Apollon in seinem Spott fort, „dich mit der Fackel begnügen, die seltsames Liebesverlangen entflammen läßt, und aufhören, dir fremden Ruhm anzumaßen?"

„Apollon", kam nun warnend die Stimme des kleinen Gottes, „so weit die Götter die Menschenwesen überragen, so weit überstrahlt auch meine Macht die deine. Magst du treffen mit deinem Bogen, was du kannst – meine Pfeile aber werden dich selbst noch ereilen!"

Ungesäumt hob sich der Liebesgott in die Lüfte und schwang sich auf die schattige Höhe des Parnassos. Aus seinem Köcher entnahm er zwei Pfeile, beide von ganz verschiedener Wirkung: Der eine, der die Liebe wecken sollte, trug eine scharfe Spitze aus lauterem Golde; der andere aber war plump und schwer wie Blei – er sollte sie verscheuchen.

Sorgsam legte der Liebesgott zuerst das bleischwere Geschoß auf die Sehne, spannte, ließ sie zurückschnellen und traf Daphne, die liebreiche Nymphe. Der andere aber fuhr Apollon, dem delphischen Gotte, tief ins Herz.

Wie seltsam war die Kraft der beiden ungleichen Pfeile! Während Apollon in heißer Liebe entbrannte, denn keiner der Olympischen kann sich gegen die Pfeile des Eros wehren, kehrte sich Daphnes Herz voll Widerwillen von aller Liebe ab. Apollons Namen hörte sie nur mit Abscheu nennen. Tief im Walde hielt sie sich versteckt und erfreute sich am freien Weidwerk wie die Jagdgöttin Artemis. Wie lieblich war die Jungfrau anzuschauen, wenn sie, das Haar schlicht geknotet, die Wälder jagend durchstreifte. Viele Männer warben um ihre Liebe.

Aber vergeblich war alles Mühen der Freier, und vergeblich waren auch ihres Vaters Bitten: „Meine Tochter", mahnte er sie zärtlich, „ich warte auf den Eidam! – Meine Tochter, du schuldest mir Enkel!"

„Ach, lieber Vater", kam schmeichelnd ihre Antwort, und mit lieblichem Erröten schlang sie ihm die Arme um den Nacken, „laß mich frei bleiben mein Leben lang! Laß mich so bleiben, wie es auch Artemis selber vom höchsten Gotte erlaubt ist!"

Der Vater gab zwar nach; aber wie sollten ihr Liebreiz und ihre Schönheit es zulassen, daß ihr Wunsch sich erfüllte? Apollon erblickte sie – und war ihr in Liebe verfallen! Sein Herz war voll Hoffnung und Sehnsucht. In seinem Liebesverlangen betrog er sich selbst, der delphische Gott, mit günstigen Orakeln. Wie der dürre Holzstoß in jäher Flamme auflodert, wenn man ihn in Brand setzt, so war der Gott ganz zur Flamme entfacht, und mit falscher Hoffnung nährte er seine Liebe, die doch – er wußte es wohl – vergeblich war!

Voll Verlangen sah er die Jungfrau und dachte bei sich: Wie gern würde ich ihr schlichtes Haar schmücken!

Aber schneller als der Windhauch entschwebte ihm die Jungfrau und achtete nicht auf seine bittenden Worte: „So bleib doch, liebliche Nymphe, und höre mich an! Warum fliehst du vor mir wie das Lamm vor dem Wolfe? Nicht als Feind folge ich dir – meine brennende Liebe ist es, die mich treibt, Daphne! Nur Liebe ist es, und ich bange um dich, du könntest durch meine Schuld dich verletzen. Dein Fuß könnte straucheln, ein Dorn deine Sohle verwunden. Halte doch ein, ich bitte dich!"

Doch vergeblich bat der Gott. Daphne hatte keine anderen Gedanken, als dem Verfolger zu entfliehen. „So höre mich doch", rief Apollon, „vernimm doch erst, vor wem du fliehst und wer sich voll Liebe dir zuwendet! Ich bin ja nicht ein einfacher Knecht oder ein Bauer des Landes, nein, du weißt nicht, vor wem du fliehst, du törichte Jungfrau: Die delphische Landschaft huldigt mir, mein Vater ist der allmächtige Zeus selber. Was die Zukunft birgt, ich weiß es zu künden, und die Kunst des Liedes gab ich den Menschen. Wer ist Meister des Bogens wie ich? Und niemals doch traf einer meiner Pfeile wie der, der mich selber im Herzen verwundete! Mir danken die Menschen, daß ich ihnen die Heilkunst brachte, aber keines meiner heilenden Kräuter nützt mir selber, und hilflos bin ich, der Meister der Kunst!"

Mehr noch wollte der Gott ihr sagen, aber scheu entwich die Nymphe. Noch schöner erschien ihm ihre Gestalt, wie sie so dahineilte.

Nicht länger wollte Apollon ihr vergeblich schmeicheln, und da der Liebesgott selber ihn antrieb, so folgte er ihr mit beflügelten Schritten. Ihm gab die Liebe Kraft, sie im Laufe zu übertreffen, er gönnte ihr keine Rast, und schon spürte sie seinen Atem im Nacken.

Da versagte der Jungfrau alle Kraft; totenbleich wankte sie vor Erschöpfung und rief die Götter an: „Helft mir!“ bat sie in tödlicher Angst, „helft mir und verwandelt meine Gestalt, die mir so viel Leid und Unglück gebracht hat!“

Eine hilfreiche Gottheit war ihr nahe, und noch waren ihre Worte nicht verklungen, da spürte sie, wie die Glieder erstarrten, wie sich Rinde um ihren blühenden Körper schlang, wie das Haar sich in grünendes Laub verwandelte und die Arme in Äste. Der Fuß, der eben noch leicht über die Erde geglitten war, schlug Wurzel im Erdreich, und lichtes Grün bedeckte das Haupt.

Doch auch als Baum blieb der Verwandelten die leuchtende Schönheit, und es blieb ihr Apollons Liebe, Behutsam legte er die Hände auf den Stamm, und noch durch die Rinde hindurch spürte er das Herz der Geliebten schlagen. Da umfing er mit den Armen die Äste und küßte innig den Baum.

„Als Gattin warst du mir nicht beschieden“, sagte Apollon traurig, „doch ich lasse dich nicht; als Baum sollst du mir zu eigen sein, und stets will ich im Haar, am Bogen, an der Leier deine Zweige, den Lorbeer tragen!“

TANTALOS

Tantalos lebte als König von Lydien in Macht und Reichtum. Er war ein Sohn des Göttervaters Zeus selber und erntete alle Ehren, die die Olympischen je einem Menschenkinde schenkten. Sie würdigten ihn ihrer göttlichen Freundschaft und machten ihn zuletzt gar zum Tischgenossen an ihrer himmlischen Tafel. Dort am Tische des Zeus durfte Tantalos täglich Zeuge der Gespräche der Götter sein!

Aber der Geist des Erdgeborenen zeigte sich solchen Glückes nicht wert. Eitelkeit und niedrige Ruhmsucht packten ihn, daß er sich nicht scheute, frevlerisch gegen die Überirdischen zu handeln. Er verriet den Menschen die göttlichen Geheimnisse; er entwendete von der Tafel der Götter Trank und Speise, Nektar und Ambrosia, und brachte beides den Menschen. Ja, sein Übermut verleitete ihn, die göttliche Allwissenheit auf die Probe zu stellen; in seiner Verblendung lud er die Götter in sein Haus, schlachtete seinen eigenen Sohn Pelops und setzte ihn als Speise den Gästen vor!

Nur Demeter, die sich in der Sehnsucht nach ihrer geraubten Tochter quälte, hatte damals gedankenverloren von dem gräßlichen Mahle gekostet. Den übrigen Göttern aber konnte die grauenhafte Tat nicht verborgen bleiben; sogleich erweckten sie den zerstückelten Körper des Knaben zu neuem Leben, und anstatt des Schulterblattes, von dem die Göttin arglos gegessen hatte, gaben sie ihm ein künstliches aus Elfenbein.

Dann aber wandte sich die ganze Entrüstung der Götter gegen Tantalos, der es gewagt hatte, mit ihnen so schimpflichen Spott zu treiben. „Das Maß seiner Untaten ist voll!" rief Zeus in seinem göttlichen Zorne und stieß den Frevler in den Tartaros hinab. Schrecklich war die Qual, die ihn zur Strafe und Abschreckung traf: Er mußte mitten in einem Teiche stehen, dessen Wellen ihm leicht um das Kinn spielten. Trotzdem mußte er den gräßlichsten Durst erleiden, denn niemals konnte er den lockend nahen Trank erreichen; sooft er sich nämlich niederbeugte, um von dem Wasser zu trinken, trat die Flut zurück. Urplötzlich versickerte sie und ließ den dunklen Boden zu seinen Füßen sichtbar werden; es war, als habe ein böser Geist den See ausgetrocknet. Zum Durst kam quälender Hunger, daß es ihm fast den Verstand rauben wollte. Und dabei schwangen herrliche Fruchtbäume ihre Zweige über seinen Kopf hin und her – beladen mit den köstlichsten Früchten! Da lockten Birnen und Äpfel, Feigen und Oliven in reicher Pracht, doch wenn der Arme, vom rasenden Hunger gequält, die Hand ausstreckte, sie zu fassen, entführte plötzlich ein Sturmwind die Zweige und trieb sie hoch in die Himmelshöhe!

Brennender Durst, quälender Hunger – hinzu kam die ständige Angst um das armselige Leben: Gerade über seinem Haupte hing ein mächtiger Felsbrocken in der Luft, der unablässig auf ihn herabzustürzen und ihn zu zermalmen drohte! – So strafte der Zorn der Götter den ruchlosen Tantalos, der es gewagt hatte, ihnen die schuldige Ehrfurcht zu versagen und sie verächtlich zu machen, mit dreifacher, unendlicher Qual in der Unterwelt.

ARACHNE

Vorzeiten lebte im Lande Lydien eine Jungfrau, die hieß Arachne; sie war einfacher Leute Kind, denn ihr Vater war nur ein Purpurfärber. Trotzdem hatte Arachnes Name in den Städten Lydiens einen guten Klang, denn sie war als kunstfertige Weberin hochberühmt. Selbst des Zeus liebliche Töchter, die Nymphen, die an den rebenbewachsenen Berghängen und auf dem Grunde der Flüsse wohnten, kehrten oft in der einfachen Behausung der Jungfrau ein, um sie bei ihrer Arbeit zu bewundern. Wo sah man aber auch noch, so wie bei ihr, Kunstfertigkeit und Anmut vereinigt? Es war wirklich, als sei Pallas Athene selber, die Schirmherrin aller schönen Künste, ihre Lehrmeisterin gewesen.

Aber als einst eine der Nymphen ihr solches Lob aussprach, da zeigte sich Arachne dadurch keineswegs geehrt. Nein, sie, die Sterbliche, war so stolz auf ihre Kunstfertigkeit, daß sie beleidigt auffuhr: „Nicht der Gottheit verdanke ich meine Kunst! Was ich vollbringe, das ist mein eigenes Verdienst!“ In ihrer Vermessenheit spottete sie der Göttin: „Wie soll Pallas Athene mir wohl Lehrmeisterin gewesen sein, da doch meine Kunst viel höher steht als die ihre? Wenn die Göttin es wagen sollte, so mag sie kommen und ihre Kunst mit mir messen!“

Erschreckt blickten die Nymphen auf die verwegene Sterbliche. Aber Arachne blieb bei ihrer Hoffart: „Ja, sie mag sich mit mir im Wettkampfe messen! Dann wird sich zeigen, wer größere Kunstfertigkeit besitzt, sie oder ich! Und wenn sie mich je besiegen sollte, so will ich gern jede Strafe auf mich nehmen!“

Die Nymphen verließen entsetzt das Haus der Weberin, in dem sie so oft zu Gaste gewesen waren. Wie konnten sie mit einer Sterblichen Umgang pflegen, die so vermessen alle menschlichen Grenzen überschritt! Trotzig setzte Arachne sich wieder an ihren Webstuhl.

Da klopfte es an die Türe, und herein trat ein altes Weiblein im grauen Haar, den Rücken gebeugt und in den welken Händen einen Stab als Stütze. Aber aus ihren Augen leuchtete mütterliche Güte und warmes Verstehen für das verblendete Menschenkind; denn das alte Weiblein war niemand anders als die Göttin Athene selber, die in solcher Verwandlung die Hochfahrende zu bekehren gedachte: „Verachte meinen Rat nicht, junges Menschenkind!“ mahnte sie mütterlich. „Groß ist dein Ruhm, daß du alle Sterblichen an Kunstfertigkeit übertriffst. Aber vor den Göttern weiche in Demut!“

Doch Arachne blieb unbelehrbar. „Die Jahre haben dir den Sinn geschwächt, Alte“, entgegnete sie in hartem Spott. „Ich bedarf nicht deines Rates und verschmähe deine Ermahnung. Warum wagt die Göttin nicht, selber zu mir zu kommen und sich mit mir im Wettstreite zu messen?“

Da war Athenes Langmut zu Ende. „Sie ist schon da!“ rief sie zornig und stand plötzlich als Himmelsgöttin vor der Irdischen. Die lydischen Frauen, die im Raume waren, schrien gellend auf und warfen sich der Göttin zu Füßen.

„Beharrst du auch jetzt noch auf deiner Herausforderung?“

Aber Arachne ließ nicht von ihrem verwegenen Trotz.

„So schlägst du Verblendete meine Warnung in den Wind?“ sprach zürnend die Göttin. „Der Wettkampf soll entscheiden!“

Getrennt stellten nun beide ihren Webstuhl auf und begannen die Arbeit. Kunstvoll mischten sie die vielfachen Farben und verwoben die goldenen Fäden, eilfertig flog das Weberschiffchen hin und zurück.

Unter Athenes kunstreichen Händen erwuchs das Bild der Felsenburg Athens, die nach ihr den Namen trägt. Zeus selber thronte dort in erhabenem Ernste inmitten von zwölf Göttern, daneben der Meeresfürst Poseidon, der mit seinem gewaltigen Dreizack aus dem Felsen den Wasserquell sprudeln ließ. Und dort war sie selbst, die göttliche Künstlerin, in kriegerischer Rüstung; vor die Brust hielt sie schützend die schreckliche Aigis, den Wunderschild mit dem Haupte der Gorgo in der Mitte; staunend blickten die Götter auf Athenes wunderbares Schöpfungswerk, den blühenden Ölbaum, den ihr Speer aus dürrem Erdreich hervortreiben ließ.

Zur Warnung für ihre verwegene Nebenbuhlerin aber fügte die Göttin in die Ecken des Kunstwerkes vier Bilder, vier Beispiele menschlichen Hochmuts, dem die Rache der Götter ein trauriges Ende gesetzt hatte: Da sah man den König und die Königin von Thrakien, die sich in ihrem Aberwitz den Göttern gleichgestellt hatten. Des Göttervaters Strafe hatte sie in lebloses Gestein verwandelt. Da war das Schicksal der Mutter abgebildet, die wegen ihrer Vermessenheit in einen Kranich verwandelt worden war. Dort war das Schicksal der Jungfrau dargestellt, die sich an Schönheit mit der Göttermutter zu messen gewagt hatte und als Storch weiterleben mußte. In der vierten Ecke zeigte das kunstvolle Gebilde das Los des unglückseligen Königs Kinyras, der die entschwundenen Töchter beweinte; hochfahrend und verblendet hatten sie durch ihren Stolz den Zorn der Hera gereizt und waren von ihr in die Marmorstufen ihres Tempels verwandelt worden. – Staunend standen die Zuschauer vor dem prächtigen Kunstwerk, das nur eine göttliche Hand vollbringen konnte.

Arachne zeigte sich in der Tat der hohen Kunst der Göttin ebenbürtig. Doch voll frevlerischer Leichtfertigkeit wählte sie Bilder für ihre Gewebe, die alle des Menschen schuldige Ehrfurcht vermissen ließen. Da sah man Zeus in Bildern, wie er den Sterblichen verächtlich erscheinen mußte, mit menschlichen Schwächen und ohne jede göttliche Hoheit. Wie konnte eine Erdgeborene es wagen, ihrem Bilde vom Vater der Götter solch einen Sinn zu geben? Was würde die Göttin zu solchem Werke sagen?

Zornbebend stand Pallas Athene vor Arachnes Webstuhl. „Daß du eine Meisterin der Webkunst und selbst mir vergleichbar bist, will ich dir gerne zugestehen!“ rief sie; „das Gebilde aus deiner Hand zeugt von deiner hohen Kunstfertigkeit, die alles Lob verdient. Und doch bist du nicht würdig, eine Meisterin zu heißen. Denn was dir mangelt, ist die Ehrfurcht. Schmach über jeden, der die Ehre seines Standes so gröblich mißachtet und die Kunst, die die Gottheit ihm eingab, so häßlich mißbraucht!“

Die Göttin zerriß in ihrem Zorne das schändliche Werk; Arachne wollte dazwischenfahren, doch da schlug Athene sie dreimal mit dem Weberschiffchen vor die Stirn. Die göttliche Strafe hatte sie getroffen, Wahnsinn packte die Unglückliche. Sie sprang vom Sitze auf, ihrem Leben ein Ende zu machen, doch da half ihr noch einmal das Mitleid der Göttin. „So magst du leben, du Hoffärtige, und weiter deiner Kunst dienen! Aber für alle Zeiten treffe dich die Strafe!“

Dabei ließ sie der Jungfrau einige Tropfen ihres göttlichen Zauberwassers ins Antlitz sprühen. Sogleich schwanden die Haare; Nase, Ohren, und die ganze Gestalt schrumpften zusammen – ein winziges, häßliches Tierchen blieb zurück, als die Göttin den Raum verließ.

Als Spinne lebt Arachne fort und übt noch heute ihre Webkunst.

NIOBE

Hätte die schöne Königin Niobe von Theben sich nicht durch Arachnes Schicksal warnen lassen sollen, den Göttern voll Verblendung zu trotzen? Doch die Fülle des Glückes, das das Leben ihr so überreichlich schenkte, hatte sie hoffärtig gemacht, daß sie alle schuldige Ehrfurcht vergaß. Hatte doch ihr Gatte Amphion, der Götterliebling, einst von den Musen die herrliche Leier zum Geschenk erhalten, die mit wundersamem Klange die mächtigen Quadersteine von Thebens Stadtmauern zusammenfügte! War sie nicht die Gebieterin eines gewaltigen Reiches? Und wer unter den Sterblichen durfte wohl wagen, sich an Klugheit, Macht des Geistes und an königlicher Schönheit mit ihr zu messen?

So sehr aber all diese Vorzüge Niobes Hochmut stärkten, nichts schmeichelte ihrem Stolze mehr als die stattliche Zahl ihrer Nachkommen: Vierzehn blühende Kinder, sieben Söhne und sieben Töchter, erfüllten ihr Herz täglich von neuem mit Mutterfreude; mit Recht hätte man Niobe die glücklichste aller Mütter nennen dürfen. Und sie wäre es auch gewesen, wenn – sie nicht ihr Glück als ihr eigenes Verdienst beansprucht hätte! So mußte ihr hochfahrender Stolz, mit dem sie gar göttliche Ehren für sich verlangte, sie ins Verderben stürzen.

In Theben lebte damals die Seherin Manto, des Teiresias Tochter, im frommen Tempeldienst der Leto. Eines Tages, so wird berichtet, fühlte sich die Jungfrau plötzlich von göttlicher Eingebung ergriffen, zur Ehre der Göttin ihre Landsleute aufzurufen. Das Haar umkränzt, im festlichen Priestergewand, so eilte sie durch die Straßen der Stadt: „Thebanerinnen“, rief sie in ihrer wilden Erregung, „ihr Frauen Thebens, kommt alle zu Ehren unserer Gottheit, zu Ehren Letos und ihrer Zwillingskinder! Kommt und bekränzt euch mit Lorbeer das Haar und bringt Leto und ihren beiden Kindern, bringt Apollon und Artemis euer Weihrauchopfer dar!“

Die Frauen strömten in Scharen zusammen. Willig folgten sie dem Geheiß und rüsteten der Gottheit die schuldigen Opfer.

Da – plötzlich weichen alle Frauen angsterfüllt beiseite. Niobe, gefolgt von ihrem Hofstaat, im Schmucke ihrer golddurchwirkten Gewänder, tritt unter die Menge! Sie erstrahlt in königlicher Schönheit. Hoheitsvoll gleiten ihre Blicke im Kreise umher. Aber Zorn erfüllt ihr Antlitz.

Wie Eiseskälte hat es sich auf die festlich gestimmte Menge gelegt. Scheu blicken die Frauen auf die zornige Königin, die sie nun anfährt: „Treibt euch denn der Wahnsinn, ihr Thebanerinnen, Götter anzubeten, die ihr nur vom Hörensagen kennt? Und göttliche Wesen, die euch sichtbar vor Augen stehen, die laßt ihr unbeachtet? Wie könnt ihr für Leto Altäre errichten und meinem göttlichen Namen den Weihrauch versagen?"

Betroffen vor soviel Vermessenheit blicken die Frauen zu Boden. Doch Niobe fährt in ihrer Verblendung fort: „Ihr wißt doch, daß Tantalos mein Vater ist, der einzige Erdgeborene, dem am Tische der Himmlischen zu sitzen erlaubt war! Ist meine Mutter nicht die Schwester der Plejaden, die als herrliches Gestirn am Himmel leuchten? Zähle ich unter meinen Ahnen nicht den gewaltigen Atlas, der das Himmelsgewölbe auf seinem Nacken trägt? Und ist nicht Zeus selber, der Herr aller Götter, mein Großvater?"

Triumphierend gehen Niobes Blicke im Kreise umher. „Mir gehorchen Phrygiens Völker", fährt sie fort und wirft voll Stolz den Kopf in den Nacken, daß das prächtige Haar um die Schultern wallt. Sie stammte ja wie Arachne aus jener Provinz Kleinasiens. Hätte sie sich nicht durch deren Schicksal warnen lassen sollen?

„Mir und meinem Gatten ist das herrliche Theben, des Kadmos Stadt, untertan, deren Mauern sich einst willig seinem Saitenspiele fügten! Und in meinem Palaste häufen sich, wohin ich blicke, unermeßliche Schätze! Und soll ich von meinem Äußeren sprechen? Ist mein Antlitz nicht dem einer Göttin ebenbürtig? Und dazu die stolze Kinderschar, wie wohl keine Mutter sie aufweisen kann: sieben blühende Söhne, sieben blühende Töchter und bald ebenso viele Eidame und Schwiegertöchter! Und da soll ich nicht Grund haben, stolz zu sein?"

Herrisch, hochaufgerichtet blickt Niobe über die Thebanerinnen hin, die ganz verschüchtert zurückgewichen sind. „Wagt ihr es noch immer", ruft sie drohend, „mir Leto, jene unbekannte Titanentochter, vorzuziehen? Soll ich euch daran erinnern, wie einst die weite Erde ihr nicht einmal einen Platz gönnen wollte, wo sie ihre Kinder zur Welt bringen konnte? Heimatlos irrte sie umher, bis endlich die schwimmende Insel Delos Mitleid mit ihr hatte und sie aufnahm! Dort wurde die bedauernswerte Leto Mutter ihrer Zwillinge! Zwei Kinder – das ist der siebente Teil meiner Mutterfreude! Ich bin so mächtig in meinem Reichtum, daß die Schicksalsgöttin mir niemals Schaden bringen könnte! Und wollte sie nach meinen Kindern greifen, selbst dann würde ich niemals mit meiner stolzen Schar zu der ärmlichen Zwillingszahl Letos herabsinken!" Herrisch spricht ihr befehlsgewohnter Mund: „Darum macht jetzt Schluß mit euren Opfern, ihr törichten Frauen, und geht in eure Häuser zurück!"

Gehorsam ducken sich die Frauen unter den Befehl, nehmen die festlichen Kränze aus dem Haar und schleichen von den erkalteten Altären in die Häuser. Nur mit schweigendem Gebete wagen sie noch, die beleidigte Gottheit zu verehren.

Ja, die Gottheit war tief gekränkt! Hoch auf dem Bergesgipfel des Kynthos stand sie mit ihren Zwillingen und schaute auf Niobes frevlerisches Tun hinab. „Meine Kinder", rief Leto in ihrem Schmerze, „ihr wißt, wie stolz ich auf euch bin und daß ich keiner Göttin wiche, es sei denn Hera selbst! Und nun müßt ihr erleben, wie ich von einer frechen Erdgeborenen geschmäht, wie ich von den altehrwürdigen Altären verdrängt werde, wenn ihr mir nicht beisteht, meine Kinder! Aber damit nicht genug: Auch euch hat sie mit ihren Schmähungen verletzt; voll Verachtung hat sie euch mit ihren Kindern verglichen!"

Leto wollte ihren Klagen noch Bitten hinzufügen, aber Phoibos Apollon unterbrach sie. „Hör auf, Mutter", rief er unwillig, „und laß dein Klagen; sie bedeuten nur Aufschub für die Strafe!"

Artemis stimmte ihm ungeduldig zu. Schnell hüllte sich das Geschwisterpaar in eine Wolkendecke, und in raschem Flug erreichten beide die Stadt Theben. Hoch auf den Zinnen der Burg des Kadmos ließen sie sich nieder.

Vor den Stadtmauern breitete sich eine weite Ebene aus, auf der Thebens Jünglinge ihre Körperkräfte zu üben pflegten. Dort belustigten sich eben Amphions und Niobes sieben Söhne in fröhlichem Wettkampf, im Wagenrennen, im Ringkampf und im Speerwurf. Gerade jagte Ismenos, der Älteste, sein Pferd rund um die Bahn; mit Mühe zügelte er das feurige Tier, als er plötzlich einen furchtbaren Schmerzensschrei ausstieß. „Wehe mir!" rief er entsetzt und ließ den Zaum aus den erschlaffenden Händen fahren. Ein Pfeil hatte ihn mitten ins Herz getroffen!

Sipylos, der ihm zur Seite sein Roß tummelte, sah voll Entsetzen den Bruder vom Pferde sinken; er hörte den Köcher in den Lüften rasseln und versuchte zu fliehen. Wie der Steuermann vor dem Sturme den Hafen sucht, so hetzte er den Renner über das Blachfeld. Aber da schwirrte es wieder durch die Lüfte, und unerbittlich traf ihn der Pfeil im Nacken, daß das Eisen zum Halse herausragte. Zu Tode getroffen sank auch er über des Rosses Mähne zu Boden.

Noch hatten die anderen Brüder nicht die drohende Gefahr bemerkt. Zwei von ihnen, Tantalos, der des Großvaters Namen trug, und Phaidimos, erprobten Brust an Brust im Ringkampf ihre Kräfte. Wieder erklang das grausige Schwirren durch die Luft, und beide durchbohrte der gleiche Pfeil. Beide hauchten im gleichen Atemzug ihr Leben aus.

Sollte das schreckliche Strafgericht solchen Fortgang nehmen? Der fünfte von Niobes Söhnen sah die Brüder fallen. In fassungslosem Schmerze stürzte er herzu, die Brüder in seinen Armen wieder zu beleben, aber bei dieser frommen Arbeit traf auch ihn der erbarmungslose Pfeil. Apollons Geschoß fuhr ihm mitten ins Herz, ebenso wie Damasichthon, der vergeblich der grausigen Waffe zu entfliehen suchte.

Nun war nur der jüngste Sohn übrig. Ilioneus hatte das furchtbare Strafgericht mit ansehen müssen. Außer sich vor Entsetzen, warf sich der Junge auf die Knie und hob flehend die Arme: „Ihr Götter alle“, stammelte er, denn er wußte ja nicht, wer die grausigen Geschosse gegen die Brüder gerichtet hatte, „o habt Erbarmen und schonet mich!“ Apollon war gerührt von seinem kindlichen Flehen, aber sein Pfeil war nicht mehr zurückzuhalten. Ins Herz getroffen, stürzte auch er zu Boden, Niobes jüngster und letzter Sohn!

Die Kunde von dem entsetzlichen Geschehen drang schnell in die Stadt und zur Königsburg. Den Vater Amphion übermannte so sehr die Verzweiflung, daß er sich das Schwert in die Brust stieß, um im Tode mit seinen Söhnen vereint zu sein. Und Niobe? Lange vermochte sie das Schreckliche nicht zu fassen. Aber dann packte sie der grimmige Zorn. Sollten die Götter es wirklich wagen, ihre Vorrechte so grausam zu zeigen?

Die unglückliche Mutter fühlte, wie alle Kraft ihr schwand. Wie anders war diese Niobe als jene hochfahrende Königin, die eben erst das Volk von Letos Altären vertrieben hatte und voll Hochmut durch die Straßen geschritten war! Hätte man sie vorher beneiden mögen – jetzt mußte ihr ärgster Feind wohl Mitleid mit ihr haben! Sie stürzte vor die Stadtmauern, wo die toten Söhne lagen. In ihrem sinnlosen Schmerze warf sie sich auf die erkalteten Körper und küßte sie, immer wieder küßte sie die toten Söhne.

Plötzlich sprang Niobe auf. „Weide dich nun an meinem unendlichen Leide, du grausame Leto! Sieben Söhne habe ich zu beklagen. Ja, du bist Siegerin! Nun triumphiere!"

Niobe war wieder in sich zusammengesunken. Doch dann fiel ihr Blick auf die stattliche Reihe der Töchter, die an die Leichen herangetreten waren. „Siegerin?" ging es ihr wild durch den Sinn, „Leto soll über mich triumphieren? Nein, du Grausame, auch in meinem schweren Unglück bleiben mir mehr, als das Glück dir schenken konnte! Meinen toten Söhnen zum Trotz – ich bin die Siegerin!"

Noch hatte die Unbelehrbare ihre verwegenen Hohnworte nicht ausgesprochen, da klang es wie von einer straffgezogenen Sehne. Die Schwestern, die in ihren schwarzen Trauerkleidern die Brüder umstanden, erbebten, nur Niobe stand unbeweglich; das Unglück hatte sie zu blinder Verwegenheit getrieben. War es wieder der Schicksalsbogen?

Da plötzlich zuckte eine der Schwestern zusammen; in ihrem Herzen stak ein Pfeil! Bewußtlos sank sie über ihre toten Brüder. Die zweite sah die Mutter in verzweifeltem Schmerze zusammenbrechen und wollte zu ihr eilen, um sie zu trösten. Da raffte auch sie das geheimnisvolle Geschoß dahin. Die dritte floh entsetzt bei dem grausigen Anblick, aber auch sie sank zu Boden; drei andere fielen, über die sterbenden Schwestern gebeugt.

Nur die letzte war noch übrig. Die Seele ganz zerrissen von grenzenloser Qual, umschlang die Mutter ihre Jüngste und barg sie in ihrem weiten Gewande. „Nur diese eine laß mir!" schrie sie in ihrem Mutterschmerz, „nur meine Jüngste laß mir von so vielen!" Aber während sie noch ihre Bitte in die Lüfte hinausschrie, stürzte auch die siebente Tochter tot nieder.

Einsam, all ihrer Kinder beraubt, saß Niobe inmitten der Leichen ihrer Söhne, ihrer Töchter, ihres Gatten. Da machte das Übermaß des Schmerzes sie zu Stein; kein Windhauch bewegte mehr ihr wallendes Haupthaar, alles Blut war ihr aus den Wangen entwichen; unbeweglich standen die Augen in dem erstarrten Antlitz. Es stockte die Zunge, das Herz stockte mitten in der Bewegung; nicht der Nacken, nicht der Arm, nicht der Fuß zeigten noch menschliches Leben.

Doch ihre Tränen rannen; Niobe weinte. Unaufhörlich strömten Tränen aus den felsigen Augenhöhlen.

Nun endlich zeigte die gekränkte Gottheit sich versöhnlich. Ein mächtiger Wirbelwind packte den Felsblock und trug ihn nach Asien. Niobe kehrte in ihr Vaterland zurück; die lydische Heimat nahm sie auf.

Als Marmorfelsen lebt sie dort fort, und unaufhörlich fließen ihre Tränen in das Gebirgstal hinab.

SISYPHOS

Wie Arachne und Niobe schwere Götterstrafe für ihre frevelhafte Hoffart traf, so mußte auch Sisyphos für seine Vermessenheit büßen, als er den Himmlischen zu trotzen wagte.

Er war der Gründer und Erbauer von Korinth und herrschte als König in der herrlichen Stadt. Da wagte er in seinem Übermut, den Unwillen des Zeus auf sich zu ziehen: Er verriet den Göttervater, als dieser des Flußgottes Asopos Tochter, die liebliche Nymphe Aigina, entführt hatte, an den tiefbetrübten Vater.

Zeus beschloß, den Fürwitzigen zu bestrafen, und schickte Thanatos, den Tod. Aber der listige Sisyphos zeigte sich stärker als der Allüberwinder Tod. Er zwang ihn in seine Gewalt und legte ihn in so starke Fesseln, daß seine Macht gebrochen war. Auf Erden entstand nun große Verwirrung, weil niemand mehr sterben konnte, und erst als der starke Ares, der Gott des

Krieges, den Tod aus der Gewalt des Listigen befreit hatte, konnte Thanatos wieder seines Amtes walten. Sisyphos aber wurde vom Kriegsgott ins Schattenreich geführt.

Doch der Korintherkönig hatte sich eine neue List ersonnen, um seine Erdenfreiheit wieder zu gewinnen. Ehe er zum Hades geführt wurde, hatte er seiner Gemahlin verboten, Totenopfer für ihn zu halten. Wie aber sollte Hades eine Seele in der Unterwelt dulden, der die schuldigen Opfer auf Erden versagt blieben? So ließen er und seine Gemahlin Persephone sich von Sisyphos bereden, ihn freizulassen: Er wolle zur Menschenwelt zurückkehren, um die Gattin an ihre Pflicht zu erinnern.

Natürlich dachte der Arglistige nicht daran, wieder in die Unterwelt zurückzukehren. Unbekümmert genoß er an der Seite seiner Gattin die Freuden der Oberwelt, die ihn mit Trinkgelagen und üppigen Gastmählern festhielt. Wie lachte er über den Gott der Unterwelt, den er so listig betrogen hatte!

Doch inmitten der Festesfreuden stand plötzlich wieder Thanatos vor ihm. „Diesmal wirst du mich nicht überlisten", sagte er grollend und zerrte den hilflosen Sisyphos, der plötzlich ganz schwach und klein geworden war, erbarmungslos in die Unterwelt.

Schrecklich war die Strafe, die Zeus dem Frevler bestimmt hatte. Ihm wurde die Aufgabe gestellt, einen mächtigen Marmorstein einen Hügel hinaufzuwälzen. Unter unsäglicher Mühe ging der Verurteilte ans Werk, stemmte sich mit aller Kraft seiner Hände und Füße dagegen und zwang den ungefügen Stein auch wirklich bis zur Höhe. Schon glaubte er, ihn auf den Gipfel gewälzt zu haben, da – im allerletzten Augenblick entrollte der tückische Felsblock seinen Händen und stürzte in die Tiefe! Von neuem mußte der Arme sich ans Werk machen, wieder zwang er den Stein bis zur Höhe, und wieder entwich der Marmorblock gerade in dem Augenblick, als der geplagte Sisyphos glaubte, die Höhe erneut erreicht zu haben.

Immer wieder, Jahrhundert um Jahrhundert mußte Sisyphos den Stein die Anhöhe hinaufwälzen, doch niemals sollte es ihm gelingen, seine Aufgabe zu erfüllen.

DIE DIOSKUREN

Leda, die Mutter der schönen Helena, hatte zwei Söhne, Kastor und Polydeukes. Jener war der Sohn des Königs Tyndareos von Sparta, aber Zeus selbst galt als Vater des Polydeukes. Dieser war daher unsterblich, Kastor dagegen sterblich.

Die Zwillingsbrüder waren sich an Gestalt und in ihrem Wesen so völlig gleich und in so herzlicher Bruderliebe zugetan und stets unzertrennlich, daß man sie beide auch Dioskuren, die Zeussöhne, nannte. Jedermann liebte die schönen und anmutigen, stets frohgemuten und hilfsbereiten Jünglinge; Kastor war vor allem erfahren in der Kunst, unbändige Rosse zu lenken, während Polydeukes der berühmteste Faustkämpfer wurde.

Schon in früher Jugend konnten sie ihren unwiderstehlichen Heldenmut bewähren. Als Theseus ihre geliebte Schwester Helena entführte, jagten sie dem Räuber nach und befreiten sie aus seiner Gewalt. An der Jagd des kalydonischen Ebers und vor allem an der Argonautenfahrt nahmen sie teil: Polydeukes bestand damals den berühmten Faustkampf mit dem riesigen Bebrykenkönig. Unsterblichen Ruhm erwarben sich die Brüder durch ihre Heldentaten, so daß der große Herakles sie zu Leitern der Olympischen Spiele einsetzte, die er erneuert hatte.

Mit ihren Vettern Lynkeus und Idas waren die beiden Dioskuren innig befreundet. Lynkeus, dessen Name „Luchsauge" bedeutet, hatte die Kraft, durch Bäume und selbst durch die Erde zu sehen; sein Bruder Idas besaß so ungeheure Kraft und so verwegenen Mut, daß er es einst sogar mit dem erhabenen Apollon aufzunehmen wagte. Nur das Dazwischentreten des Göttervaters Zeus verhütete den drohenden Kampf.

Einst waren die beiden Brüderpaare auf Beute ausgegangen. In Arkadien raubten sie eine herrliche Rinderherde; sie beschlossen, sie untereinander zu teilen, und übertrugen Idas das Amt der Teilung. Jener aber wählte sich dafür einen seltsamen Weg: Einen Stier aus der Beute teilte er in vier gleiche Stücke und bestimmte sodann, daß der, welcher seinen Anteil zuerst verzehrt hätte, die Hälfte des Raubes haben sollte; dem zweiten sollte der Rest zufallen.

Es war ein ungewöhnlicher Wettstreit, der nun begann. Kaum aber hatten die vier Genossen sich ans Essen gemacht, da war Idas mit seinem Teil schon fertig; nun half er dem Bruder, dessen Stück zu verspeisen, und entschied damit schnell die Wette. Lachend führten beide die ganze Beute fort, während die Dioskuren leer ausgingen. In ihrem Zorne brachen sie in Messenien ein, entführten des Leukippos schöne Töchter, die mit Lynkeus und Idas verlobt waren, und vermählten sich mit ihnen.

Natürlich wollten die beiden Brüder diesen Schimpf nicht ruhig ertragen. Lynkeus stieg auf einen hohen Berg, erkannte mit seinen scharfen Augen bald das Versteck, in dem Kastor und Polydeukes sich verborgen hielten, und rief seinen Bruder Idas herbei. Beide überfielen das Dioskurenpaar, und von Idas' schwerem Wurfspeer getroffen, sank Kastor zu Boden. Wütend sprang Polydeukes auf, den Gefallenen zu rächen, und verfolgte die fliehenden Brüder, bis sie sich an ihres Vaters Grabe zum Kampfe stellten. Idas schmetterte den mächtigen Grabstein gegen des Verfolgers Brust, doch Polydeukes, der Unsterbliche, stand unerschüttert. Nun stürmte er auf Lynkeus ein und streckte ihn mit seiner Lanze zu Boden. Ein furchtbarer Kampf begann zwischen Polydeukes und Idas; jeder brannte vor Begierde, den toten Bruder zu rächen. Gerade hob Idas einen mächtigen Feldstein, ihn gegen des Gegners Haupt zu schleudern, da nahm Zeus sich seines Sohnes an; er sandte seinen feurigen Blitzstrahl, und von der himmlischen Flamme verzehrt, endete Idas.

Dankbar blickte Polydeukes zum Himmel empor, dann eilte er zu seinem Bruder zurück. Laut weinend warf er sich über den Sterbenden: „O Vater Zeus!“ rief er, „wie soll mein Jammer enden? Sende mich mit ihm, mit meinem liebsten Freunde, zusammen ins Schattenreich hinab!“

Da senkte sich der Oberste der Götter zu ihm hinab. „Du bist unsterblich“, sagte er. „Doch ich lasse dir freie Wahl: Willst du unsterblich und in ewiger Jugend im Olymp bei den ewigen Göttern – doch ohne Kastor – wohnen, so sei die Bitte dir gewährt. Willst du aber alles mit deinem lieben Bruder teilen, so magst du mit ihm die Hälfte der Zeit in der finsteren Unterwelt, die andere Hälfte im goldenen Himmelssaal weilen.“

So sprach der göttliche Vater, und für Polydeukes gab es nicht einen Augenblick lang Zweifel. „Ich will des Bruders Schicksal teilen!“ rief er freudig und ohne Zaudern. Da gewährte Zeus dem Sohne die Bitte, und unzertrennlich wie im irdischen Leben bringen die Zwillinge einen Tag gemeinsam beim Vater Zeus und den übrigen Göttern, den andern im dunklen Hades zu. Die Menschen aber beten zu ihnen in allen Nöten des Lebens, denn sie verehren die Dioskuren als Retter in Gefahr.

ORPHEUS UND EURYDIKE

Im Lande ringsum erscholl das Lob des herrlichen Sängers Orpheus. Er war der Sohn des Königs von Thrakien und hatte von seiner Mutter Kalliope, der Muse der Dichtkunst, die Sangeskunst geerbt, mit der er alle Menschen entzückte. Apollon selber schenkte ihm ein Saitenspiel, und wenn Orpheus seinen Gesang erhob, so konnte niemand der göttlichen Macht widerstehen. Alles Getier der Natur, die Vögel wie die Fische, folgten ihm willig, ja auch die Bäume, selbst die gefühllosen Steine bewegte der unvergleichliche Sänger mit der Zaubergewalt seiner Stimme und seines Saitenspiels. Ohne Grenzen schien sein Glück, als er Eurydike, die schönste der Najaden, als Gattin heimführte.

Und doch, wie kurz war dieses Glück, das ihnen vergönnt war! Als die holdselige Nymphe mit den Gespielinnen auf grüner Aue zum Tanze schritt, wurde sie von einer giftigen Natter gebissen. Eine winzige Wunde an der Ferse nur war es, doch sie brachte Eurydike den Tod.

Fassungslos stand der Sänger an der Leiche der geliebten Gattin. Ein Leben ohne Eurydike, wie sollte er solchen Gedanken ertragen können? Da griff er zur Leier, die erst vor wenigen Tagen zu frohen Hochzeitsliedern geklungen hatte, er schlug sie und ließ seinen namenlosen Schmerz zum Himmel dringen. Es war, als stünde die Natur still, seine Wehklage nicht zu stören. Zahm und fügsam umdrängten die wilden Tiere des Waldes den klagenden Sänger, und die Bäume hörten auf zu rauschen.

Doch weder Klage noch Bitte brachten die Tote zurück. Unerbittlich hielt sie der Hades in der unzugänglichen Unterwelt. Orpheus wagte einen Gedanken, wie ihn noch kein Mensch vor ihm gefaßt hatte: In die Unterwelt wollte er hinabsteigen und den Beherrscher der Schatten bitten, ihm die Gattin zurückzugeben! „Er kann meine Bitte nicht abschlagen", murmelte er bei sich, „wenn er sieht, wie groß unsere Liebe ist!"

Bei dem Orte Tainaron war die Pforte, die zur Unterwelt führte; dort stieg Orpheus hinab. Unbehindert von Kerberos, dem gräßlichen Höllenhund, der den Eingang bewacht, schritt er durch die Reihen der körperlosen Schatten, die den Weg umlagerten, achtete nicht auf die grausigen Gestalten, die ihn abzuschrecken suchten, und trat vor den Thron, auf dem Hades an der Seite seiner Gattin Persephone über die Toten regierte.

Wie sollte Orpheus wohl das strenge Herz der Gottheiten rühren? Da griff er zur Leier, schlug die Saiten und sang zu ihrem göttlichen Klange: „O ihr Herrscher der Unterwelt, der wir sterblichen Menschen alle verfallen sind, laßt mich vor euch treten, und laßt mich vor euch die Wahrheit sagen: Nicht müßige Neugier führt mich hierher, das Dunkel zu schauen, nicht komme ich, den dreiköpfigen Höllenhund Kerberos zu fesseln. Die Liebe treibt mich vor euren Thron, die Liebe zu meiner Gattin Eurydike, die mir so grausam geraubt wurde! Eine giftige Schlange hat sie in der Blüte ihrer Jugend dahingerafft. Wie habe ich mit mir gerungen, den unermeßlichen Schmerz wie ein Mann zu tragen! Aber die Liebe ist stärker, ich kann mich gegen sie nicht wehren. Hat nicht der Gott der Liebe auch über das Totenreich Macht? Sagt man nicht, daß er auch dich, Hades, mit Persephone vereint hat? Darum flehe ich zu euch, ihr Götter der Unterwelt, hier bei den Stätten des Grauens flehe ich euch an: Gebt, gebt mir Eurydike zurück für ein Leben im Lichte der Menschenwelt! Wir alle gehören ja euch, und schon nach kurzem Erdenleben müssen wir hierher in die letzte Behausung, zum gemeinsamen Wohnsitz aller Menschenkinder. Könnt ihr mir aber die Bitte nicht erfüllen, so bin ich entschlossen, euer Reich nie zu verlassen! Nehmet dann auch mich in euer Reich auf!"

Seltsames, wie das Schattenreich es noch nie gesehen hatte, geschah bei des Orpheus klagender Bitte: Die wesenlosen Schatten lauschten den lieblichen Klängen und – weinten! Tantalos, zu schrecklicher Strafe verdammt, vergaß, nach der stets weichenden Welle zu haschen, die Danaïden ließen von ihrer nie endenden Arbeit, das durchlöcherte Faß zu füllen, und Sisyphos saß auf seinem Steine, den er nach dem Willen der Götter in vergeblichem Mühen den Berg hinaufzuwälzen hatte. Ja, selbst die unerbittlichen Eumeniden, die keines Menschen Leid je bewegt hatte, vergossen heiße Tränen der Rührung.

Nicht minder gerührt war das Königspaar selber, denn es war das erste Mal, daß ein Mensch aus der Oberwelt, ein Mensch von Fleisch und Blut vor ihnen stand – wie sollten sie sich der göttlichen Macht des Liedes entziehen können? Persephone blickte fragend den Gemahl an, Hades nickte Gewährung, und sogleich schickte die Königin einen der schemenhaften Boten, Eurydike zu holen.

Mit langsamem Schritte kam sie herbei, es hinderte sie ja die Wunde am Fuße. Orpheus starrte sie an in liebendem Verlangen, Eurydike wußte sich nicht zu fassen in namenloser Überraschung und wollte dem Geliebten in die Arme stürzen – doch ein Wink des Hades hielt sie zurück. „Noch nie sahen wir hier soviel Liebe", sagte der Gott, „so höret unseren Entschluß: Führe deine Gemahlin zur Welt der Lebenden zurück, Orpheus, und lebe in ehelicher Liebe mit ihr. Doch höre: Hüte dich, den Blick zurückzuwenden, bis du die Unterwelt verlassen und das Tor durchschritten hast – folgst du diesem Gebote nicht, so hast du Eurydike für immer verloren!"

Aufwärts stiegen jetzt die beiden durch die schweigende Öde der Unterwelt. Schon waren sie dem Ziele nicht mehr fern, und schroff führte der Weg empor; es war, als starre das gräßliche Dunkel ihnen von allen Seiten entgegen. Orpheus verhielt den Schritt, um nach rückwärts zu lauschen. War die Gattin ihm nicht gefolgt? Fehlte ihr die Kraft, den steilen Pfad zu erklimmen? Vergeblich horchte er auf ihren Schritt, doch kein Laut, kein Atemzug, kein Rascheln ihres Gewandes war vernehmbar – Totenstille ringsum.

Da konnte der Sänger nicht mehr an sich halten, Sehnsucht und liebende Sorge wurden so übermächtig, daß er den Blick zurückwarf – dort stand sie vor ihm, schwebte – und entschwand in die grauenvolle Unterwelt! Da packte ihn wilde Verzweiflung, voll Sehnsucht streckte er die Arme aus und griff ins Leere. Zum zweiten Male mußte sie sterben und ging doch ohne Klage von dannen, sie, die so innig geliebt wurde. Wie ein zarter Hauch nur klang von ferne ihr Abschiedswort: „Leb wohl, geliebter Orpheus", dann nahm sie der Abgrund auf.

Orpheus stand starr und von Entsetzen gepackt. So war ihm die Geliebte erneut entrissen? Er stürzte den Weg zurück und trat an das stygische Gewässer. „Setz über, Fährmann!" rief er fordernd. „Zum zweiten Male ist meine Gattin mir genommen!"

Aber Charon hob abwehrend die Hand. „Kein Lebender überschreitet die Styx, Orpheus", kam grollend seine Stimme, „nur wer für das Schattenreich bestimmt ist, betritt meinen Kahn!" Vergeblich war des Orpheus Flehen, vergeblich waren seine Tränen; Charon blieb unerbittlich.

Sieben Tage lang saß der Unglückliche am Ufer des Flusses, ohne Speise und ohne Trank. Unaufhörlich rannen seine Tränen, flehende Gebete sprach er zu den Olympischen und zornige Scheltworte – die Götter ließen sich nicht erweichen. Gramgebeugt kehrte Orpheus in die heimatlichen Bergwälder zurück. —

Dreimal schon hatte sich der Jahreslauf gerundet. Einsam lebte der Sänger. Menschlichen Umgang mied er. Nur der geliebten Eurydike galten seine Gedanken, ihr die lieblichen Klänge, die seinem Saitenspiel entströmten.

So saß er einst auf einer sanften Anhöhe, die göttliche Leier im Arme. Ringsum breitete sich üppiges Feld, und nicht Baum noch Strauch spendete

Schatten. Doch als dann Orpheus die Saiten rührte, da war es, als ob die Landschaft zu klingen anhebe. Da bewegte sich der Wald ringsum, die Bäume alle rückten näher und stellten sich um den gottentsprossenen Sänger, als wollten sie ihm Schatten spenden zum Dank für seinen Sang. Auch die scheuen Tiere des Waldes wurden durch die wundersamen Töne angesteckt; sie drängten sich um Orpheus herum, das Wild und die bunten Schwärme der Waldvögel, und lauschten den Zauberlauten seines Saitenspiels.

Es war um die Zeit, da die thrakischen Frauen des weinliebenden Bakchos Fest in wilder Begeisterung feierten. Rebenkränze im aufgelösten Haare, den epheugeschmückten Thyrsosstab schwingend, so stürzten sie in bakchantischer Wut durch die Wälder. Solch eine Schar Weiber stieß auf den Sänger, der inmitten der Waldbewohner seine Leier schlug. Niemanden haßten die Bakchantinnen mehr als ihn, der seit Eurydikes Tode nichts von Frauenliebe wissen wollte. „Dort, seht ihn dort, den Verächter der Frauen!“ schrie gellend die erste, und schon schleuderte sie wild den Thyrsosstab auf den verhaßten Mann. In entfesselter Wut folgten die anderen dem Beispiele, Steine flogen auf den Hügel, auf dem Orpheus saß, doch – o Wunder! – keiner erreichte das Opfer! Demütig legte sich alles im Wurfe Geschleuderte dem Sänger zu Füßen, demütig, als wollte es um Verzeihung bitten; so übermächtig war die Gewalt von Orpheus' Gesang, so übermächtig die Wunderkraft der schützenden Gottheit. Und doch, die wahnsinnige Verzückung hatte in den tobenden Weibern jede fromme Scheu erstickt: Schreiend, heulend, mit gellenden bakchantischen Flötenlauten übertönten sie das göttliche Saitenspiel. Die Tiere von Wald und Feld stellten sich schützend vor den Sänger, doch gar bald büßten sie ihre Treue mit dem Tode, als das Wutgeheul der Weiber über den bezwingenden Gesang gesiegt hatte. Von allen Seiten drangen sie nun auf den Sänger ein, und was sich ihren Händen bot, schleuderten sie auf den Unglücklichen. Vergeblich streckte er die Hände zur Abwehr vor, da traf ein Stein den Wehrlosen.

Hingemordet lag der herrliche Orpheus, der mit dem Wohllaut seiner Stimme die Tiere und Bäume und Steine gerührt hatte, für immer geschlossen war der liederreiche Mund. Da kamen mit traurigem Wehlaut Vögel und

Wild aus dem Walde herbei, lebloses Gestein näherte sich – die ganze Natur klagte um den Götterliebling. Nymphen der Quellen und Bäume, die Najaden und Dryaden, eilten herbei, in Trauergewänder gehüllt. Sie sammelten die verstümmelten Glieder, um sie zu bestatten; das Haupt aber und die Leier nahm die Flut des Hebrosstromes auf, und da – welch ein Wunder! – plötzlich erbebte die Leier wie im süßen Wehlaut, Lieder klangen über die Wellen hin, daß die Ufer in leisem Widerhall die Klage zurückgaben.

So trug der Strom das Haupt und die Leier hinaus aufs Meer, und die Wellen trugen sie weiter bis an den Strand von Lesbos. Dort endlich wurde auch das Haupt zur Ruhe gebettet. Orpheus' Seele aber schwebte hinab ins Reich der Schatten. Er erkannte die Stätten wieder, die er einst auf der Suche nach der Geliebten zu betreten gewagt hatte. Nun durfte er sie wiedersehen; mit inniger Liebe umfing er Eurydike! - „Niemals wieder soll unser Weg sich scheiden“, sagte er, und Eurydike sprach die gleichen Worte. Selig umschlungen schritten sie durch die Gefilde der Unterwelt, und wenn Orpheus je auf engem Pfade voranging, so durfte er sich ungestraft nach der Geliebten umsehen, die von nun an auf ewig mit ihm verbunden blieb.

MELEAGROS

Vorzeiten geschah es, daß dem König Oineus, der im Lande Kalydon herrschte, der sehnlichst erwartete Erbe geboren wurde. Meleagros, so nannten die glücklichen Eltern den Neugeborenen, war nur wenige Stunden alt, da bemerkte seine Mutter Althaia, die in liebender Sorge an der Wiege wachte, plötzlich voller Schrecken die Moiren, die als überirdische Mächte den Faden des Menschenschicksals spinnen:

Klotho setzt den Rocken an,
Lachesis muß spinnen,
wenn Atropos es haben will,
so muß der Mensch von hinnen.

Die drei unerbittlichen Schwestern traten vor die Lagerstatt des Kindes. „Zu einem strahlenden Helden wird er heranwachsen“, begann die erste. „Alle Welt wird seine Großmut preisen“, verkündete die zweite. „Sieh dieses Holzscheit, das im Herde glüht“, wandte sich Atropos, ‚die Unabwendbare‘, an die zitternde Mutter: „Solange das Feuer es nicht verzehrt hat, wird dein Sohn leben!“

In bebender Angst vernahm Althaia die Weissagung. Kaum aber hatten die Moiren das Schlafgemach verlassen, da griff sie mitten hinein in die Glut packte das Holzscheit mit ihren bloßen Händen und warf es ins Wasser, daß es hochaufzischend erlosch. Aufatmend blieb die Königin dann stehen. „Mein Sohn wird leben“, murmelte sie vor sich hin, und barg das Holz an geheimer Stelle in ihrem Frauengemach.

Meleagros aber, der von dem geheimnisvollen Besuch der Moiren nichts ahnte, wuchs zu einem herrlichen Jüngling heran; Vater und Mutter durften voll Stolz auf ihn blicken. Da begab es sich, daß König Oineus den Zorn der Artemis auf sich lud. Nach reichgesegneter Ernte brachte er den Göttern seine Dankesgaben dar. Der Demeter die Früchte des Feldes, dem Bakchos die Weinreben, der Athene vom Öl des Olivenbaumes und jeder Gottheit, was er ihr dankte. Nur der Jagdgöttin Artemis, die die Herden und das jagdbare Wild beschützte, vergaß er, seinen Dank zu erweisen, und voll zorniger Eifersucht blickte die Göttin auf die lodernden Opfer, während ihr eigener Altar ohne Weihrauch blieb.

„Wer mir die schuldige Ehrfurcht versagt, den trifft meine Rache!“ rief sie ingrimmig und sandte einen furchtbaren Eber, der schrecklich im kalydonischen Lande wütete. Zornschnaubend zerstampfte das Untier die Saatfelder und die blühenden Fluren, schonte nicht Weinberge noch Olivenwälder und vernichtete, was dem Menschen zur Nahrung diente. Niemand wagte, dem grausigen Wesen entgegenzutreten, so gräßlich war es anzuschauen mit seinen feuersprühenden Augen, dem stachligen Borstenfell und dem gräßlichen Rachen, aus dem es wie Feuerbrand hervorschoß.

In dieser höchsten Not trat Meleagros auf den Plan und sammelte die berühmtesten Helden, um die Heimat von dem Untier zu befreien. Auch

Atalante, die herrliche Jungfrau, die Jagd und Abenteuer über alles liebte, folgte seinem Rufe.

In einem uralten Walde stellten die Jäger endlich das gesuchte Wild und zogen vorsichtig den Ring enger und enger. Dort breitete sich in der Tiefe eines alten Flußbettes ein undurchdringliches Gewirr von wildwucherndem Schilf, von Weidengestrüpp und Binsengras aus. Noch zögerten die Jäger, ob sie es wagen dürften, in das Dickicht einzudringen, das das Tier zu seinem Versteck erwählt hatte, hetzten die Hunde hinein und standen beratschlagend umher – da stürzte plötzlich, wie der Blitz aus der Wolke fährt, der Eber heraus! Blindwütig raste er mitten unter seine Feinde.

Ein schrecklicher Kampf begann. Vergeblich mühten sich die jungen Jäger, das wütende Tier abzuwehren, vergeblich schleuderten sie ihre Jagdspieße. Auch die berühmtesten Helden mußten vor dem Untier flüchten, bis endlich Atalante entschlossen den Bogen anlegte und es mit ihrem Pfeile unterhalb des Ohres traf. „Herrliche Jungfrau!“ jubelte Meleagros, als er das Tier bluten sah. „Dir allein gebührt das Lob der Tapferkeit!“ Da griffen auch die Männer zu den Waffen, gingen tapfer den Eber an, aber niemand vermochte ihn zu Boden zu strecken. Erst als Meleagros selber seinen Speer schleuderte, kam das wütende Ungeheuer zu Fall. Der Held traf es zum zweiten Male, und sterbend wälzte sich der Eber in seinem Blute.

Voller Freude umstanden alle das besiegte Tier. „Die Heimat ist erlöst von dem wütenden Eber“, scholl es von allen Seiten, und immer neuer Jubelruf wurde laut zu Ehren des tapferen Siegers, der stolz den Fuß auf den Kopf des Ebers gesetzt hatte. Dann streifte Meleagros nach Jägerart das struppige Borstenfell vom Leibe des erlegten Tieres, trennte das Haupt vom mächtigen Rumpf und – reichte beides der schönen Jagdgefährtin! „Du hast als erste mit deinem Pfeile das Untier getroffen, Atalante!“ rief er, „so sollst du auch Anteil an dem Ruhm haben, den man mir zollt.“

Die Jäger schämten sich wohl, von der Jungfrau an Tapferkeit übertroffen worden zu sein. Alle mißgönnten ihr den Jagdruhm, und ringsumher vernahm man Unwillen und drohende Worte. Am lautesten aber gebärdeten sich des Meleagros beide Oheime, seiner Mutter Brüder. „Unrecht tust du", riefen sie zornig dem Neffen zu, „deine Geliebte den Jägern vorzuziehen!" Und mit gleich heftigen Beschimpfungen drangen sie in die Jungfrau, von der Jagdbeute, die sie unrechtmäßig nannten, zu lassen. Als die beiden der erschrockenen Atalante gar des Meleagros Geschenk entreißen wollten, da hielt der Jüngling nicht länger an sich. „Wer erlaubt euch, eine Würdige ihres Verdienstes zu berauben!" schrie er in wildem Grimm und – stieß beide nieder.

Voll Stolz hatte Althaia inzwischen von dem herrlichen Siege des Sohnes erfahren. Gerade wollte sie zum Tempel schreiten, den Göttern ihr Dankopfer darzubringen, da bewegte sich ein Trauerzug zum Königspalast: Zu Füßen der entsetzten Königin wurden die Leichen ihrer toten Brüder niedergelegt! Althaia stand fassungslos in ihrem Schmerz.

„Wer diese Untat beging", fuhr sie dann plötzlich auf, „wer es auch sein mag – er soll sterben!"

„Sprich nicht solches Wort aus, Herrin!" rief voll Entsetzen die alte Amme. „Sprich es nicht aus, denn der Mörder ist – dein eigener Sohn!"

„Meleagros, mein Sohn?" stammelte die Königin. „Meinem eigenen Sohn habe ich den Tod androhen müssen?"

Wie von Sinnen starrte sie vor sich hin.

Da plötzlich durchzuckte es sie wild. „Das Holzscheit!" stieß sie hervor; „das Holzscheit der Moiren!" Rasend in ihrer Erregung, stürzte sie in ihr Schlafgemach, wo sie das Holz einst verborgen hatte, holte es hervor und trat vor den Altar. Mit zitternder Stimme gebot sie den Dienerinnen, das Feuer zu schüren, und hieß dann alle sich entfernen. Die Hand, die das Holz ins Feuer werfen wollte, zuckte zurück, so stark war die Mutterliebe; aber wieder standen vor ihr die Geister der toten Brüder – sie streckte die Hand aus und schreckte erneut zurück. Viermal raffte sie sich auf, das Holz ins Feuer zu werfen, viermal wich die Hand vor dem grausigen Tun zurück. Endlich besiegte der Zorn über den Tod der Brüder das Mutterherz. „Ihr Rachegöttinnen", rief sie bebend, „seht das Opfer, das ich euch bringe! Euch zu genügen, bringe ich das härteste Opfer, dessen eine Mutter fähig ist. Ich weiß, daß nur mein eigener Tod es sühnen wird!" Ihr Auge ertrug nicht den schauerlichen Anblick, als sie das Holzscheit in das auflodernde Feuer warf – ohnmächtig sank Althaia zu Boden.

Inzwischen war Meleagros in die Vaterstadt eingezogen, sein Herz voller Widerstreit. Er jubelte über den herrlichen Sieg, der die Heimat endlich von der Not befreit hatte, und war erfüllt von seiner Liebe zu Atalante – und er stöhnte unter der lähmenden Schuld, daß er sich in seiner Erregung zu der furchtbaren Mordtat hatte hinreißen lassen. Da plötzlich – was war das? – fühlte er sich durchschauert wie von Fieberglut; wilde Schmerzen überfielen ihn. Kein Klagelaut kam ihm über seine Lippen. Schweigend streckte er sich aufs Lager und blickte traurig auf den Vater und die Geschwister, die ihn hilflos umstanden.

„So ist es mir beschieden, ruhmlos zu sterben“, stieß er hervor. „Wo bist du, Mutter?“ kam dann leise seine Stimme, doch bevor Althaia geholt werden konnte, schwand die letzte Lebenskraft. Wie das Holzscheit im Feuer zu Asche verglühte, so verging des Helden Geist ins All, und mit dem letzten Funken, der auf dem Altar zersprühte, hauchte auch Meleagros seinen Atem aus.

In fassungslosem Schmerz standen der Vater und die Geschwister vor dem Totenlager. „Daß die Mutter zu spät kommt!“ stieß eine der Schwestern betrübt hervor. Da kam der Bote, der sie herbeiholen sollte, schreckensbleich zurück. „Althaia weilt nicht mehr unter den Lebenden“, schrie er wild. „Ich fand sie tot am Altar hingestreckt!“

ATALANTE

Seltsames erzählt man von der Jungfrau Atalante, die fern den Ihren im Walde aufgewachsen war. Sie stammte aus der Landschaft Arkadien und war des Königs Iasos Tochter. Aber voll Enttäuschung darüber, daß ihm der männliche Erbe versagt geblieben war, hatte sie der Vater bald nach der

Geburt aussetzen lassen. Eine Bärin hatte das Kind in ihrer Höhle genährt, Jäger hatten es dann gefunden und sich seiner angenommen.

Atalante wuchs zu einer blühenden Jungfrau heran. Nichts Schöneres kannte sie, als durch die Einsamkeit der Bergwälder zu streifen, dem Wilde nachzustellen und sich im Wettlauf zu üben. An der Jagd, zu der Meleagros aufrief, seine kalydonische Heimat von dem furchtbaren Eber zu befreien, nahm Atalante ehrenvollen Anteil. Denn kein Wild war ihr gleich an Schnelligkeit – und doch wußte niemand zu sagen, ob nicht ihre Schönheit größer sei als ihre Behendigkeit. Sie glich Artemis, der Jagdgöttin, an Wuchs und Erscheinung, Freier um Freier stellte sich ein, sie zu gewinnen.

Doch die Jungfrau wies alle Bewerber hartherzig zurück, die ihr von Liebe zu sprechen wagten; vor Jahren nämlich hatte ein dunkler Orakelspruch ihr die seltsame Weisung gegeben: „Geh ehelicher Bindung aus dem Wege, Atalante – und doch wirst du ihr nicht entgehen!“

Nein, alle Freier wies die Jungfrau zurück, und als sie ihrem Drängen nicht mehr zu wehren wußte, da suchte sie jeden durch harte Forderungen abzuschrecken: „Wer mich gewinnen will“, rief sie, „der mag sich mit mir im Kampfe messen! Nur dem werde ich als Gattin folgen, der mich im Laufe besiegt! Unterliegt er aber – so soll er sein Wagnis, Atalante zu begehren, mit dem Tode büßen!“

Wie konnte die Jungfrau eine so harte Bedingung stellen? Und doch fanden sich Scharen von verwegenen Freiern ein, so groß war ihre Schönheit.

Unter den Zuschauern bei dem seltsamen Wettkampf war auch Hippomenes, ein edler Jüngling, der ein Urenkel des Meeresgottes war. „Ist ein Weib es wert, daß Männer um sie solch unwürdige Behandlung auf sich nehmen?“ rief er den Bewerbern zu. „Seid ihr denn so verblendet, daß ihr –“ Da verstummte er plötzlich, denn Atalante trat in die abgesteckte Rennbahn. Sie hatte ihr Kleid abgelegt und stand leichtgeschürzt im Jagdrock da. „Verzeiht mir“, konnte er nur noch stammeln, „daß ich schmähende Worte sprach. Mir war ja der Kampfpreis nicht bekannt, der die Freier lockt. Wahrlich, solch ein Lohn ist wohl wert, das Leben einzusetzen!“

Voll Sorge und Spannung blickte der Jüngling auf den Wettkampf. Wenn nun einer der Bewerber im Laufe siegte und die Jungfrau gewänne? „Warum soll nicht auch ich mein Glück versuchen?“ stieß er dann erregt hervor, „die Götter werden meinem Wagnis gnädig sein! Und wenn die herrliche Jungfrau mir zufiele –“ Während er solche Gedanken bei sich erwog, hatte der Kampf begonnen. Wie von der Sehne geschossen, flogen die Läufer dahin. Aber mehr noch als ihre Schnellfüßigkeit mußte der Zuschauer die strahlende Schönheit Atalantes bewundern. Da stand sie auch schon jauchzend am Ziel.

Erbarmungslos traf die Besiegten die schreckliche Strafe.

Aber auch dieser furchterregende Ausgang konnte Hippomenes nicht abschrecken. Entschlossen trat er vor die Jungfrau: „Warum, Atalante, suchst du nur im ungefährlichen Streite mit Schwächlingen Ruhm zu gewinnen? Willst du nicht mit mir die Entscheidung wagen? Und wenn die Glücksgöttin mir zum Siege verhilft, so darfst du wissen, daß du keinem Unwürdigen unterliegst: Megareus ist mein Vater und der Meergott Poseidon selber mein Urahn! Ja, besiegt mich dein Können, so darfst du um so höher dich deines Triumphes über Hippomenes rühmen, der von göttlicher Abstammung ist!“

Atalante blickte den Jüngling an; nicht höhnisch und abweisend, wie sie gewohnt war, sondern sanft und voll Ruhe. Unbekannt war ihr jede Liebesregung, so daß sie ihr wahres Gefühl selbst nicht zu deuten wußte: Eros selber hatte sie ins Herz getroffen!

„Hippomenes“, begann sie bittend, „laß ab von deinem törichten Vorsatz! Mitleid habe ich mit deiner blühenden Jugend. Wie glücklich wäre jedes Mädchen, dich zum Gemahl zu wählen; was willst du da ein gefährliches Ehebündnis mit mir wagen?“

Atalantes Herz war zerrissen vom Widerstreit ihrer Gefühle: Sollte sie Sieg oder Niederlage für sich wünschen? „Keinen andern“, flüsterte sie bei sich, „würde ich mir zum Gatten wünschen als ihn!“

Schon drängte die ringsumher lagernde Menge der Zuschauer, der Wettkampf solle beginnen, da rief Hippomenes die Liebesgöttin an: „Aphrodite, hilf mir in dieser großen Entscheidung – erhalte du das Feuer, das du selber in meinem Herzen entzündet hast!"

Ein sanfter Windhauch trug die flehenden Worte des Jünglings der Göttin zu. Sie war sogleich bereit, ihrem Schützling zu helfen, und schwebte zur Insel Zypern hernieder. Dort stand ein herrlicher Baum auf dem Felde, golden das Laub und die Äste und voll goldener Früchte. Aphrodite pflückte drei Äpfel, trat in schnellem Fluge vor Hippomenes und reichte ihm die helfende Gabe. Niemand hatte bemerkt, wie die Göttin ihn den rechten Gebrauch der Äpfel lehrte.

Wieder gab die Trompete das Zeichen zum Wettlauf, und pfeilgeschwind schossen die beiden aus den Schranken. Alle Kräfte angespannt, den Körper vornübergeneigt, flogen sie dahin, daß der Fuß kaum den Boden zu berühren schien; selbst über die Halme eines Ährenfeldes würden sie hineilen können, schien es, so leichtfüßig waren sie beide. Begeistert drängte sich die Menge um die Rennbahn: „Lauf, Hippomenes", scholl es von allen Seiten, „laß nicht nach, und der Sieg ist dein!" Atalante hörte den Beifall – wer freute sich mehr darüber, sie selber oder Hippomenes, dem die anfeuernden Rufe galten? Hielt sich die sieggewohnte Jungfrau mit Absicht zurück, den Nebenbuhler nicht zu überflügeln?

Hippomenes gab alle seine Kräfte her. Stoßweise ging sein Atem, keuchend setzte er Schritt vor Schritt, aber wie ferne war noch das Ziel! Da, wiederum unsichtbar den Zuschauern, zeigte sich Aphrodite: „Wirf einen Apfel!" rief sie ihm zu, und eilig ließ der Jüngling eine der goldenen Früchte fallen. Wirklich: Atalante stutzte, ließ sich von dem leuchtenden Golde locken und hielt inne, den Apfel aufzuheben. Schnell nutzte Hippomenes den Vorsprung, während die Menge ihm begeistert Beifall klatschte. Aber mit göttergleicher Kunst wußte Atalante ihn wieder einzuholen. Schon spürte der hastende Jüngling sie abermals hinter sich, da warf er den zweiten Apfel in die Bahn. Wieder bückte sich Atalante, die lockende Frucht aufzuheben, wieder nutzte Hippomenes den Vorsprung – immer näher dem ersehnten Ziele! Doch auch jetzt war sie ihm sogleich auf den Fersen, wollte ihn überholen, da fiel ihr der dritte Apfel vor die Füße. Fast schien es, als besänne sich die Jungfrau. Aber dem goldenen Leuchten des Wunderapfels konnte sie nicht widerstehen, sie hob ihn vom Erdboden, sie flog dem Vorauseilenden nach – da hatte Hippomenes die Zielsäule erreicht! „Mein ist der Sieg – mein ist der Siegespreis!“ rief er jauchzend, während die Menge begeistert Beifall zollte.

Und Atalante? Nicht ungern, wird berichtet, bekannte sie sich als besiegt, und glücklich folgte sie als Gattin dem Manne, der sie überwunden und ihre Liebe zu gewinnen gewußt hatte.

KËYX UND ALKYONE

Was treue Gattenliebe ist, berichtet die Sage von Këyx, des Abendsternes Sohn, und Alkyone, die eine Tochter des Windgottes war. Beide verband die innigste Liebe, und schwer lastend fiel es deshalb der Gattin aufs Herz, als Këyx von bevorstehender Trennung sprach. „Mich beunruhigt meines Bruders Schicksal“, hielt er ihr entgegen, „und ich bin entschlossen, Apollons Orakel aufzusuchen. Nach Klaros muß ich ziehen, denn den Weg nach Delphoi versperren Räuberbanden.“

„Nach Asien, übers Meer“, rief die Gattin erregt aus, „oh, tu mir diesen Schmerz nicht an! Laß ab von solch verwegenem Vorhaben, Geliebter!“ Bleich wie Wachs stand Alkyone vor ihrem Gatten, und ihre Tränen rannen.

„Was habe ich denn für eine Schuld auf mich geladen“, sprach sie dann unter Schluchzen, „daß du dich so grausam von mir abwendest, mein Këyx? Willst du mich allein lassen in der furchtbaren Sorge, dich auf dem wilden Meere zu wissen? Erst jüngst sah ich am Strande zertrümmerte Planken, und wie schrecklich ist der Anblick von leeren Gräbern, wie sie den Schiffbrüchigen errichtet werden! Laß ab von deinem gefährlichen Vorhaben, ich bitte dich, mein teurer Gatte!“

Flehentlich blickte sie ihn an, aber sein Gesicht zeigte ihr, daß er auf seinem Entschluß beharrte. „Willst du dich nicht bewegen lassen", fuhr Alkyone fort, „so laß mich doch mit dir ziehen, laß mich teilhaben an allen Gefahren! Dann tragen wir sie gemeinsam, und nicht ängstigen mich Bilder voller Schrecken, die sich mein Geist sorgend in der Heimat ausmalt!"

Ihre tränenreichen Bitten rührten Këyx im tiefsten Herzen, aber er ließ nicht von seinem Vorsatze. „Unmöglich ist es", sagte er, „daß du dich in die Schrecken einer Meerfahrt begibst. Aber beruhige dich, Geliebte", setzte er dann tröstend hinzu, „zwar wird uns die Trennung schwer sein, doch beim Lichtglanz meines Vaters, des Abendsternes, schwöre ich dir: Wenn mir ein gnädiges Schicksal die Heimkehr schenkt, so komme ich zu dir zurück, ehe der Mond sich zweimal erneut hat!"

Da mußte Alkyone sich bescheiden, und sie tat es in der Hoffnung, sein Versprechen werde sich erfüllen.

Këyx aber ließ sofort zur Abreise rüsten. Die Gattin sah in bebender Angst das zur Ausfahrt bereite Schiff. Ahnte sie das Schicksal, das dem Ausfahrenden bevorstand? Unter bitteren Tränen hielt sie ihn umfangen, und als sie ihr letztes Lebewohl gesprochen hatte, sank sie ohnmächtig am Ufer zusammen. Gern hätte der sorgende Këyx die Abfahrt noch hinausgeschoben, aber die Ruderer saßen schon an den Riemen. Da durfte er nicht länger verweilen und eilte an Bord der Barke. Als Alkyone aus der Ohnmacht erwachte und die tränenfeuchten Augen hob, da sah sie den geliebten Gatten schon weit draußen auf dem Meere; er stand am Heck und winkte ihr die letzten Grüße zu. In inniger Liebe erwiderte sie sein Winken, schon schwanden Antlitz und Gestalt des Geliebten, aber ihre Augen folgten dem Schiff, bis das weiße Segel am Horizont verschwunden war. Wie leer und einsam war ihr das Haus, in das sie nun allein zurückkehren mußte! Weinend warf sie sich auf das Lager.

Inzwischen segelte er, dem ihre Gedanken galten, mit den Gefährten auf dem unendlichen Meere. Die Vorzeichen schienen glückverheißend, denn ein günstiger Wind ließ die Segel schwellen, daß sie die Riemen einziehen und vor dem Winde dahinfahren konnten. Schon hatten sie die Hälfte der

Fahrt hinter sich, da jagte gegen Abend eine gefährliche See von Süden heran und wühlte die Wogenkämme auf. Sorgenvoll blickte Këyx über die Meeresfläche. Ehe sie sich's versahen, war der Sturm da. „Segel bergen!“ schrie der Steuermann. Doch seine Worte gingen unter im Heulen des Sturmes. Die Fahrtgenossen griffen nach Gutdünken zu, jeder dort, wo die Not es zu fordern schien, sie rissen die Segel aus dem Winde, zogen die Riemen ein, verstopften die Ruderlöcher und schöpften das eindringende Wasser. Doch längst war der Sturm zum Orkan gewachsen und das Meer bis auf den Grund aufgewühlt.

Der Steuermann hatte alle Gewalt über das Schiff verloren und starrte ratlos in das Toben der Elemente; hier schien alle Menschenkunst vergeblich.

War das der Untergang?

Furchtbare Verwirrung herrschte ringsum; in das Knattern der losgerissenen Segel und Taue mischten sich der brausende Anprall der Wogen und die Donnerschläge des Himmels. Haushoch türmten sich die Wellenkämme. Immer mächtiger überschütteten sie das hilflose Schiff und warfen es hin und her, daß der Rumpf in allen Fugen bebte und die Planken sich lösten.

Und dann drang das Wasser in den Schiffsraum ein. Es war, als hätten Himmel und Meer sich vereinigt, so tief hingen die Wolken, so hoch schlugen die Wellen. Nacht lag über der Flut, manchmal durchleuchtet von zuckenden Blitzen.

Verzweiflung packte die Seefahrer im Angesicht des Todes. Der eine weinte, der andere stand wie erstarrt, dieser wünschte sich ein Grab auf dem festen Lande, jener dachte an die Lieben, die er daheim gelassen, an die alten Eltern, die liebende Gattin, die Kinder.

Këyx' Gedanken galten seiner Alkyone. Nur ihr Name war auf seinen Lippen, nur ihr Bild stand ihm vor Augen. Und so sehr sein Herz voll Sehnsucht war nach der geliebten Gattin, so sehr war sein Herz beruhigt, sie auf dem festen Lande zu wissen. Vergebens richtete er die Blicke zum heimatlichen Strand. Wie sollte er Richtung und Weg wissen inmitten der entfesselten Elemente?

Da brach der Mast, und das Steuerruder wurde weggerissen. Wie ein Sieger hob sich der Wasserberg, als sei er seiner Beute sicher. Er hob sich zu gewaltiger Höhe, stürzte von oben auf das schwache Schiff – und drückte es auf den Grund des Meeres! Der Strudel zog die Schiffer mit in die Tiefe.

Nur Këyx war dem Strudel entgangen. Verzweifelt hielt die Hand, die einst das Königszepter getragen, eine armselige Planke umklammert. Vergeblich rief er den himmlischen Vater an, vergeblich die helfenden Götter. An Alkyone dachte er, während er mit den Wellen kämpfte. „Laß meinen Leib zu ihr treiben", betete er zum Gott der Wellen, „daß liebende Hände mich bestatten!" Und „Alkyone" war sein letzter Seufzer, ehe die Wasser über ihm zusammenschlugen. Sein himmlischer Vater, der Abendstern, war untröstlich, daß er dem Ertrinkenden nicht hatte beistehen können. Tiefbekümmert verhüllte er sein Antlitz mit dunklem Gewölk, um den Todeskampf des geliebten Sohnes nicht mitanschauen zu müssen.

Unterdessen saß Alkyone daheim in der Königsburg. Voll Sehnsucht zählte sie die Tage, die noch bis zum zweiten Mondwechsel fehlten, rüstete schon die Festgewänder, die sie zur Feier der Rückkehr tragen würde – und ahnte nichts von dem jammervollen Tode des geliebten Gatten. „Laß ihn gesund zu mir zurückkehren!" so flehte sie zur Göttermutter, und Hera, die Beschützerin der Ehe, hatte tiefes Mitleid mit ihr. Um ihr die lastende Ungewißheit zu nehmen, hieß sie Iris zur Felsenwohnung des Schlafgottes Hypnos eilen. Gehorsam legte die Götterbotin ihr vielfarbiges Gewand an und schwebte auf dem schillernden Himmelsbogen hinab, dem Schlafgotte Heras Befehl auszurichten.

Wie seltsam war es dort im Dämmern der unterirdischen Grotte! Nie leuchtete hier ein Sonnenstrahl, alles war in Nebel gehüllt, der unablässig dem Boden entströmte. Kein Hahnenschrei kündete den kommenden Morgen, kein Tierlaut drang durch die ewige Stille. Ein Bach rann um den Berg herum, und man sagte, daß er Wasser aus dem Lethestrom führe, denn wie das Wasser des Vergessens, so wiegte er mit seinem Murmeln alle in Schlaf. Kein Klang, kein Laut.

Dort ruhte tief im Innern auf üppiger Lagerstatt der Gott des Schlafes; vielgestaltige Träume, seine Söhne, lagerten rings im Kreise um ihn her.

An der Pforte mußte die Götterbotin die Traumgestalten, die ihr den Zugang verwehren wollten, verscheuchen. Müde hob der Schlafgott die Augen, versuchte sich aufzurichten, sank schwerfällig wieder zurück und raffte sich schließlich mit Mühe auf. Da richtete Iris schnell ihre Botschaft aus, denn schon fürchtete sie, selber vom betäubenden Hauche umfangen zu werden, der alle Bewohner dort in der Grotte in den Schlaf zwang. „Du sollst, du sanfter Gott, der du allen Wesen Seelenfrieden bringst, nach Heras Gebot der wartenden Alkyone Trost bringen!" rief sie. „Laß einen Traum in des toten Këyx Gestalt vor sie treten, laß sie sein Unglück auf dem Meere im Traumbilde sehen!"

Sogleich rüttelte der Schlafgott aus der Schar seiner tausend Kinder den Morpheus auf. Denn keiner war wie er geschickt, Gang und Gebärde, Gestalt und Stimme der Menschen nachzuahmen. Während der Gott in die weichen Kissen zurücksank, schwebte Morpheus durch die Nacht davon, nahm des Këyx Gestalt an und zeigte sich der harrenden Alkyone im Traume. Totenbleich, nackt, mit triefendem Haare, so stand er als der ertrunkene Këyx vor der unglücklichen Gattin. „Kennst du deinen Këyx wieder, geliebtes Weib", so redete er sie leise an, „oder hat der grimme Tod mir das Antlitz entstellt? Schau mich nur an, du kennst mich! Und doch bin ich nicht Këyx – ich bin nur sein Schatten: Fasse dich, Geliebte, ich weile nicht mehr unter den Lebenden! Ich bin selber gekommen, dir meinen Tod in der stürmischen Meeresflut zu künden. Leg Trauerkleider an, Alkyone, und weine um deinen toten Gatten, daß deine Tränen mich ins Reich der Schatten geleiten!"

Schluchzend reckte die Schlafende die Arme. „Këyx!" rief sie voll Sehnsucht und wollte ihn liebend umfangen, doch die Gestalt entschwand. Entsetzt fuhr Alkyone aus dem Schlafe. Nur der Hall ihrer eigenen Stimme hing noch im Raume. „Këyx", schrie sie auf, „so bleib doch bei mir! Laß mich mit dir gehen!"

Nun erst erkannte die Unglückliche, daß es nur ein Traumbild gewesen war. „Er hat wahr gesprochen, der schreckliche Traum!“ rief sie verzweifelt, „mein Këyx ist tot, das grausame Meer hat ihn verschlungen!“ Ganz von Sinnen in ihrem Schmerz, zerriß sie das Gewand und zerraufte ihr goldenes Haar. „Warum“, seufzte die Unglückliche in ihrer Qual, „war es mir nicht beschieden, an seiner Seite in den Tod zu gehen?“

Schlaflos erwartete Alkyone den Morgen. Dann ging sie hinaus an den Strand, von wo aus sie dem scheidenden Gatten den letzten Gruß zugewinkt hatte. Das Herz wollte ihr brechen beim Gedanken an den Abschied. „Gefühlloser als das kalte Meer müßte ich sein“, murmelte sie, „wenn mir das Leben noch etwas wert wäre ohne ihn.“ Sehnsuchtsvoll glitten die Blicke in die Ferne. Da sah sie auf den Wellen etwas, das ihr wie ein menschlicher Leib erschien. Näher trieb ihn die Flut, und Alkyone erkannte einen Leichnam. „Wer du auch sein magst“, - begann sie in frommer Scheu, da schwamm der Körper heran – es war Këyx, der tote Gatte! Deutlich sah sie ihn unweit des Ufers auf einer kleinen Sandbank liegen. „Er ist's“, schrie sie erregt, „mein Këyx, soll ich dich so wiedersehen!“

Sie springt auf, sie will zu ihm eilen, da – wie leicht wird ihr, so schwebend leicht: Fliegend zerteilt sie die Luft und schwingt sich auf die Brust des toten Gemahls. Alkyone ist in einen Eisvogel verwandelt!

Innig schmiegte sich das Tierchen mit dem schönen bunten Gefieder an die Brust des Toten. Spürte er die Nähe der Geliebten? Die Götter rührte das Bild solch inniger Gattenliebe. Und da – regte sich der Tote? Wirklich – auch er trug plötzlich Flügel und Federgewand, auch er wurde wie Alkyone in einen Eisvogel verwandelt!

Als Vogelpaar verbindet beide innige Gattenliebe, und niemals löst sich der Ehebund. Nach Vogelart paaren sie sich, und alljährlich sitzt Alkyone brütend in ihrem Nest. Und ob es auch Winter ist, kein Unwetter trübt diese sieben Tage, denn ihr Vater Aiolos selber läßt seine Winde in der Brutzeit nicht aus der Haft, um seinen Enkeln schützende Ruhe zu schenken.

MIDAS

Der König von Phrygien hatte sich einst Bakchos, den Gott des Weines, zu Dank verpflichtet. „Zur Belohnung gebe ich dir einen Wunsch frei“, sagte der Gott, „sprich aus, was du begehrst! Deine Bitte soll dir erfüllt werden!“

Als habe der König auf solche Gunst gewartet, hielt er sogleich seinen Wunsch bereit: „So laß alles, was ich berühre, erhabener Gott, zu Gold werden!“

Ungern nur stimmte Bakchos solcher Bitte zu, denn er wußte ja, wie töricht der habgierige König gewählt hatte. Doch dann winkte er Gewährung.

Mit welcher Freude machte Midas sich davon! Er konnte es nicht abwarten, das Geschenk zu erproben – und siehe, der Zweig, den er von der Eiche abbrach, verwandelte sich sogleich in schimmerndes Gold! Er hob einen Stein vom Boden auf: Der Stein war zu Gold geworden! Nicht anders war es mit der Erdscholle, die seine Hand berührte. Die Ähren, die er vom Halme pflückte, ließen Demeters Gabe in seiner Hand zu Gold werden; der Apfel, den er pflückte, verwandelte sich in gleißendes Gold, als sei er aus der Hand der Hesperiden!

Midas wußte sich nicht zu fassen in seinem Glück, als er seinen Palast betrat. Wer könnte sich jetzt wohl an Reichtum mit ihm messen? Kaum berührten seine Finger die Türpfosten, so erglänzten diese in goldenem Widerschein. Ja selbst das Wasser, das ihm zum Waschen gereicht wurde, verwandelte sich in flüssiges Gold, sobald der König die Hände eintauchte.

In überquellender Freude ließ König Midas sich von seinen Dienern die Mahlzeit richten. Die Tafel bog sich unter der Fülle von kostbaren Speisen, wie es sich bei solch festlichem Anlaß geziemte. Midas griff nach dem Brote, das Demeter, die Göttin der Feldfrüchte, gespendet hatte – da wurde die göttliche Gabe zu Gold. Er kostete von der herrlichen Fleischspeise – seine Zähne bissen auf das harte Metall. Er schenkte edlen Wein in sein Glas: Bakchos, dem er seine verhängnisvolle Kraft verdankte, ließ auch das Getränk zu Gold werden.

Fassungslos blickte Midas auf das unselige Wunder der Verwandlung; zu spät mußte der arme Reiche jetzt erkennen, welch törichten Wunsch er ausgesprochen hatte. Vergeblich verwünschte er die verderbliche Gabe, die der Gott ihm verliehen hatte. Nichts vermochte den quälenden Hunger zu stillen, und rasender Durst dörrte ihm die Kehle aus.

Voll Verzweiflung hob Midas die Arme zum Himmel. „Hab Nachsicht mit mir, Bakchos, erhabener Gott“, kamen flehend seine Worte, „verzeih mir – hab Mitleid mit mir und befrei mich aus diesem glänzenden Elend!“

Bakchos blickte in göttlicher Milde auf den reuigen Toren. „So will ich deine Bitte erhören“, sagte er gnädig. „Geh zum Flusse, der das mächtige Reich der Lyder berührt, und folge seinem Laufe, bis du die Quelle findest. Dort, wo sie aus dem Boden springt, tauche deine Hand hinein, bade dich in der schäumenden Flut und reinige dich damit von dem Unglück, in das deine Habgier dich gestürzt hat!“

Midas folgte der göttlichen Weisung und stieg den Flußlauf empor, bis er auf die Quelle stieß. Da wich der unselige Zauber von ihm; aber die Wunderkraft ging auf den Fluß über, so daß er seit jener Zeit Gold in seinen Wellen führt.

Wie atmete der Phrygierkönig auf, als er von der verhängnisvollen Gabe befreit war! Voll Abscheu ließ er von seiner Gier nach Reichtum, zog sich in die Waldeseinsamkeit zurück und verehrte fortan Pan, den bocksfüßigen Gott; oft war Midas bei ihm in seinen schattigen Felsengrotten zu Gast. –

Doch die Lehre, die Bakchos einst seiner Habgier erteilt hatte, hielt Midas nicht von neuer Torheit ab, und von der göttlichen Strafe, die ihn dafür traf, sollte es keine Befreiung geben.

Pan, der Meister auf der Rohrpfeife, der täglich die Nymphen mit seinen Hirtenliedern erfreute, wagte einst aus Übermut, sich über Apollons göttliches Leierspiel zu erheben – ja, er wagte es, den Gott zum Wettkampfe herauszufordern. Tmolos, der Gott des Berges, auf dem Pan seine Wohnstatt hatte, sollte als Richter den Streit entscheiden.

Das Haupt mit Eichenlaub bekränzt, saß der greise Berggott auf einem Felsen und hieß Pan mit seinem Spiel beginnen. Pan griff zu seiner Syrinx, der Hirtenflöte, und entlockte dem Rohre Töne, die jedem Menschenohre barbarisch klingen mußten. Seinen Günstling Midas hatte der Hirtengott als Zuhörer eingeladen; voll Entzücken lauschte der König den schaurigen Tönen.

Dann bat Tmolos den Gegner, seine Kunst zu zeigen. Apollon trat auf den Plan, die elfenbeinerne Leier in der Hand. Welch göttliche Hoheit sprach aus seiner Haltung! Das Haupthaar war mit Lorbeer umkränzt; bis auf den Boden reichte sein Purpurmantel. Atemlose Stille herrschte, als der Gott die Saiten schlug. Himmlische Klänge entströmten ihnen, so daß alle Zuhörer im tiefsten Herzen ergriffen waren.

Für Tmolos wurde das Richteramt gar leicht. „Beuge dich unter die göttliche Überlegenheit!“ sagte er zu Pan, und alle Zuhörer zollten seiner Entscheidung Beifall – bis auf Midas. Er wagte es, des Tmolos Spruch anzuzweifeln.

„Dein Urteil ist falsch“, fuhr er den Berggott an, „niemand anderem als Pan kommt der Preis zu!“

Da faßte Apollon den Vermessenen bei beiden Ohren und zog sie leicht in die Höhe. „Solch törichte Ohren sind menschlicher Gestalt nicht mehr würdig“, sagte er dabei spottend – und siehe, da wuchs ihnen zottiges Grauhaar, sie wurden spitz und gelenkig – Midas' Kopf verunstalteten zwei lange Eselsohren!

Wie schämte sich der König des schimpflichen Schmuckes! Um seine Schande geheimzuhalten, trug er fortan einen mächtigen purpurnen Turban. Aber vor dem Diener, der ihm das Haupthaar zu scheren hatte, konnte er es nicht verbergen. Der junge Mensch wagte nicht das unerhörte Geheimnis auszuplaudern, und doch hatte er auch nicht die Kraft, es bei sich zu behalten. So wußte der Diener sich nicht anders zu helfen: Er ging an einen einsamen Platz, hob eine Grube aus und flüsterte das Geheimnis hinein: „König Midas hat Eselsohren! König Midas hat Eselsohren! König Midas hat Eselsohren!" Dann schüttete er das Loch wieder zu und ging, das Herz erleichtert, von dannen.

Nicht lange aber dauerte es, da wuchs an jener Stelle ein dichter Hain empor, und wenn das Schilfrohr im Winde rauschte, dann flüsterten die Halme leise die Worte, die der geschwätzige Diener ihren Wurzeln anvertraut hatte.

So wurde das Geheimnis von König Midas' Eselsohren verraten.

DAIDALOS UND IKAROS

Niemand konnte sich wohl mit dem kunstreichen Daidalos messen, der als der größte Baumeister und Bildhauer seiner Zeit galt. Aber Eitelkeit und Neid führten ihn auf den Weg des Verbrechens. Er hatte einen jungen Schüler, der ihn zu überflügeln drohte. Da trieb die Eifersucht den Lehrmeister dazu, den Knaben zu töten!

Daidalos mußte nun heimlich aus seiner Vaterstadt Atnen flüchten. Unstet irrte er im Lande umher, bis er schließlich mit seinem Sohne Ikaros auf Kreta eine neue Heimstatt fand. Minos, der König der Insel, wußte die künstlerischen Fähigkeiten seines Gastes zu schätzen und stellte ihm die Aufgabe, für den Minotauros, das gräßliche Ungeheuer, das halb Mensch, halb Stier war, eine Unterkunft zu schaffen.

Daidalos war es, der damals das kunstreiche Labyrinth, den Irrgarten mit der verwirrenden Vielzahl von Gängen und Kammern, errichtete.

Aber trotz aller Ehren, mit denen Minos die Arbeit des Künstlers zu lohnen wußte, quälte Daidalos der Gedanke an das verlorene Vaterland. Bitteres Heimweh hielt ihn gefangen, und als Minos, der den kunstfertigen Mann nicht gehen lassen wollte, von seiner Sehnsucht vernahm, wurde die

Freistatt für Daidalos zu strenger Gefangenschaft. Wo er ging und stand, umgaben ihn auf des Königs Geheiß mißtrauische Wachen. Unmöglich war es, zu Schiff die Insel zu verlassen.

Der kunstreiche Daidalos aber wußte einen Ausweg, der ihm Rettung verhieß. „Mag Minos mir Land und Wasser versperren", rief er entschlossen, „mir bleibt die freie Himmelsluft! Dort werde ich unseren Weg finden! Mag Minos überall seine Macht ausüben, in der Luft versagt seine Herrschergewalt!"

Daidalos' Erfindergeist bezwang die Kräfte der Natur: Er nahm Vogelfedern, legte sie der Größe nach in eine genaue Reihenfolge, daß man glauben mochte, sie seien in solcher Ordnung gewachsen. Er verband die Federn in der Mitte mit Fäden und fügte sie an den Kielen mit Wachs zusammen. Nun bog er sie leicht zurück, daß sie ganz die Form von Flügeln annahmen.

Voll Eifer hielt Ikaros sich an des Vaters Seite und beobachtete, wie das Werk unter den kunstfertigen Händen wuchs. Bald war die letzte Hand an das Wunderwerk gelegt. Daidalos band sich selbst die Flügel an, fand schnell das richtige Gleichgewicht und hob sich leicht in die Lüfte. Zur Erde zurückgekehrt, schnürte er dem Sohn das Flügelpaar, das er für ihn angefertigt hatte, an die Schultern. Dann mahnte er ihn mit väterlicher Sorge: „Ikaros, halte dich immer in der Mitte, ich bitte dich! Denn wenn du zu tief fliegst, so werden die Wellen dir die Flügel beschweren und dich hinabziehen! Steigst du aber zu hoch empor, dann kommst du der Sonne zu nahe, deine Federn fangen Feuer, und das Wachs schmilzt in der Hitze. Zwischen den Wellen und der Sonne halte deinen Flug, folge stets nur meiner Führung!"

Tränen rannen dem Greis die Wangen hinab, als er noch einmal sein Werk überprüfte. Innig umarmte er den Jungen, und dann erhoben sich beide in die Luft. Der Vater flog voran, das Herz voll Sorge, so wie eine Vogelmutter, die ihre zarte Brut aus dem Neste zum ersten Mal in die freie Luft führt. „Folge mir getrost!" rief er zurück, und dabei bewegte er selber voll Sorgfalt die Schwingen, um den Sohn die schwere Kunst zu lehren. Doch der Vater durfte sich schnell beruhigen, als er sah, wie sicher der Knabe seinen Weisungen folgte. In schnellem Fluge überquerten sie das blitzende Meer; schon lagen die ersten Inseln des heimatlichen Griechenlands hinter ihnen, als den jungen Ikaros der Übermut trieb, des Vaters Gebot zu mißachten. Der glückliche Verlauf seines ersten Fluges ließ ihn so sehr auf seine eigene Kraft vertrauen, daß er des Vaters Spur verließ und sich auf seinen Flügeln in höhere Regionen erhob. Voll Angst wollte Daidalos seinen Sohn zurückrufen, aber es war schon zu spät.

Kaum war der Knabe der Sonne nähergekommen, da erweichte unter der Gewalt ihrer Strahlen das Wachs, das die Fittiche zusammenhielt, und ehe Ikaros es recht gewahr wurde, waren die Federn aus ihrem Gefüge gelöst und flatterten durch die Lüfte davon. Nur noch einen Augenblick konnte der Junge sich in der Luft halten, dann griffen seine bloßen Arme ins Leere – sie fanden keine Stütze mehr, und haltlos stürzte Ikaros in die gähnende Tiefe.

So schnell war das Unglück gekommen, daß er nicht einmal mehr Zeit fand, einen Schrei auszustoßen. Als Daidalos wieder die Blicke zurückwandte, konnte er zu seinem Entsetzen nichts mehr von seinem Sohne erblicken. Die Flut hatte ihn schon verschlungen.

„Ikaros, Ikaros!" schrie der unglückliche Vater in seiner Verzweiflung, „wo nur, wo soll ich dich suchen?"

Da endlich, als er in die Tiefe schaute, erkannte er einige Federn, die einsam auf dem Wasser trieben.

Das Herz voll Trauer, flog Daidalos an Land; er legte die Flügel ab und irrte am Ufer der kleinen Insel umher, bis die Wellen den Leichnam ans Gestade spülten. Dort begrub er den geliebten Sohn und gab dem Eiland für alle Zeiten den Namen Ikaria.

Es wird berichtet, daß der kunstfertige Daidalos später auf der Insel Sizilien zu großen Ehren kam. Aber nach dem Tode seines Sohnes hat er seinen Seelenfrieden niemals wieder gefunden. Die Schuld, die er einst durch die Ermordung seines Schülers auf sich geladen und für die er nun eine so harte Strafe erlitten hatte, sollte ihn bis an sein Lebensende nicht mehr zur Ruhe kommen lassen.

ION

In jenen Zeiten, da die Götter noch in Menschengestalt auf der Erde wandelten, hatte Apollon sich in Krëusa, die schöne Tochter des Königs von Athen, verliebt. Ohne daß der Vater etwas ahnte, vermählte sich der Gott mit der Erdgeborenen und traf sich heimlich mit ihr in einer Felsengrotte nahe der Stadt. Bald brachte die Königstochter ein Knäblein zur Welt, und voll Sorge mußte sie nun darauf sinnen, sich vor des Vaters Zorn zu schützen. Sie fertigte ein Körbchen an und legte den Neugeborenen hinein, fügte auch einige Schmuckstücke aus ihrem eigenen Besitz hinzu und setzte ihn in der Felsengrotte aus. Bittere Tränen weinte Krëusa in ihrem Mutterschmerze, als sie von dem Kinde schied. „Apollon wird sich seines erdgeborenen Kindes annehmen", seufzte sie und sandte ihr Gebet zu dem Gotte, der sich längst von seiner irdischen Gattin abgewandt hatte.

Apollon erbarmte sich des hilflosen Wesens. Sogleich gab er Hermes, dem Götterboten, Befehl, sich des Kindchens anzunehmen. „Bring es aus der Grotte nach Delphoi und leg es auf die Schwelle meines Tempels!" gebot er ihm. „Ich selber werde dann für das Kind sorgen – denn es ist mein Kind!"

Hermes tat nach des Bruders Weisung; zu nächtlicher Stunde legte er das Neugeborene heimlich vor Apollons Orakel nieder.

Als am anderen Morgen die delphische Priesterin zum Heiligtume schritt, erblickte sie das seltsame Körbchen. Apollon selber hatte ihr Herz mit Mitleid erfüllt, daß sie sich sogleich entschloß, das Kind bei sich zu behalten. Elternlos wuchs der kleine Findling im Tempel auf – unwissend, daß er im Hause seines Vaters lebte!

Die Erziehung durch die mütterliche Beschützerin, der heilige Boden, auf dem er lebte, die göttliche Herkunft, alles trug dazu bei, den Knaben zu hoher Gesinnung reifen zu lassen. Ohne Fehl und Tadel in seiner Erscheinung war er, einfach und ehrbar und voll Dankbarkeit gegen Apollon.

Längst konnte die Prophetin nicht mehr ohne ihn sein, und auch die Bewohner von Delphoi wußten außer ihm niemand, der ihres Vertrauens würdig gewesen wäre, als Schatzmeister des Gottes Geschenke zu überwachen, die die Ratsuchenden in Fülle dem Orakel spendeten.

Krëusa selber ahnte nichts von dem Schicksal ihres Kindes, das zu einem herrlichen Jüngling heranwuchs. Apollon wird mich vergessen haben, dachte sie in tiefer Betrübnis – und mußte dabei ihren Kummer vor dem Vater und vor aller Welt verbergen. Niemand durfte ja von ihrer Verbindung mit dem Gotte wissen. Aber seltsam mußte es erscheinen, daß die schöne Königstochter stets einsam blieb und alle Freier abwies. Um jene Zeit nun hatte Xuthos, ein Achaier und aus dem Zeusgeschlechte des Aiolos, den Athenern im Kampfe gegen die Nachbarinsel Euboia so tapfer beigestanden, daß man ihm die Rettung aus aller Kriegsnot verdankte. Nun konnte die Königstochter sich nicht länger weigern, als der Fremde sie zum Lohne für seine Hilfe begehrte; stolz auf solch herrlichen Eidam, der das attische Fürstenhaus zu neuer Blüte führen sollte, gab ihm der König seine Tochter zur Frau.

Sicherlich hätte Krëusa keine bessere Wahl unter den Freiern treffen können – und doch wanderten ihre heimlichsten Gedanken oft voll Sehnsucht zu dem Gotte, der sie so grausam verlassen hatte. Und Apollon? Mißgönnte er ihr das irdische Eheglück? Versagte er ihr den Kindersegen aus Zorn, daß sie dem herrlichen Helden die Hand gereicht hatte?

„Wir wollen den delphischen Gott um Rat fragen", sagte Xuthos zu seiner Gemahlin; er ahnte nicht, welche Gefühle dieser Name in ihr wachrufen mußte; er ahnte aber ebensowenig wie Krëusa, daß Apollon selber es war, der ihm diesen Gedanken eingab, um den Schicksalsweg seines Sohnes nach seinem göttlichen Willen zu lenken.

Krëusa nahm nur wenige Begleiterinnen auf ihrer Wallfahrt mit. Während ihr Gatte vorher noch das Nachbarorakel des Trophonios aufsuchte, standen die Frauen in frommer Scheu vor dem Heiligtum des Gottes;

bewundernd blickten sie auf die Säulenpracht des Tempels, während die Ratsuchende bittere Tränen über ihr Schicksal vergoß. In diesem Augenblicke kam der junge Tempeldiener mit Lorbeerzweigen herbei, die Türe des Gotteshauses zu bekränzen.

„Was ist es denn, was dich zu Tränen zwingt, edle Frau?“ fragte er mit bescheidenem Anstand. Die würdige Erscheinung der Fürstin mußte seine Aufmerksamkeit erregen, da doch alle, die sonst in Apollons Tempelhalle kamen, mit Erstaunen seine Pracht bewunderten. „Kann ich dir nicht helfen in deinem Kummer?“

„Die Götter lassen die Menschen oft allzusehr ihre Macht spüren“, entfuhr es der unglücklichen Frau, aber dann hielt sie an sich, nichts mehr von ihrem schweren Schicksal zu offenbaren.

„So laß mich wissen, wer du bist, edle Frau, und woher du kommst!“ fuhr er teilnehmend fort.

„Ich bin Krëusa, des Athenerkönigs Tochter“, entgegnete sie ihm willig, weil ihr der bescheidene Jüngling gefiel. Fast mußte sie lächeln über seine schnelle Frage: „So bist du aus Attikas erlauchtem Königshause! Oh, sage mir, ist es Wahrheit, daß dein Urahn der Erde entsprossen ist?“

Krëusa bejahte es. „Aber die hohe Abkunft brachte mir wenig Gutes“, murmelte sie leise. Der Jüngling ahnte nichts von ihren bitteren Gefühlen und fragte unbefangen weiter nach dem Schicksal der königlichen Familie, wie er es von berühmten Gemälden kannte: Wie die Göttin Athene den Knaben damals in ein Kistchen eingeschlossen und den Töchtern des Kekrops zur Aufbewahrung übergeben habe; wie die Jungfrauen trotz des Verbotes der Göttin das Kistchen öffneten und ihre Neugierde mit dem Tode büßen mußten.

Krëusa stimmte ihm voll Betrübnis zu, denn das Schicksal des Urahns weckte wieder traurige Gedanken an ihren eigenen Sohn.

„Dort in der Nähe von deines Vaters Grab“, fuhr der Jüngling fort, „soll eine Grotte liegen, die unser Herr, der delphische Apollon, so lieb hat“.

„O schweige mir von dieser Grotte!“ fuhr Krëusa entsetzt auf, „eine häßliche Treulosigkeit ist in ihr begangen.“

Der Jüngling hielt bestürzt inne. Doch dann begann Krëusa von ihrem Gatten, dem heldenhaften Xuthos, zu erzählen, der Athen vor dem Untergang gerettet hatte und nun mit ihr demütig vor Apollon trete, den Gott um Kindersegen zu bitten. „Apollon weiß es, daß ich ohne Kinder bin", sagte sie ausweichend, als der Jüngling weiterfragte.

„Ich bin ohne Eltern", sagte er betrübt, „und habe nie im Mutterarme geruht. Apollons Priesterin hat sich meiner erbarmt, als ich auf dieser Schwelle niedergelegt wurde; im Tempel bin ich aufgewachsen – Apollons Tempel ist meine Heimat."

Das seltsame Schicksal, das dem ihren so ähnlich war, begann Krëusa die Zunge zu lösen. Vielleicht mochte es ihr das Herz erleichtern, wenn sie nun von dem sprach, das sie so viele Jahre hindurch tief im Innern hatte verschließen müssen. Aber die Scham verbot ihr, den eigenen Namen zu nennen. „Wie beklagenswert ist deine Mutter", sagte sie mitleidig, „und doch kenne ich eine Frau, die ebenso unglücklich ist wie sie!"

„Wer ist es?" fragte der Jüngling gespannt, und Krëusa tat nun, als komme sie im Auftrag ihrer Freundin. „Die Unglückliche wurde von Apollon zur Frau gewählt", sagte sie, „aber gar bald hat der Gott sie verlassen." Sie berichtete dem jungen Tempelhüter, wie jene das Knäblein, dessen Vater Apollon war, in ihrer Not ausgesetzt habe. „Wilde Tiere", seufzte sie, „werden es umgebracht haben. Nun quält sich die beklagenswerte Mutter – und für sie stehe ich hier, Apollon nach dem Schicksal ihres ausgesetzten Sohnes zu befragen."

„Die Bedauernswerte!" rief der Jüngling voll Mitleid. „Und wie lange ist es her, seit das Kindchen umkam?"

„Er stünde in deinem Alter, der Knabe, wenn er noch leben würde", seufzte Krëusa.

„Wie ähnlich ist dieses Schicksal meinem eigenen!" rief der Jüngling voll innerer Bewegung. „Sie sucht ihren Sohn, und ich suche vergeblich meine Mutter!"

Weder Krëusa noch Ion ahnten, daß sie beide vor der Lösung des Rätsels standen, nach der sie so sehr verlangten.

In diesem Augenblicke traf Xuthos ein, der vorher das Orakel des Trophonios in Boiotien befragt hatte. „Höre, Krëusa", rief er ihr voll Freude entgegen, „welches Glück mir das Orakel dort verheißen hat! Nicht ohne Kindersegen soll ich in die Heimat zurückkehren!"

In inniger Freude hielt Xuthos die Gattin umfangen. „Das boiotische Orakel wollte Apollons Spruch nicht vorgreifen, doch die verheißungsvolle Nachricht hat es mir kundgetan", wiederholte er in seinem Glücke, „der Gott wird unsere Ehe segnen."

Während Krëusa sich nun mit frischem Grün schmückte, um an Apollons Altar ihr Opfer darzubringen, betrat Xuthos das heilige Orakel. Der junge Tempeldiener machte sich wieder an seine Arbeit und schlang Blumengewinde um die Säulen.

Da wurden plötzlich dröhnend die Türen im Innern des Tempels geöffnet, und heraus stürzte Xuthos. Freude und Überraschung malten sich auf seinen Zügen, als er den jungen Tempeldiener vor sich sah. Er streckte ihm beide Hände entgegen und rief: „Sei mir von Herzen gegrüßt, mein lieber Sohn! Komm und umarme mich!"

Bestürzt fühlte der Jüngling sich umfangen – er wußte sich den seltsamen Vorgang nicht zu deuten. Ob der fürstliche Besucher etwa den Verstand verloren hatte?

„Was wendest du dich von mir ab?" rief Xuthos, als der Jüngling sich seinen Küssen zu entziehen suchte. „Was wendest du dich ab von deinem – Vater?"

„Mein Vater?" kam betroffen die Antwort. „Mein Vater?"

„So ist es, mein Sohn, dein Vater bin ich! So höre denn des Gottes Spruch: Der erste, der mir vor dem Tempel begegnen werde, sei mein Sohn! Mein Sohn, den die Götter mir schenken!"

Staunend hörte der Jüngling Apollons Offenbarung. Des Xuthos Sohn sei er! Und wo sollte er die Mutter suchen?

„Die Weisheit Apollons, der dich mir zugeführt hat, wird es uns offenbaren", sagte der Fürst. Nun mußte auch der Jüngling überzeugt sein, doch inmitten der Freude befielen ihn wieder bittere Zweifel: Wie würde die stolze

Stadt Athen ihn als Xuthos' Erben aufnehmen, und was würde die Stiefmutter zu solchem Sohne sagen, der ihr so unerwartet geschenkt wurde?

„Laß ab von solchen Reden, mein lieber Sohn", rief Xuthos fröhlich, „und begreife dein Glück! Hier vor dem Tempel, der uns zusammenführte, begrüße ich dich, und nun komm, wir wollen das Willkommensfest mit frohen Opfern feiern. Und einen Namen will ich dir geben: ‚Ion' sollst du heißen, der ‚Kommende', weil du ja der erste warst, der mir nach Apollons Gebot auf der Tempelschwelle entgegenkam!"

Xuthos hatte gedacht, der Gattin die seltsame Gottesgabe vorerst zu verheimlichen. „Mein Glück", sagte er voll Mitgefühl, „soll sie nicht allzusehr an ihr trauriges Los der Kinderlosigkeit erinnern. Du sollst mich in Athen wie ein Fremder besuchen, und sicherlich wird das Zusammensein uns die Stunde bescheren, wo ich dich, Ion, ihr dann als meinen Sohn zuführen kann!"

Indessen kehrte Krëusa an der Seite eines treuen Dieners zum Tempel zurück. Ihr Gatte war mit Ion zum Berge Parnassos gegangen, um im Hain des Bakchos zu beten. Streng hatte er den Dienerinnen geboten, Schweigen über die seltsame Begegnung zu wahren.

Die Dienerinnen aber waren der Herrin zu treu ergeben, als daß sie das Geheimnis vor ihr hätten verschweigen können. Unter Wehklagen traten sie vor Krëusa, und voll Bestürzung mußte die Unglückliche erfahren, daß sie nie eigene Mutterfreude erleben dürfe. „Deinem Gatten Xuthos hat Apollon einen Sohn zugeführt", berichteten die Dienerinnen, „doch hast du an seinem Vaterglück nicht Anteil!"

Ungläubig hörte Krëusa die seltsame Kunde, daß Xuthos aus vergangener Zeit einen erwachsenen Sohn besitze, und staunte über die Wundermär von der Erfüllung des göttlichen Orakelspruches. „Du sahst den Jüngling, Herrin, der den Tempel schmückte!" riefen die Dienerinnen. „Er ist des Xuthos Sohn!"

In dumpfem Schweigen starrte die unglückliche Frau vor sich hin. Sie vermochte es nicht zu fassen, daß der göttliche Spruch so lauten solle, der ihr den ersehnten Kindersegen hätte bringen sollen. So blind war sie, daß sie die Lösung des Geheimnisses nicht ahnte, so naheliegend sie auch schien.

Aus diesen düsteren Gedanken rissen sie die Worte des Dieners. „Verraten hat dich dein Gatte, teure Herrin“, rief er bebend, „ja, grausamen Spott treibt er mit dir!“ Für den Alten war es ausgemacht, daß alles ein abgekartetes Spiel sei, das Xuthos hier trieb, um seinen Sohn zu sich zu holen!

Krëusa war so niedergeschlagen, daß sie allmählich den Anschuldigungen des Dieners Glauben schenkte: Mit kluger Berechnung habe Xuthos sie zum Bittgang nach Delphoi bewogen, wohin er den Sohn aus der unrechtmäßigen Ehe einst zur Erziehung habe bringen lassen. „Nicht der Gott hat gelogen, sondern Xuthos war es, der die Lüge sprach!“ rief der Alte. „Aber bevor der fremde Jüngling sich deines väterlichen Thrones mit Gewalt bemächtigt, Herrin, will ich es unternehmen, ihn aus dem Wege zu räumen“, stieß er dann grimmig hervor. Die verzweifelte Krëusa fand nicht die Kraft, sein frevelhaftes Anerbieten zurückzuweisen: Ion sollte sterben, ehe er Athens Mauern betreten würde!

Xuthos und der Jüngling ahnten nichts von dem furchtbaren Anschlag, der gegen sie geplant wurde. Vor dem Heiligtum des Bakchos, der nahe der Stadt auf dem Berge Parnassos verehrt wurde, verrichtete der Athenerfürst sein Opfer zum Danke für den gefundenen Sohn. Inzwischen hieß er Ion in der Nähe von Apollons Tempel ein riesiges Festzelt, hundert Fuß im Geviert, errichten und prächtig mit Teppichen aus dem Tempelschatz schmücken. Der Herold des Fürsten eilte in die Stadt, alle Einwohner von Delphoi zum Festmahl zu entbieten.

Schnell füllte sich das Zelt mit der festlich bekränzten Menge, denn alle folgten gern der Einladung, und an den reichbesetzten Tischen hub ein fröhlicher Schmaus an. Als die Teller beiseite geräumt waren, stieg die Festesfreude auf den Gipfel, denn plötzlich trat Krëusas Diener mitten in den festlichen Kreis. „Her mit den Bechern!“ rief er in den Jubel hinein, belud sich selber wie ein Mundschenk mit Trinkgefäßen und wußte sich im gespielten Übereifer so zu gebärden, daß alle Beifall klatschten. „Freude soll regieren!“ schrie der Greis begeistert, füllte die Becher und überreichte den schönsten, ein feingearbeitetes goldenes Prunkstück, dem jungen Ion, dem ja alle Festesfreude galt. „Meinem jungen Herrn zur Huldigung!" sagte der Greis und verneigte sich tief. Niemand hatte bemerkt, wie er heimlich tödliches Gift beigemischt hatte.

Ion hielt den dargereichten Pokal noch in der Hand, als plötzlich durch die lautlose Stille ein Fluch erscholl. Einer von Xuthos' Dienern hatte ihn ausgestoßen. Ion, der unter den heiligen Tempelgebräuchen aufgewachsen war, mußte darin ein böses Vorzeichen erkennen. Wollten die Götter ihn warnen?

„Füllet mir einen neuen Becher!" gebot er dem Diener, während er sein Gemäß ausschüttete. Alle Gäste folgten seinem Beispiel.

Man schenkte neu ein, und feierlich spendete Ion den Göttern sein Trankopfer, ehe er den Becher an die Lippen setzte. In diesem Augenblicke flatterte ein Schwarm heiliger Tauben, die man im Tempel zu Ehren des Gottes hielt, in das Festzelt herein. Eifrig stürzten sie sich sogleich auf den Wein, der auf den Boden gegossen war. Und da, wie seltsam: Die Taube, die von Ions Wein gekostet hatte, schüttelte plötzlich in wildem Schmerze den zierlichen Körper, flatterte wie rasend umher und stieß leise Wimmerlaute aus. Die Gäste sahen es mit Verwunderung. Da überfiel das arme Täubchen noch einmal ein krampfhaftes Zucken, ergeben legte es dann das Köpfchen zur Seite und – war verendet. Allen übrigen Tauben hatte der Wein nicht geschadet.

Entsetzt blickten alle auf die tote Taube. Ion aber sprang von seinem Sitze auf, warf den Mantel ab und schrie zornig: „Wer ist der Elende, der meinen Tod wollte? Rede, Alter, denn deine Hand war es, die mir den Becher reichte!"

Der alte Diener verlor alle Fassung, als Ion ihn hart am Arme packte, und gestand die ganze gräßliche Tat, die er in Krëusas Auftrag unternommen hatte.

In Krëusas Auftrage!

Der Jüngling stürzte in wilder Erregung aus dem Zelte, hieß alle Leute ihm folgen und trat vor die Richter: „Die Tochter des Athenerkönigs, die hier als fromme Pilgerin weilt, klage ich an! Ich klage Krëusa an, die mich durch einen Gifttrunk hat ermorden wollen!“ Wie aus einem Munde kam das Urteil. „Steiniget sie, steiniget sie!“ rief die erregte Menge, und die ganze Stadt folgte Ion, die Verbrecherin zu suchen.

Ganz anders hatte sich alles gewendet, als Krëusa erwartet hatte. Einer ihrer Diener, der ihr treu ergeben war, war vorausgeeilt, um ihr alles zu offenbaren und sie zu warnen. Verzweifelt suchte die Unglückliche an Apollons Altar Schutz, als die wütende Menge nahte. „Sie werden des Gottes Heiligtum achten!“ riefen die Dienerinnen. „Schwere Blutschuld würden sie auf sich laden, wenn sie dich hier am Brandaltar töten wollten!“

Da kam auch schon der tobende Haufen herangestürmt, und Ion, der ihn anführte, trat zornbebend vor die zitternde Frau. Voll Verachtung blickte er sie an, als er ihr seine Anklage entgegenschleuderte: „Wie eine Giftschlange erscheinst du mir, du schreckliche Frau, schlimmer als die versteinerte Gorgo selbst! Ein wohlgesinnter Schutzgeist hat mich davor bewahrt, daß sie meine Stiefmutter würde! Los, Freunde, packt sie und stoßt sie vom höchsten Felsen in den Abgrund hinab!“

„Du darfst dich nicht an mir vergreifen!“ schrie Krëusa gellend; „mich schützt Apollons Heiligtum!“

„Reißt sie vom Altar fort!“ gebot Ion den Umstehenden. „Reißt sie vom Herde des Gottes fort, an dem sie jetzt voll Arglist Schutz sucht! Solcher verruchten Verbrecherin verweigert auch Apollons Weihestätte jeglichen Schutz! Nur wer reinen Herzens ist, darf sich der Gottheit nahen!“

„So töte mich hier an Apollons Altar, wenn du es vermagst!“ entgegnete Krëusa entschlossen und beugte ergeben das Haupt, als erwarte sie den Todesstreich.

Sollte Ion des Mordes an der eigenen Mutter schuldig werden?

Da wich plötzlich die erregte Menge ehrfurchtsvoll beiseite, denn gemessenen, würdigen Schrittes nahte Pythia, die Priesterin Apollons.

„Halt ein, Jüngling!“ gebot sie. „Denn unrecht ist dein Tun! Der Gott selber hat mir geboten, den Dreifuß zu verlassen, um euren Streit zu schlichten. Ja, unrecht ist dein Tun!“

„Unrecht?“ rief Ion bebend. „Verdient nicht den Tod, wer mich zu ermorden trachtet? Gib mir Antwort, hohe Seherin, in der ich ja meine Mutter verehre!“

„So vernimm meinen Spruch: Halte dich vom Unrecht frei und zieh unter günstigen Vorzeichen nach Athen!“

„Du schützest eine Mörderin?“ rief Ion betroffen.

„Höre, Jüngling, was ich dir zu sagen habe: Sieh dieses Körbchen, das ich im Arme trage! Ist es dir bekannt?“

Verständnislos blickte Ion auf das alte Körbchen, das Pythia ihm reichte. „Darin lagst du einst als Neugeborener, als ich dich fand“, fuhr sie fort; „ich habe es vor dir verborgen bis auf den heutigen Tag, weil Apollon selber dich zu seinem Tempeldiener bestimmte. Nun, da du deinen Vater fandest, entläßt er dich nach Athen.“

„Und wozu soll mir das Körbchen nützlich sein?“ fragte Ion weiter.

„Es enthält die Kleidung, in der du einst ausgesetzt wurdest!“

„Meine Windeln!“ rief Ion überrascht. „So habe ich ja nun die Mittel, die Spur meiner Mutter zu finden! Oh, welch Wunder offenbart mir dieser Tag!“

Voll inniger Rührung ergriff Ion das Körbchen, das die Seherin ihm reichte, ehe sie auf ihren Dreifuß zurückkehrte. Tränen in den Augen, hielt er es in den zitternden Händen, so sehr übermannten ihn Gefühle. Vor seinem inneren Auge stand die unbekannte Mutter, die ihr Kindlein ausgesetzt hatte – welch furchtbare Kämpfe mußte die Frau überstanden haben, ehe sie sich zu solcher Tat entschloß!

Welche Spur würde das Körbchen ihm weisen? „Was es auch bergen mag“, rief Ion entschlossen, „und wenn es mir die ärmste Magd als meine Mutter offenbaren wird – ich will die Wahrheit wissen!“

Voll Verwunderung hatte Kreüsa den Vorgang verfolgt. Wie verwandelt verließ sie den Altar, der ihr Asylrecht gewähren sollte, und stürzte auf Ion zu. „Ein Wunder!“ rief sie zitternd, „dieses Körbchen – o, mein Sohn! Mein lieber Sohn!“

Wie sollte Ion sie verstehen? Unwillig stieß er die Frau von sich fort. Sann sie auf neue Arglist? „So höre, mein Sohn, wie wunderbar der Gott alles fügt!“ rief Krëusa, vor Erregung bebend; „denn dies Körbchen – es ist das gleiche, in dem ich dich als unmündiges Kindchen einst aussetzte!“

Noch war Ion nicht überzeugt; zu sehr war er über Krëusas Mordanschlag entsetzt gewesen.

„So laß die Windeln Zeugnis ablegen, mein Sohn!“ fuhr sie fort. „Ich fertigte sie als Jungfrau mit eigener Hand. In der Mitte wirst du das Haupt der Gorgo erblicken, umringt von Schlangen. Ich webte es nach dem Bilde auf Athenes Aigispanzer!“

Ion zog das Tuch hervor – wirklich, sie hatte wahr gesprochen! „Liegt in dem Korbe noch mehr?“ forschte er begierig, um die Frau zu prüfen, die sich seine Mutter nannte.

„Ein Halsband, besetzt mit einem goldenen Drachenpaar, wirst du finden“, entgegnete Krëusa sogleich; „es ist ein Geschenk aus Pallas Athenes Hand für den Neugeborenen!“

„Wirklich, es ist so!“ rief Ion beglückt. „Krëusa spricht die Wahrheit! Weißt du noch ein Beweisstück?“

„Einen Kranz aus immergrünen Oliven, den ich von Athenes erstgepflanztem Ölbaum pflückte!“

Hastig griff der Jüngling in das Körbchen und zog den unverwelklichen Kranz hervor. „Mutter, liebe Mutter!“ rief er. „So ist es kein Traum, daß ich dich gefunden habe – daß ich dich umfangen darf!“ Innig hielt Ion seine Mutter umschlungen. „Mein Sohn“, stammelte Krëusa in überströmendem Glücke, „mein Sohn, den ich längst im dunklen Reiche des Hades wähnte! Nicht Xuthos war dein Vater, nein – von Phoibos Apollon stammst du ab!“

Erschauernd hörte Ion diese Offenbarung. Er war Apollons Sohn, dem er so lange voll Ehrfurcht gedient hatte! So wunderbar löste des Gottes Weisheit alle Verwicklung. Xuthos nahm den Jüngling frohen Herzens als Stiefsohn an. So war dem Herrscherhaus Athens, dem der männliche Nachfolger fehlte, ein Erbe geschenkt – der ersehnte Erbe aus eigenem Stamme! Ein mächtiges Geschlecht erwuchs aus Ions Nachkommen: Die Ionier, die beitragen sollten, Griechenland zu machtvoller Blüte zu führen.

DIE SAGE VON HERAKLES

DIE KINDHEIT

Herakles, den die Römer Herkules nannten, war der Sohn des Zeus, doch einem irdischen Weibe, der schönen Alkmene in Theben, in die Wiege gelegt, so wie die Unsterblichen in alten Zeiten auch den Menschen Kinder göttlicher Herkunft schenkten. Der Olympier selber hatte den Göttern Großes über Herakles' Zukunft vorausgesagt.

Am thebanischen Königshofe wuchs er als Stiefsohn Amphitryons auf, der einst König von Tiryns gewesen war und nun das Gastrecht König Kreons genoß. Schon als Neugeborener gab der Göttersohn eine Probe der überirdischen Heldenkraft, mit der er begabt war. Hera nämlich, die Gemahlin des Zeus, war eifersüchtig und schickte zwei furchtbare Schlangen aus, das Neugeborene in der Wiege zu töten. Ohne daß die Wärterinnen, die im Schlafgemach wachten, oder die schlummernde Mutter selbst es bemerkten, ringelten sich die Untiere an der Wiege empor und legten sich um des Knaben Hals, ihn zu erwürgen. Herakles schrie auf und griff nach ihnen. Dabei zeigte er die ungeheure Körperkraft, die seine göttliche Abstammung ihm verliehen hatte: mit jeder seiner kleinen Hände ergriff er eine Schlange und drückte beiden zugleich so mächtig den Hals zusammen, daß sie ersticken mußten.

Die Dienerinnen, die herbeigestürzt kamen, standen starr und furchtsam da und wagten nicht näherzutreten. Alkmene, die Mutter, war bei dem Schrei des Kindes erwacht und sprang mit bloßen Füßen an die Wiege. Auch die thebanischen Wächter, vom Hilferuf erschreckt, eilten herbei. Und der König Amphitryon selbst stürzte, das bloße Schwert in der Faust, ins Schlafgemach.

Aber das Kind hatte sich bereits selbst geholfen; die Schlangen lagen, von seinen Händen erwürgt, tot am Boden. Ungläubig stand die Mutter vor der erstaunlichen Tat. Der Vater aber blickte beglückt und entsetzt zugleich auf die ungeheuerliche Kraft des neugeborenen Sohnes. Hier konnte nur ein Wunder vorliegen. Der Seher Teiresias, den er kommen ließ, weissagte dem Königspaare die ungewöhnliche Zukunft des Knaben: wie viele Ungeheuer er besiegen, wie viele Meeresungetüme er beseitigen, wie er im siegreichen Kampfe gegen die Giganten bestehen werde und wie ihn am Ende seines tatenreichen Erdendaseins das ewige Leben bei den Göttern erwarte.

DIE JUGEND

Amphitryon beschloß, dem Sohn eine würdige Erziehung zu geben. Als er herangewachsen war, unterwies der Vater selber ihn in der Kunst des Wagenlenkens, in der er als unübertroffener Meister galt; im Bogenschießen und Fechten, im Faustkampf und Ringen gab er ihm tüchtige Lehrer, wie auch im Gesang und im Schlagen der Leier. Die Wissenschaften wurden nicht vernachlässigt, und der berühmte Linos, Apollons greiser Sohn, lehrte ihn die Buchstabenschrift.

Herakles zeigte sich bei jedem Unterricht sehr gelehrig und folgsam; aber harte Behandlung ließ ihn sogleich in heftige Erregung geraten. Als der alte Linos, der von grämlicher Natur war, ihn einst mit ungerechten Schlägen züchtigte, da packte der Junge seine Leier und schleuderte sie dem Lehrer an den Kopf, daß der Alte tot zu Boden stürzte.

Aber Herakles, der ein gutes Gemüt hatte, bereute sogleich tief die unbedachte Tat; der Richter, der den Königssohn vor das Tribunal fordern mußte, sah in dem Totschlag eine Handlung der Selbstverteidigung des Jungen und sprach ihn frei.

König Amphitryon aber fürchtete, sein starker Sohn könne sich wieder zu ähnlicher Gewalttat hinreißen lassen; er schickte ihn deshalb aufs Land zu seinen Rinderherden. Hier in der freien Natur wuchs der Königssohn nun unter den Hirten zum Jüngling heran und tat sich bald durch seine gewaltige Körperkraft hervor. Er überragte sie alle um Haupteslänge, er war ein Meister im Schießen mit dem Bogen und im Speerwerfen. Als er achtzehn Jahre alt war, war er der schönste und stärkste Mann ringsum. Nun sollte es sich entscheiden, ob er seine Götterstärke zum Guten oder zum Bösen gebrauchen werde.

HERAKLES AM SCHEIDEWEG

Er verließ in jener Zeit die Gefährten und die Herden, um mit sich allein zu sein und nachzudenken, was für ein Leben er künftig führen wolle. Als er so tief in Gedanken versunken dasaß, sah er plötzlich zwei Frauen auf sich zukommen. Sie waren beide von hoher Gestalt – doch verschieden in ihrer Haltung! Die eine zeigte in ihrem ganzen Ausdruck Anstand und sittsames Wesen; ihr Blick war bescheiden, ihr Gewand schlicht und rein. Die andere war von hoffärtiger Haltung, voll und wohlgenährt; künstliche Schminke bedeckte ihre Wangen, und ihre Kleidung war bunt und auffällig.

Als die beiden näherkamen, drängte sich die zweite plötzlich ungebührlich vor und sprach hastig auf den Jüngling ein. „Ich sehe, Herakles, daß du dich noch nicht entschieden hast, welchen Lebensweg du wählen sollst. Willst du mich zu deiner Gefährtin und Führerin nehmen, so verspreche ich dir das angenehmste und schönste Leben. Keine Lust soll dir versagt bleiben, alles Widrige wird dich meiden. Nicht Not noch Kampf soll dich kümmern – nein, du darfst dich an den köstlichsten Speisen und Getränken laben, auf weichem Lager ruhen und dir jeglichen Genuß ohne alle Mühe verschaffen."

Verwundert blickte der Jüngling auf die Frau, die ihm solch verführerische Versprechungen machte, und fragte sie nach ihrem Namen. „Wer mich liebt, nennt mich die Glückseligkeit!" rief sie selbstbewußt aus. „Meine Feinde aber", sie wendete den Blick beiseite, „die mich herabsetzen und schmähen wollen, sie heißen mich das Laster und die Liederlichkeit."

Nun wandte sich die andere Frau an den jungen Helden. „Auch ich, Herakles, bitte dich um Gehör", begann sie sanft. „Ich kenne deine Herkunft und deine Erziehung, und ich habe deshalb die Hoffnung, du werdest mir folgen, dich in allem Guten und Edlen zu vervollkommnen. Ich will dir deshalb nicht falschen Genuß und Wohlleben vorgaukeln, sondern dir alles so darstellen, wie es gottgewollt erscheint. Der Mensch muß wissen, daß die Götter ihm nichts ohne Mühe und Schweiß gewähren. Wer von den Göttern geliebt werden will, muß sich diese Liebe durch Frömmigkeit und Verehrung verdienen; wer Freundesliebe will, muß seinen Freunden nützen; wer im Staate geehrt sein will, muß im Gemeinwesen mitarbeiten.

Ja, Herakles, wer ernten will, der muß auch säen. Wer seinen Körper in der Gewalt haben will, der muß ihn zuvor hart machen durch Schweiß und Übung."

Mit höhnischem Blick war die andere den Worten gefolgt. „Wenn du die beiden Wege, den langen, mühseligen, mit meinem kurzen und bequemen vergleichst, so wird dir die Entscheidung nicht schwerfallen!" rief sie in frechem Tone dazwischen. „Ja", entgegnete hart die andere, die die Ehrbarkeit und Tugend war, „wer dort nehmen will, wo er nicht gearbeitet hat, wer den besten Teil des Tages verschläft und in der Jugend nicht sparsam fürs Alter sorgen will, der mag so denken. Vergiß doch nicht zu sagen, daß du von den Göttern verstoßen und von den ehrbaren Menschen verachtet bist! Was das Auge des guten Menschen mehr als alles andere erfreut, eine eigene Guttat, das hast du niemals erlebt! – Ich hingegen bin bei allen Göttern geachtet und hochangesehen bei allen guten Menschen. Mich liebt der Vater im Hause, mir folgt das Gesinde in Treue; ohne mich gibt es keine Freundschaft. Wenn du, Herakles, dich entschließt, mir zu folgen, so erwarten dich Mühe und Last, aber das seligste Himmelslos wird dein Erdenleben krönen."

Nach diesen Worten der Tugend waren beide Gestalten plötzlich verschwunden.

Herakles aber war entschlossen, die Tugend und Ehrbarkeit zur Führerin zu wählen und ihrem Pfade zu folgen.

DIE HELDENTATEN DES HERAKLES

Der junge Held fand gar bald Gelegenheit, sich seinen Mitbürgern nützlich zu machen. Als er ins Vaterhaus zurückkehrte, hörte er, daß Amphitryons Herden schwer unter einem grimmigen Löwen zu leiden hatten. Herakles zauderte nicht lange. Er nahm seine guten Waffen zur Hand, stieg ins wilde Waldgebirge und erschlug den Löwen, vor dessen Gewalttätigkeit die ganze Gegend rundum gezittert hatte. Dann zog er ihm die Haut ab.

Geschmückt mit seiner Jagdtrophäe, kehrte der junge Held zurück.

Da begegneten ihm die Sendboten des Nachbarkönigs Erginos, die von den Thebanern einen schimpflichen Jahrestribut abholen sollten. Herakles machte mit den Boten, die sich außerdem mancherlei Übergriffe gegen die Landbewohner hatten zuschulden kommen lassen, kurzen Prozeß. Er schnitt ihnen die Ohren ab und schickte sie, Stricke um den Nacken, zu ihrem König zurück.

Erginos verlangte, man solle den Schuldigen an ihn ausliefern, und Kreon, der König der Thebaner, wollte in seiner Furcht ihm zu Willen sein. Doch da rief der starke Jüngling eine Menge mutiger Gefährten zusammen, um dem Feind entgegenzutreten. Als man in der Stadt keine Waffen fand, da der siegreiche Feind alle entführt hatte, ging Herakles in Athenes Heiligtum und bat die Göttin um ihren Beistand. Dort im Tempel rüstete sie ihn mit den Waffen aus, die als Weihgaben aufgehängt waren, und die Kampfgefährten waffneten sich mit alten Beutestücken. So führte Herakles die kleine Schar gegen die Feinde. Um die eigene Schwäche auszugleichen, stellte er die Seinen in einem Engpaß, wo den Feinden die Übermacht nichts helfen konnte, zur Schlacht. Das ganze feindliche Heer wurde aufgerieben. Erginos selbst fiel im Kampf. Doch auch Amphitryon, der wacker mitgekämpft hatte, fand dort den Tod. Herakles aber wußte den Sieg zu nutzen, drang in die feindliche Hauptstadt ein und steckte die Königsburg in Brand.

Ganz Griechenland blickte bewundernd auf den Helden, der Theben von der Feindherrschaft befreit hatte. Der König Kreon gab ihm seine Tochter zur Frau, und die Götter selbst beschenkten den siegreichen Halbgott: Hermes mit einem Schwert, Apollon mit nieversagenden Pfeilen, Hephaistos mit einem goldenen Köcher und Athene mit einem Waffenrock.

Herakles lebte nun mit seiner Gattin in Theben in glücklicher Ehe und freute sich an den drei Kindern, die sie ihm schenkte.

IM KAMPF MIT DEN GIGANTEN

Um diese Zeit tobte der furchtbare Streit zwischen den olympischen Göttern und den Giganten.

Den Göttern war einst geweissagt worden, daß sie den Sieg über die Riesen nur erringen könnten, wenn ein Sterblicher auf ihrer Seite kämpfe. Athene selber kam als die Botin des Zeus zu dessen Sohn Herakles und bat ihn, den Göttern in ihrer schweren Bedrängnis zu helfen.

Der Streit um den Göttersitz war inzwischen mit aller Heftigkeit entbrannt. Entschlossen kämpfte Ares, der Kriegsgott, auf seinem Streitwagen allen voran. Aber mochte er auch mit göttlicher Heldenkraft seine Feinde zu Boden werfen, erst die Ankunft des irdischen Herakles brachte die entscheidende Wendung des Kampfes, wie es geweissagt war. Der Held wählte sich als Ziel seines Bogens einen Riesen und streckte ihn nieder; doch sobald der in die Tiefe Stürzende den Erdboden berührt hatte, stand er mit neuer Lebenskraft wieder auf. Da stieg Herakles auf Athenes Rat vom Olymp hinab und schleppte den Riesen über die Grenze seines Geburtslandes hinaus; hier auf fremder Erde, wo die göttliche Kraft nicht mehr wirkte, mußte ihm das Leben entweichen.

So errang Zeus mit seinen Helfern in gewaltigem Kampf den Sieg über die wütenden Angreifer. Zeus selbst ehrte alle, die tapfer mitgestritten hatten, mit dem Ehrennamen „die Olympischen", und mit dieser Auszeichnung erhob er auch den sterblichen Herakles zu göttlichem Ruhm.

HERAKLES UND EURYSTHEUS

Vor der Geburt des Herakles hatte Zeus einst im Rate der Götter erklärt, der erstgeborene Perseusenkel solle Beherrscher der übrigen Nachkommen des Perseus sein; er hatte diese Ehre seinem eigenen Sohne, den Alkmene ihm schenken würde, zugedacht. Doch Hera gönnte dem Sohne ihrer Nebenbuhlerin solches Glück nicht und kam ihm zuvor; sie ließ Eurystheus, der später hätte geboren werden müssen, vor Herakles zur Welt kommen. So wurde Eurystheus König zu Mykene, und Herakles, der später geborene, ihm untertan.

Eurystheus bestand auf seinen Herrscherrechten und forderte von seinen Untertanen schwere Dienstleistungen, auch von Herakles. Das Orakel in Delphoi selbst erklärte dem Helden, er müsse zwölf Arbeiten, die der König ihm auferlege, vollbringen; wenn er diese mutig und geduldig auf sich nehme, so würden die Götter ihm mit ihrer Hilfe zur Seite stehen, und Unsterblichkeit in ihrem Kreise werde ihm beschieden sein.

Herakles kämpfte mit sich einen schweren Kampf. Sein Stolz wollte es nicht zulassen, einem Geringeren zu dienen, der die Herrschaft über ihn, zudem nur durch Heras List, erlangt hatte. Sein Zorn wurde immer heftiger, so daß er schließlich in wilde Raserei geriet; in dem Wahne, er bekämpfe die Giganten, richtete er den Bogen gegen die eigenen Kinder und streckte sie nieder. Doch als der furchtbare Wahn von ihm wich, da ging er in tiefster Bekümmernis in sich. Er riegelte sich in seinem Hause ein und hielt sich lange von allen Menschen fern.

Er entschloß sich dann, als Sühne die Aufträge des Eurystheus getreulich durchzuführen.

DER KAMPF MIT DEM LÖWEN

Als erste Arbeit befahl ihm der König, das Fell des nemeischen Löwen herbeizubringen, der in den Wäldern des Peloponnes hauste. Man sagte dem Untier nach, es sei menschlichen Waffen gegenüber unverwundbar. Herakles suchte es in den Waldgebirgen auf und stellte es zum Kampf. Doch die Pfeile, die er gegen den Löwen richtete, fielen kraftlos zu Boden; es war, als schösse er gegen eine steinerne Wand. Da wickelte der mächtige Held den Mantel um den linken Arm, schwang seine gewaltige Keule gegen das Tier und traf es im Sprunge, daß es zu Boden stürzte. Ehe es sich erheben konnte, war der Starke über dem Löwen, packte ihn von hinten und drückte ihm mit seinen gewaltigen Fäusten die Kehle zu und erwürgte ihn.

Lange mühte sich der siegreiche Held vergeblich, das Fell des besiegten Tieres abzuziehen, bis er schließlich auf den Gedanken kam, es mit den scharfen Klauen selbst aufzuschneiden und abzuweiden. Das herrliche Fell trug er von nun an als Mantel. Den Rachen setzte er sich wie einen Helm aufs Haupt.

Als der hinterhältige Eurystheus, der nicht mit Herakles' Rückkehr gerechnet hatte, ihn, mit der Löwenhaut angetan, siegreich heimkommen sah, packte ihn eine solche Angst vor der Götterkraft des Helden, daß er sich in den hintersten Winkel seines Palastes verkroch.

DIE HYDRA

Als der König wieder hervorgekommen war, übertrug er Herakles als zwei te Arbeit, die furchtbare Hydra zu erlegen, die in der Landschaft Argolis den Viehherden schweren Schaden zufügte und die Felder der Bauern verwüstete. Sie war ein gewaltiges Schlangentier mit neun Köpfen, von denen acht sterblich, der in der Mitte aber unsterblich war.

Herakles ging sogleich ans Werk. Er wickelte Werg, getränkt mit Pech und Schwefel, um seine Pfeile, und richtete sie brennend auf das Untier, das sich in der Nähe seiner Höhle in einer Quellgrotte sonnte. So zwang er es, aus seinem Schlupfwinkel herauszukommen. Die fürchterlichen Köpfe drohend emporgerichtet, fuhr es auf den Helden los. Doch Herakles schwang unerschrocken seine Keule und zerschlug ihm ein Haupt nach dem anderen. Trotzdem schien alle Mühe vergeblich: Wo er ein Haupt zerschmettert hatte, da sproßten zwei neue an dessen Stelle. Zugleich kroch ein gewaltiger Krebs aus der Höhle hervor, um der Hydra zu helfen.

Aber auch in dieser Bedrängnis verließ den Helden der Mut nicht. Durch einen wuchtigen Keulenhieb zerschlug er der kriechenden Hydra das Rückgrat. Dann ließ er sich von seinem Gefährten, der ihn im Wagen zum Kampfplatz geführt hatte, eine Fackel reichen. Er steckte den nahen Wald in Brand, riß einen brennenden Baum nach dem anderen heraus und stieß damit sogleich in die neu hervorsprießenden Häupter des Ungeheuers, daß sie nicht wieder nachwachsen konnten. So gewann der Held Gewalt über die Vielzahl der Schlangenhäupter und konnte dem Untier nun auch das unsterbliche Haupt vom Rumpfe schlagen. Er verscharrte es am Wegrand und wälzte einen gewaltigen Stein darüber. In das giftige Blut der Schlange tauchte er die Spitzen seiner Pfeile und machte sie dadurch zu einer unwiderstehlichen Waffe. Wer von dem Pfeil, sei es Mensch oder Tier, auch nur geritzt wurde, der war dem Tode verfallen.

Froh, das Land von der Plage befreit zu haben, kehrte der Held dann zum König zurück. Doch hier erwartete ihn schon ein neuer Auftrag.

DIE HIRSCHKUH

Auf einem Hügel Arkadiens weidete eine herrliche Hindin mit goldenem Geweih. Als Artemis, die Göttin des edlen Weidwerkes, einst ihre Jagdprobe hatte ablegen müssen, war die Hindin eine der fünf Hirschkühe gewesen, die Zeus ausgewählt hatte.

Diese lebendig zu fangen, war nun die Aufgabe des Helden. Ein ganzes Jahr lang verfolgte er das flüchtige Wild durch alle Lande; aber es war seinen Menschenfüßen zu geschwind. Als er das schöne Tier einst wieder nahe dem Heiligtum der Artemis stellte, wußte er es nicht anders in seine Gewalt zu bekommen, als daß er es durch einen Pfeilschuß an einem Bein verwundete.

So konnte er es endlich einfangen und auf seinen Schultern davontragen. Zwar wollte Artemis ihm das Tier, das ihr geheiligt war, wieder entreißen, aber er wußte ihren göttlichen Zorn zu besänftigen.

Er brachte das edle Wild lebendig zu Eurystheus und hatte damit auch die dritte Aufgabe erfüllt.

BEI DEN KENTAUREN

Darauf übertrug König Eurystheus dem Helden eine vierte Arbeit: Es galt, einen mächtigen Eber, der der Landschaft um den Berg Erymanthos herum schweren Schaden zufügte, lebendig einzubringen. Viele friedliche Bauern waren schon unter seinen Hauern gefallen. Herakles machte sich sogleich auf. Unterwegs kehrte er bei dem Kentauren Pholos ein, einem der seltsamen Wesen, die halb Mensch, halb Pferd sind. Der nahm ihn sehr gastfrei auf und setzte ihm köstlichen Braten vor. Als Herakles aber einen ebenso köstlichen Trunk zum Mahle verlangte, da kam der Gastgeber in arge Verlegenheit: „Wir haben zwar ein Faß köstlichen Weines im Keller, doch darüber verfüge nicht ich allein; es gehört allen Kentauren gemeinsam. Und ich muß dir sagen, daß meine Genossen das Gastrecht gar wenig achten!“ Aber Herakles war unbesorgt. „Öffne das Faß nur getrost“, sagte er, „denn ich habe Durst; ich werde dich schon gegen alle Angriffe schützen.“

Kaum war das Faß aber angestochen, da rochen die Kentauren sogleich den scharfen Duft und bedrängten zornig die Höhle des Pholos. Herakles scheuchte die ersten mit Feuerbränden fort und verfolgte sie dann weiter mit seinen Pfeilschüssen. Als er aber zur Höhle zurückkehrte, fand er den freundlichen Gastgeber tot. Pholos hatte einem der Genossen, den ein Pfeil des Herakles niedergeworfen hatte, das vergiftete Geschoß aus der Wunde gezogen; dabei war es ihm aus der Hand geglitten und in seinen Fuß gefahren.

Trauernd stand der Held vor der Leiche des Gastfreundes; er bestattete ihn ehrenvoll unter dem Berge und machte sich dann daran, die aufgetragene Arbeit zu verrichten.

Der furchtbare Eber, vor dessen Gewalttaten die ganze Landschaft erzitterte, war wie die Hindin der Göttin Artemis geweiht. Als er die Ankunft des Helden witterte, zog er sich in das Waldesdickicht zurück. Herakles jedoch ging ihn tapfer an und trieb ihn mit ungeheurem Geschrei auf das weite Schneefeld hinaus, das sich vor dem Walde ausbreitete. Es wäre ihm ein leichtes gewesen, den wilden Eber mit seinem Bogen zu erlegen, doch galt es ja, ihn lebend einzubringen. So trieb der leichtfüßige Held das Raubtier mit seinem Spieß durch den hohen Schnee, bis es vor Erschöpfung zusammenbrach; nun ließ es sich leicht einfangen. Gefesselt trug Herakles den wilden Eber zu Eurystheus und hatte damit seine vierte Arbeit vollbracht.

DER AUGIASSTALL

Doch der König gönnte dem Helden keine Rast und schickte ihn sogleich aufs neue aus. Diese Arbeit war eines Helden wenig würdig. Eurystheus dachte, ihn durch einen schmählichen Dienst zu demütigen, als er ihm auftrug, den Viehstall des Königs Augias vom Miste zu reinigen. Augias, der König von Elis, hatte gewaltige Viehherden, die jahrelang in einer großen Umzäunung gestanden hatten. Nun sollte Herakles die ungeheure Menge Mist, die sich dort aufgehäuft hatte, an einem einzigen Tage beseitigen.

König Augias blickte voll Verwunderung auf den herrlichen Helden, der, angetan mit der Löwenhaut, vor ihn trat und sich erbot, seinen Viehhof auszumisten. Wie kann ein so edler Krieger sich zu solch gemeinem Dienst erniedrigen? dachte er bei sich; denn Herakles hatte nichts davon erwähnt, daß er in Eurystheu's Auftrag komme. Daß aber der Held die Arbeit an einem Tage schaffen werde, konnte der König sich nicht vorstellen. Er versprach ihm den zehnten Teil seines ganzen Viehbestandes als Lohn, wenn er seine Aufgabe erfüllen werde.

Herakles hatte nicht im Sinne, sich durch die Knechtsarbeit zu demütigen und den Mist herauszukarren. Mit mächtigen Griffen riß er die zwei Seiten des Viehhofes auf, leitete den nahen Fluß Alpheios, der mit mächtigem Schwunge von den Bergen strömte, in einem Kanal herzu und ließ die ungeheuren Mistberge durch die Fluten fortspülen. Überrascht blickte Augias auf dieses Tun.

Eurystheus, der den Helden zu erniedrigen gedacht hatte, war über diesen Erfolg noch mehr enttäuscht, und er gab sogleich Herakles einen neuen Auftrag.

SECHSTE ARBEIT

Es galt nun, die Vögel aus dem Sumpfe Stymphalos zu verjagen. Das waren mächtige Raubvögel mit eisernen Schnäbeln und Klauen, mit denen sie Mensch und Tier angriffen. Ungeheuer waren die Schäden, die sie in der arkadischen Landschaft anrichteten. Als Herakles sich dorthin begab, um die Vögel zu bekämpfen, hatten sie sich alle in einem Walde nahe dem sumpfigen See versammelt. Niemals wäre der Held ihrer gewaltigen Zahl Herr geworden, hätte nicht der Gott Hephaistos ihm zwei mächtige Klappern aus Erz geschenkt. Mit ihnen vollführte der Held einen so schrecklichen Lärm, daß die Vögel voller Furcht aufflogen. Schnell griff er zu Pfeil und Bogen und tötete eine Menge von ihnen im Fluge. Die übrigen waren durch seinen Angriff so erschreckt, daß sie das Land verließen und niemals zurückkehrten.

DER STIER VON KRETA

Auf Kreta hauste damals, von Poseidon geschickt, ein wilder Stier, der auf der Insel furchtbare Verwüstungen anrichtete; niemand war bisher seiner Kraft gewachsen.

Nun befahl Eurystheus dem Herakles, dieses Untier zu bändigen und nach Argos zu bringen. Herakles begab sich sogleich zu Schiff nach Kreta und bat den König Minos um seine Erlaubnis. Der war über das Angebot erfreut und half dem Helden sogar, das Untier einzufangen. Herakles bändigte es mit seiner göttlichen Heldenkraft so vollständig, daß aus dem Ungeheuer ein folgsames Reittier wurde, das ihn gefügig über Berg und Tal und sogar über das Wasser hinweg von Kreta zum König Eurystheus trug.

Damit hatte er die siebente Arbeit vollbracht.

DIE WILDEN STUTEN

Nun verlangte Eurystheus, Herakles solle die Pferde des Thrakerkönigs Diomedes nach Mykene bringen. Dieser König, ein Sohn des Kriegsgottes Ares, besaß Stuten von solch ungestümer Wildheit, daß sie mit eisernen Ketten an eherne Krippen gebunden werden mußten. Als Futter wurden ihnen die Fremdlinge, die das Unglück hatten, an den Königshof verschlagen zu werden, zum Fraße vorgeworfen.

Ohne Zaudern ging der Held auch an diese Arbeit. Als König Diomedes sich weigerte, die wilden Stuten freiwillig herauszugeben, warf Herakles den unmenschlichen König selber den Untieren vor. Da legten die Stuten plötzlich alle Wildheit ab und ließen sich zahm und gefügig zum Gestade treiben. Glücklich gelangte er mit ihnen zu Schiff nach Argos und überbrachte sie dem Eurystheus.

Dies war die achte Arbeit des Herakles.

DER GÜRTEL DER AMAZONENKÖNIGIN

Fern am Schwarzen Meere wohnten die Amazonen, ein wildes, tapferes Frauenvolk, das nur Männerhandwerk, Kriegführen, Reiten und Jagen, betrieb.

Der habgierige Eurystheus nun hatte von dem goldenen, mit Edelsteinen besetzten Gürtel gehört, den die Königin Hippolyte als Geschenk des Kriegsgottes Ares trug, und begehrte ihn für seine eigene Tochter. Er ließ Herakles zu sich kommen und trug ihm als neunte Arbeit auf, den kostbaren Gürtel herbeizuschaffen.

Unverdrossen ging der Held wieder ans Werk. Er wußte, daß es für ihn unmöglich sei, das mannhafte Frauenvolk allein zu bestehen, und ließ deshalb in Griechenland von Königsburg zu Königsburg zu einem Feldzug gegen die Amazonen aufrufen. Von allen Seiten strömten ihm Freiwillige zu. Herakles sammelte sie auf einem Schiffe und fuhr zum fernen Pontos.

Die schöne Königin blickte mit Achtung und Wohlgefallen auf den Helden und war gern bereit, ihm den geforderten Gürtel zum Geschenk zu machen. Aber Hera, die Gemahlin des Zeus, zürnte Herakles noch immer. Sie mischte sich in der Gestalt einer Amazone unter die Menge und verbreitete das Gerücht, der Fremde wolle die Königin gewaltsam entführen.

Da schwangen sich die wehrhaften Frauen auf ihre Pferde und drangen auf Herakles und seine Gefährten ein. Es war eine ungleiche Schlacht, die sich nun entspann, denn die Griechen mußten zu Fuß kämpfen. Wäre nicht Herakles mit seiner überlegenen Götterkraft gewesen, hätten die Männer sicherlich unterliegen müssen. Die vornehmsten und tapfersten Amazonen suchten den Helden im Kampfe, aber sie konnten seiner

Kraft nicht widerstehen und sanken in den Staub. Schließlich wandten sich alle zur Flucht, und die Königin gab den Gürtel als Lösegeld heraus.

Nachsichtig schonte der edle Held die Besiegten und fuhr mit dem erbeuteten Gürtel zu Eurystheus zurück.

DIE RINDER DES GERYONES

Für Eurystheus, der dem verhaßten Herakles so sehr den Tod wünschte, wurde es immer beängstigender, daß der Held alle Aufträge ausführte, ohne den drohenden Gefahren zu erliegen. Als er nun aus dem Amazonenkampf unversehrt heimkehrte, trug der König ihm eine noch schwerere Aufgabe auf, die, so dachte er, ihm sicherlich nicht gelingen werde. Er schickte ihn sogleich aus, die Rinder des Riesen Geryones herbeizuschaffen.

Geryones, ein urgewaltiges Ungeheuer, wohnte auf einer Insel nahe Hispanien, besaß drei Köpfe, drei Leiber und je sechs Arme und Beine. Seine Rinder galten als die allerschönsten und wurden von einem anderen Riesen und einem zweiköpfigen Hirtenhund bewacht.

Herakles landete in Libyen und mußte hier mit dem Riesen Antaios ringen, einem Sohne der Erde, der immer neue Kräfte aus der Berührung mit seiner Mutter erhielt. Herakles aber packte ihn mit seinen gewaltigen Fäusten, hielt ihn in die Höhe, daß er der Erde fern war, und drückte ihn zu Tode.

Nach langer Wanderung durch die wasserlose Wüste gelangte er an den Atlantischen Ozean. Hier errichtete er die beiden berühmten Säulen des Herakles. Nach mancherlei Gefahren gelangte er schließlich zu der Insel, wo die Rinder des Geryones weideten. Sofort ging der doppelköpfige Hund auf ihn los; doch Herakles empfing ihn mit erhobener Keule und schlug ihn nieder, bevor er zupacken konnte. Auch der Riesenhirt, der seinen Rindern Menschen zum Fraße vorzuwerfen pflegte, erlag den Keulenhieben des Helden.

Doch ehe Herakles die Rinder forttreiben konnte, eilte Geryones selbst herbei und stellte ihn zum Kampfe; Hera, die unversöhnliche Feindin des Herakles, stand dem Riesen bei. Aber den fürchterlichen Pfeilen konnte er nicht widerstehen, und trotz seiner dreifachen Leibeskräfte erlag er dem Helden.

Nun machte Herakles sich auf den Heimweg. Er trieb die Rinder durch Spanien und das südliche Frankreich, überquerte die Alpen und kam durch Italien. In Ligurien mußte er sich der Angriffe der Einwohner erwehren, die ihn heftig bedrängten, um ihm die prächtigen Rinder zu rauben. Zeus selber half seinem Sohne, indem er einen Steinregen sandte. Herakles schleuderte die Steine auf die Angreifer, daß sie erschreckt den Weg freigaben. Noch mancherlei Abenteuer hatte er zu bestehen, bis er die Rinder dem Eurystheus übergeben konnte und damit die zehnte Aufgabe erfüllt hatte.

DIE ÄPFEL DER HESPERIDEN

Als nächste Arbeit trug Eurystheus dem Helden auf, die goldenen Äpfel der Hesperiden herbeizuschaffen, die am Westgestade des Weltmeeres in einem heiligen Garten wuchsen. Vier Jungfrauen, die Hesperiden genannt, bewachten sie, unterstützt von einem hundertköpfigen Drachen.

Wie sollte Herakles ohne Wegweisung überhaupt zu den Hesperiden finden? Wieder lauerten viele Abenteuer am Wege; mit gefährlichen Riesen galt es zu kämpfen und sogar den Kriegsgott selber im Kampfe zu bestehen. Endlich erzwang er sich vom Flußgotte Nereus Auskunft über den Weg. Er zog durch Libyen und Ägypten und gelangte schließlich in das Land, wo Atlas die Last des Himmels trug. Er war der Oheim der Hesperiden, und Herakles bat ihn, die Jungfrauen zu überreden, sie möchten ihm doch die Äpfel schenken. Er selber erbot sich, in der Zwischenzeit das Himmelsgewölbe auf seine Schultern zu nehmen. Atlas erklärte sich bereit, und der

Halbgott stemmte an seiner Statt die mächtigen Schultern unter das Himmelsgewölbe. Atlas begab sich indessen zum Garten, schläferte den Drachen ein, nahm den Jungfrauen die goldenen Äpfel und brachte sie Herakles. Aber nachdem Atlas nun einmal empfunden hatte, wie angenehm es sei, vom Tragen des Himmelsgewölbes frei zu sein, weigerte er sich, die Last wieder auf seine Schultern zu nehmen. Doch Herakles war schlauer als er. „So laß mich nur einen Augenblick ausruhen“, bat er, und Atlas willigte ein, ihn abzulösen. Da nahm der Halbgott die goldenen Äpfel auf und machte sich grußlos davon.

HERAKLES IN DER UNTERWELT

Mit Schrecken sah der arglistige Eurystheus, der nichts als Schande und Bedrängnis auf den Helden zu häufen wünschte, daß Herakles aus jedem Abenteuer nur stärker hervorging. Nicht Schmach und Schande hatten ihn getroffen, sondern jede der Arbeiten hatte zu seinem Ruhme beigetragen. Man pries ihn als den Wohltäter der Bedrängten, der dem Unrecht wehre und die Unmenschlichkeit bekämpfe.

Aber der tückische Eurystheus wollte seine Macht noch einmal voll auskosten: Der letzte Auftrag, den er Herakles erteilte, lautete, den Höllenhund Kerberos aus dem Hades heraufzubringen. Dort in der Unterwelt, so hoffte Eurystheus, werde dem Helden die göttliche Abstammung nichts helfen.

Der Höllenhund war groß wie ein Elefant und hatte drei Hundsköpfe mit scheußlichen Rachen, aus denen unaufhörlich Gift und Geifer flossen. Jeder der Köpfe trug eine Mähne aus gräßlich geringelten Schlangen, und sein Schweif selbst war ein Drache.

Hermes, der Begleiter der Seelen, führte den Helden selber auf seinem gefährlichen Wege. Am Vorgebirge Tainaron stiegen sie durch mächtige Felsspalten und Höhlengänge in den Hades hinab bis an den Fluß Styx, der die ganze Unterwelt umfließt. Keine Brücke wölbt sich von Ufer zu Ufer, nur der Fährmann Charon führt in seinem Kahne die Seelen der Gestorbenen hinüber.

Charon weigerte sich erst, die schwere Last des Herakles in seinem leichten Kahne überzusetzen; doch der Held zwang ihn zum Gehorsam. Hermes wies ihm dann den Weg bis vor König Plutons Stadt. Von Schrecken gepackt, ergriffen die Schatten der Verstorbenen die Flucht, als sie einen lebenden Menschen aus Fleisch und Blut erblickten. Da erschien dem Helden das Haupt der Medusa, die jeden, der vor ihr Schrecken zeigte, in Stein verwandelte; Herakles aber fürchtete sich nicht vor ihr, sondern vertrieb sie mit seinem Schwerte.

Pluton selber stand am Tor der Totenstadt und verwehrte dem Lebenden den Zugang. Auch ihn vertrieb der Held mit seinem Bogen und stellte nun den Höllenhund zum Kampfe. Herakles trug seinen Brustharnisch, den Hephaistos ihm geschenkt hatte, und wickelte die Löwenhaut fest um sich. So gewappnet, ging er das Ungeheuer an, packte es am Halse und würgte es mit übermenschlicher Gewalt, obwohl der Schweif des Tieres, der ein lebendiger Drache war, wütend auf ihn einbiß. So überwältigte Herakles das grimmige Untier, hob es auf seine Schultern und trug es zur Oberwelt empor. Eurystheus traute seinen Augen nicht, als er den Helden auch von diesem Abenteuer unversehrt zurückkehren sah. Entsetzt verkroch er sich im hintersten Gewölbe seines Palastes, als Herakles ihm das gefesselte Ungeheuer entgegentrug und damit auch die letzte Arbeit vollendet hatte. Wider seinen Willen mußte er dem verhaßten Zeussohn zugestehen, daß er gehorsam und geduldig die gottgebotene Arbeit auf sich genommen und treu ausgeführt hatte.

DIE LETZTEN ABENTEUER DES HERAKLES

Zwar war der Held nach göttlichem Beschluß aus der Dienstbarkeit des Eurystheus befreit, aber noch war ihm nicht bestimmt, ein glückliches Leben zu führen. Als er einst das Unglück hatte, in zorniger Aufwallung seinen Freund Iphitos, den Sohn des Königs von Oichalia, zu töten, da strafte Zeus ihn mit einem hitzigen Fieber, das ihn in Wahnsinn versetzte. In diesem Zustande vollführte er manche unselige Tat und scheute sich nicht, die Götter gröblich zu beleidigen.

Da verkündete ihm das Orakel, er werde nur dann von Krankheit und Raserei genesen, wenn er sich abermals drei Jahre als Sklave verdinge. Bestrebt, wieder auf den rechten Pfad zu gelangen, folgte er der göttlichen Weisung und trat in die Dienste der Königin Omphale von Lydien. Doch die trieb nur Spott mit ihm, ließ ihn Frauenkleider anziehen und spinnend unter den Mägden sitzen, während sie sich selber seine Löwenhaut umhängte.

Als diese neue Zeit der Prüfung vorüber war, erwachte Herakles wie aus langem Schlafe. Er spürte, wie die alte Heldenkraft sich wieder in seinem Herzen regte, und es trieb ihn, auf neue Abenteuer auszuziehen.

Mancherlei wunderbare Taten hatte der Held schon vollbracht, als er nach Kalydon in Aitolien zum König Oineus kam. Herakles bekämpfte Laomedon, den Erbauer Trojas, und nahm ihm das Leben. Auch an König Augias, der ihm einst den versprochenen Lohn vorenthalten hatte, übte er tödliche Rache. Nach diesem Siege setzte der Held die Olympischen Spiele ein und weihte Pelops, ihrem ersten Stifter, einen Altar.

König Oineus hatte eine wunderschöne Tochter mit Namen Dëianeira. Um sie freite der Flußgott Acheloos, doch der Vater sagte sie dem zu, der im Wettkampf den Sieg davontragen würde.

Bald darauf begann der Kampf der beiden Brautwerber. In übermenschlichem Ringen gelang es Herakles endlich, den Gegner niederzuwerfen. Doch der verwandelte sich sogleich in eine Schlange. Herakles aber, der schon so viele Schlangenungeheuer vernichtet hatte, zögerte nicht, sie am Genick zu packen. Und sicherlich hätte er sie erwürgt, wenn der Feind ihm nicht entschlüpft und darauf als gewaltiger Stier entgegengetreten wäre. Auch diesen überwand Herakles und brach ihm ein Horn ab.

Nun endlich gab der Flußgott sich bezwungen und überließ die Braut dem siegreichen Nebenbuhler. Dëianeira reichte ihm die Hand zum Ehebund.

DER KENTAUR NESSOS

Aber noch war der Leidensweg des vielgeplagten Herakles nicht zu Ende. Als er sich mit seinem Weibe einst auf der Wanderung nach Theben befand, mußten sie einen Fluß überqueren, der hoch angeschwollen war. Dort waltete der Kentaur Nessos als Ferge seines Amtes, indem er die Reisenden auf seinem starken Rücken hinübertrug. Herakles bedurfte dessen Hilfe nicht, aber er überließ seine Gattin dem Kentauren, der sie rüstig durch die Furt trug. In der Mitte des Flusses aber, als Herakles schon das Ufer erreicht hatte, wagte der ungefüge Gesell, die Hand nach der schönen Frau auszustrecken. Herakles hörte ihren Hilferuf und griff schnell entschlossen zum Bogen. Ehe der rohe Kentaur der Gattin Gewalt antun konnte, traf ihn der unfehlbare Pfeil. Nessos aber sann noch im Sterben auf Rache. Er hieß die leichtgläubige Dëianeira sein Blut auffangen, das ihm aus der Wunde quoll. „Wenn du damit das Gewand deines Gatten tränkst", redete er ihr zu, „so darfst du für alle Zeiten seiner Liebe sicher sein. Niemals wird er dann ein anderes Weib mehr lieben als dich!" Gutgläubig vertraute Dëianeira der Weisung des Sterbenden. – Gar bald hatte sie Grund, von dem Geschenk des Nessos Gebrauch zu machen. Im Kampfe gegen den König von Oichalia, mit dem er in altem Zwiste lebte, hatte Herakles den König mit seinen drei Söhnen erschlagen und die Tochter Iole als Gefangene mit sich geführt.

Dëianeira aber sah in der schönen Jungfrau die gefährliche Nebenbuhlerin und gedachte, sich die Liebe ihres Gatten zu sichern. Sie bereitete für ihn, als er Zeus ein Dankopfer darbringen wollte, ein neues Gewand und tränkte es mit einer Salbe aus dem Blute des getöteten Kentauren.

Ahnungslos legte Herakles das Festgewand der Gattin an und begann die Opferung der stattlichen Stiere. Kaum jedoch erwärmte sich das Hemd auf seinem Körper, als er einen brennenden Schmerz fühlte. Es war, als fräße eine giftige Natter an seinem Leibe.

Der Held brüllte auf und versuchte in rasendem Zorn, sich das unselige Gewand vom Leibe zu reißen, aber es hielt wie angewachsen fest. Niemand durfte es wagen, sich dem wütenden Helden zu nähern, der sich bald am Boden wälzte, bald heulend aufsprang, daß rings die Berge und das waldige Gestade widerhallten.

Dëianeira, seine unglückselige Gemahlin, hörte die schaurige Nachricht und stürzte sich in ihrer grenzenlosen Verzweiflung in den Tod, ehe der todgeweihte Herakles, von treuen Dienern geleitet, den Palast erreichte. Voll Wehmut mußte er erkennen, daß er ihr mit seinen Schmähungen Unrecht getan; sie hatte ja nur aus reiner Liebe zu ihm gehandelt.

Dann ließ sich der Sterbende, allen Qualen zum Trotz, auf den Gipfel des Oetaberges führen. Auf einem mächtigen Scheiterhaufen, den er zu errichten gebot, ließ er sich ruhig nieder. Noch einmal blickte der gewaltige Held, der die furchtbarsten Kämpfe mutig und unversehrt bestanden hatte und nun so elend den Ränken eines Heimtückischen zum Opfer fiel, über die Schar seiner treuen Freunde; doch niemand wollte seinem Gebote, den Holzstoß zu entzünden, gehorchen. Plötzlich aber schlugen die Blitze des Zeus in den Scheiterhaufen und ließen ihn in feuriger Lohe hell aufflammen, daß sogleich alles Sterbliche an Herakles verzehrt wurde. Da senkte Zeus eine Wolke herab und trug den Unsterblichen unter Donnergrollen zum Olymp empor.

DIE ARGONAUTEN

PHRIXOS UND HELLE

Im Lande Thessalien lebte mit Nephele, seiner Gattin, und seinen Zwillingskindern Phrixos und Helle der König Athamas. Aber er war von grimmer Sinnesart und verstieß seine Gattin, um eine andere Frau, Ino, zu heiraten. Die Stiefmutter behandelte die unschuldigen Kinder, und besonders den jungen Phrixos, sehr schlecht, bis schließlich Nephele, die Mutter, mit Hilfe des Gottes Hermes für ihre Kinder eintrat. Sie schenkte ihnen einen Widder von göttlicher Herkunft, der auf den Wolken laufen konnte; sein Fell, das man auch Vlies nannte, war von purem Golde. Sie sollten auf ihm durch die Lüfte nach Kolchis reiten, so lautete die göttliche Weisung an das Geschwisterpaar.

Der Widder kannte den Weg und führte die beiden schnurstracks davon. Als die Jungfrau, die angstvoll den Arm um den Bruder geschlungen hielt, unterwegs in die grausige Tiefe blickte, ergriff sie jäh der Schwindel, so daß sie hinabstürzte; sie fand den Tod in dem Meere, das nach ihr seither den Namen Hellespont, das heißt Meer der Helle, trägt. Phrixos war untröstlich in seinem Schmerz, aber er mußte den Wolkenritt fortsetzen. Unversehrt langte er in Kolchis an, wurde gastfreundlich aufgenommen und opferte den Widder zum Danke den Göttern. Das goldene Vlies nagelte er an einen Eichbaum, den König Aietes, der zauberkundige Sohn des Gottes Helios, durch einen ungeheuren Drachen bewachen ließ. Das Orakel nämlich hatte dem König einst geweissagt, sein Leben werde nur dauern, solange er im Besitze des Widderfelles bleibe. Phrixos fand bald darauf den Tod im fremden Lande.

PELIAS UND IASON

In späterer Zeit nun herrschte in Thessalien der König Pelias. Er hatte sich vor Jahren mit Gewalt des Thrones bemächtigt, der seinem älteren Bruder Aison als rechtmäßigem König gehörte. Aisons Sohn, der junge Iason, war rechtzeitig von treuen Dienern außer Landes gebracht worden, wo er bei dem Kentauren Cheiron, dem Erzieher vieler großer Helden, sicher aufwuchs.

Pelias, der inzwischen alt geworden war, wußte nicht, daß der Sohn seines Bruders damals gerettet worden war. Nun ängstigte ihn ein dunkler Orakelspruch, der ihn vor einem „Mono-Sandalos“, einem „Einsandaler“, warnte: „Hüte dich vor einem Mann, der in nur einem Schuh vor dich tritt, denn er wird dir dein Königreich nehmen.“ Vergeblich grübelte Pelias über den unerklärlichen Sinn des Götterspruches. Als er nun eines Tages inmitten des Volkes den Göttern sein Opfer darbrachte, trat ein wandernder Held vor ihn hin. Alle Leute staunten über seinen majestätischen Wuchs und seine königliche Schönheit. Pelias aber bemerkte mit Schrecken, daß an dem einen Fuße des Ankömmlings der Schuh fehlte!

Es war Iason, des Königs Neffe, der, zum Manne erwachsen, sich aufgemacht hatte, sein Recht auf den väterlichen Thron zu verlangen; auf der Wanderung war ihm der Schuh im Schlamm eines Baches steckengeblieben.

Pelias war klug genug, ihn freundlich aufzunehmen. Und als Iason sein Erbe verlangte, da stimmte er ihm sogleich zu: „Gern, Neffe, willfahre ich deinem Wunsche“, sagte er heuchlerisch; „doch zuvor bitte auch ich dich um einen Gefallen. Es wird dir nicht schwer sein, ihn mir zu erweisen. Schon lange drängt es mich, das goldene Vlies zu besitzen, dessen hohen

Wert man überall rühmt. Geh du für mich, da ich schon zu alt für solche Männertat bin, und hol mir das Kleinod! Wenn du mit der Beute heimkehrst, so sollst du den Thron an meiner Stelle besteigen!" Im Herzen aber dachte der heimtückische König, der Neffe werde bei der gefährlichen Unternehmung sein Leben einbüßen.

DIE ARGOSCHIFFER

Iason ahnte nicht die bösen Absichten des Oheims. Zwar wußte er von den gefährlichen Abenteuern, die drohend am Wege zum goldenen Vlies lauerten, doch es reizte den jugendlichen Helden, sie tapfer zu bestehen.

So sagte Iason sogleich zu und rüstete ungesäumt zur Fahrt. Er rief die kühnsten Helden Griechenlands zu dem Unternehmen auf. Am Fuße des Berges Pelion ließ er ein Schiff bauen. Athene selber half ihm dabei, und die „Argo", die nach den Weisungen der Göttin entstand, wurde ein Wunderschiff, wie man es bisher noch nicht geschaut hatte; es war leicht und pfeilschnell, dazu mit dem schönsten Schmuck versehen. Die Helden, die unter Iasons Führung auszogen, nannten sich nach dem herrlichen Schiffe Argonauten, die Argoschiffer. Berühmte Namen waren unter ihnen, Zetes und Kalaïs, des Windgottes geflügelte Söhne, der gewaltige Herakles und Peleus, der Vater des Achilleus, der scharfblickende Lynkeus und Telamon, der Vater des Aias. Auf der anderen Seite des Schiffes hatte sich Orpheus, der berühmte Sänger, niedergelassen, dazu der junge Theseus und viele andere berühmte Helden – wer will sie alle nennen, die der erhoffte Ruhm zu Fahrtgenossen Iasons machte!

DURCH ABENTEUER UND GEFAHREN

Die Argonauten hatten vielerlei Kämpfe und Abenteuer auf ihrer Fahrt zu bestehen. Auf der Insel Lemnos hatten die Einwohnerinnen ihre Männer erschlagen, um selber die Regierung zu führen; da sie jedoch bald die Grenzen ihrer Frauenkraft einsehen mußten, versuchten sie die Argonauten zu bewegen, auf der Insel zu bleiben. Aber Herakles bewog die Freunde, freilich mit großer Mühe, Lemnos wieder zu verlassen.

Als die Helden auf einer kleinen Insel an der phrygischen Küste haltmachten, sollte sie ein großes Mißgeschick treffen. Dort wohnten wilde, sechsarmige Riesen zusammen mit dem friedlichen Volke der Dolionen, die im Schutze ihres Stammvaters, des Meergottes, lebten. Kyzikos, dem König der Dolionen, war durch Orakelspruch aufgetragen, die göttliche Schar der Heroen liebreich aufzunehmen; so schritt er den Argonauten freundlich entgegen und hieß sie in seinem Hafen ankern. Gastfrei spendete der junge König den Seefahrern alles, was sie bedurften, Wein und Brot und Schlachtvieh, hieß sie von den Mühen der Reise ausruhen und wies ihnen den Weg für die Weiterfahrt.

Doch die Riesen der Insel, die von der Ankunft der Fremdlinge gehört hatten, brachen in das Gebiet der Dolionen ein und versuchten, den Hafen, in dem die Argo vor Anker lag, durch mächtige Felsblöcke zu sperren. Ein wilder Kampf entspann sich. Herakles' Pfeile wüteten schrecklich unter den Angreifern, und alle Helden stritten so tapfer für ihre Freiheit, daß die Riesen weichen mußten.

Iason drängte sogleich zur Weiterfahrt und löste bei günstigem Winde die Ankertaue; doch bald erhob sich ein furchtbarer Sturm und brachte die Helden in Seenot. Der Strand, auf den sie geworfen wurden, erschien ihnen unbekannt – sie ahnten nicht, daß es das Gebiet der Dolionen war, das sie wieder betraten. Auch die Bewohner, deren Gastrecht die Argonauten soeben erst genossen hatten, erkannten im nächtlichen Dunkel die Eindringlinge nicht, griffen zu den Waffen und suchten sie aus ihrem Lande zu treiben. Nur mit Mühe konnten Iason und seine Gefährten sich der Feinde erwehren; doch dann drängten sie die Verteidiger vom Strand bis in ihre feste Stadt zurück.

Als der Morgen das Kampffeld erhellte, erkannten beide Parteien den furchtbaren Irrtum. Das Geschick hatte es gefügt, daß Iason selbst seinen lieben Gastfreund, den jungen König der Dolionen, im Kampfe erschlagen hatte.

In tiefer Trauer erwiesen sie, Argonauten und Dolionen, den Gefallenen die letzte Ehre, bestatteten sie am Gestade des Meeres und veranstalteten feierliche Kampfspiele zum Gedächtnis der Toten.

Nach dem Willen der unsterblichen Götter war für Herakles eine neue Aufgabe vorgesehen. Als die Argo bei der Stadt Kios gelandet war, kehrte Hylas, sein junger Freund und Diener, von einem Gange in den Wald nicht zurück; die Quellnymphe hatte den Jüngling, von seiner Schönheit bezwungen, zu sich in die Tiefe hinabgezogen. Auf der Suche nach dem Freunde versäumte Herakles die Abfahrt des Schiffes, und als der Meergott Glaukos den Argoschiffern verkündete, Herakles sei nach dem Willen der Götter für ein anderes Schicksal bestimmt, mußten sie ohne den bewährten Freund die Fahrt fortsetzen.

Das Schiff trug die Argonauten weiter übers Meer und führte sie an die Küste Bithyniens, wo der König Phineus herrschte. Er hatte einst Zeus erzürnt und war deshalb von schwerer Strafe getroffen worden: Er war erblindet und hatte als schreckliche Gefährten die Harpyien, abscheuliche Wundervögel. Wenn er sich zu Tische setzte, so erschienen die gräßlichen Tiere, raubten die Speise und beschmutzten, was sie nicht fortschleppen konnten. Ihre Eisenhaut aber, die sie wie ein Panzer umschloß, schützte sie vor den Waffen der königlichen Wächter, welche die Harpyien von ihrem blinden Herrn abzuwehren suchten.

Phineus hörte mit größter Freude von der Ankunft der Argoschiffer, denn ihm war geweissagt, die Söhne des Windgottes würden einst seiner Qual ein

Ende machen. Soweit seine schwachen Kräfte es noch zuließen, schritt er den landenden Argonauten entgegen und bat sie flehentlich um Hilfe. Er war wie sie ein Grieche, und des Boreas Söhne, die der Orakelspruch ihm als Retter verheißen hatte, waren seine leibhaftigen Schwäger. Froh umarmten ihn Zetes und Kalaïs und machten sich sogleich daran, seine Qual zu beenden. Sie bereiteten ihm sein Mahl, und kaum hatte Phineus sich zu Tische gesetzt, da stürzten sich auch schon die gierigen Vögel herab, ihm das Essen zu rauben. Die geflügelten Boreassöhne aber drangen sogleich auf die ungeheuren Wundervögel ein, verfolgten die Flüchtigen durch die Luft und übers weite Meer und bedrängten sie so hart, bis Zeus die Götterbotin Iris sandte und durch sie versprach, daß die schrecklichen Tiere den blinden Phineus künftig in Ruhe lassen sollten.

Da war die Aufgabe der beiden geflügelten Kämpfer gelöst, und schnell kehrten sie zu den Gefährten zurück.

Der blinde König war voll Sorge um das weitere Geschick seiner Retter, denn seine Sehergabe hatte ihnen gefährliche Abenteuer verkündet. Auf dem unendlichen Meer, das sie durchqueren mußten, schwammen die Symplegaden. Es waren zwei mächtige Felsen, die mit ungeheurer Gewalt zusammenschlugen und dann wieder auseinanderfuhren. Zeus selber hatte sie dorthin gesetzt, um jedes Schiff zu hindern, nach Kolchis zu gelangen. Sobald ein Fisch hindurchschwamm, ein Vogel hindurchflog oder gar ein Schiff hindurchfuhr, prallten die schwimmenden Felseninseln mit ungeheurer Gewalt zusammen. „Als Dank für eure Hilfe“, sagte Phineus zum Abschied, „nehmet diesen Rat: Schickt eine Taube voraus, die die Felsen zusammenschlagen läßt, und nutzt sodann das Zurückprallen der Steinwände aus, euer Schiff hindurchzusteuern!“

Bei günstigem Winde setzte Iason mit den Gefährten die Seereise fort. Schon von weitem klang über die Wellen das erschreckende Tosen und Krachen, mit dem das felsige Inselpaar zusammenstieß. Als die Helden in die Nähe gelangt waren, ließ einer von ihnen auf Geheiß Iasons eine Taube fliegen. Furchtlos schoß das Tier auf den Engpaß zu. Doch schon näherten sich mit rasender Geschwindigkeit die Felsen, stießen zusammen und rissen der Taube die Schwanzfedern ab. Da, als die Steinwände auseinanderfuhren, legten sich alle Männer mächtig in die Riemen und ließen sich vom Strudel mitreißen. Eine ungeheure Meereswoge hob das Schiff in die Höhe, doch ehe es die Enge ganz durchquert hatte, näherten sich schon wieder die drohenden Felswände. Da half die Göttin Athene ihren bedrängten Schützlingen in der höchsten Not; sie gab der Argo einen Stoß, daß das Schiff glücklich der Gefahr entkam. Nur die äußersten Planken des Hecks wurden von den Felswänden getroffen.

Wie atmeten die Helden auf, als die freie See wieder vor ihnen lag! „Laßt uns der Schutzgöttin danken!" rief Iason den Gefährten zu, „nun wissen wir, daß Athene weiterhin unsere Fahrt gnädig lenken wird!"

Die Argo war das erste Schiff, dem es gelungen war, glücklich die Felswände zu durchqueren. Seit jener Zeit ist die Zauberkraft der Symplegaden erloschen – ungehindert kann jedes Schiff hindurchfahren.

Alle anderen Abenteuer würden gering sein gegenüber der Gefahr, die die Symplegaden für die Helden bedeutet hatten, so hatte Phineus, der königliche Seher, vorausgesagt, und wirklich hatten sie nun nichts mehr zu fürchten. Der König der wilden Bebryken, der von jedem Fremden verlangte, sich mit ihm im Faustkampfe zu messen, wurde vom starken Polydeukes, dem Sohn der Leda, besiegt.

Auf Iasons Rat hüteten sich die kühnen Seefahrer, an der Küste des Amazonenreiches vor Anker zu gehen, denn es gelüstete sie nicht, mit dem kriegerischen Weibervolk feindlich zusammenzustoßen. Seltsame Völkerstämme erlebten sie auf ihrer Weiterfahrt. Da waren die Chalyben, die nicht wie andere Menschen den Acker pflügten und bebauten oder Herdenvieh auf den Weiden hielten; sie lebten unter Tage, gruben Erz und Eisen aus der Tiefe der Erde und sahen weder Sonne noch Pflanzen ihr ganzes Leben lang.

Als die Helden später an einer Insel vor Anker gehen wollten, wurden sie von den Stymphaliden angefallen. Nur mit Mühe erwehrten sich die Argonauten der schrecklichen Vögel, die ihre stählernen Stachelfedern aus der Luft herabschleuderten. Mit den Schilden schützten die Männer Haupt und

Glieder vor den herabsausenden Geschossen, bis sie glücklich an der Insel vorbei waren.

Weiter ging die Fahrt dem Ziele entgegen. Schon sahen die Helden in der Ferne die Gipfel des Kaukasus aus den Wellen herauswachsen. Dort begegneten sie auch dem Adler, der auf dem Fluge zu Prometheus war, um nach Zeus' Geheiß an der Leber des Angeschmiedeten zu fressen. Von ferne hallte schaurig das gräßliche Stöhnen des Titanensohnes über die weite Meeresfläche.

DIE ARGONAUTEN IN KOLCHIS

Endlich ankerte die Argo im Flusse Phasis, der Kolchis durchfließt. Froh blickten die Helden auf das Ziel ihrer Fahrt, den heiligen Hain des Ares, in dem der Drache das goldene Vlies bewachte, und dankbar spendeten sie den Göttern ihr Trankopfer.

Den Friedensstab des Hermes in der Hand, schritt Iason mit einigen Gefährten in die Stadt. Wie sollte er vor den König Aietes treten? Sollte er als Fordernder kommen, sollte er es mit Bitten versuchen? Niemand wußte, wie der Kolcherkönig ihn aufnehmen werde.

Hera, die Göttermutter selber, trat dem Unterhändler schützend zur Seite. Sie legte dichten Nebel über die Stadt, damit keiner der Einwohner den Fremden feindlich begegne, und ließ Iason mit den Gefährten ungesehen den Königspalast betreten. Staunend standen sie vor dem mächtigen Königshause, dessen kunstreicher Schmuck aus der Hand des Hephaistos selber stammte.

Da fügte es Hera, daß Medeia, des Aietes Tochter, den Fremdling erblickte, und die Königstochter entbrannte sofort in inniger Liebe zu Iason. Eros, der Liebesgott, hatte sein Geschoß vom gespannten Bogen auf sie schnellen lassen!

Die Argonauten traten vor den Kolcherkönig und gaben sich zu erkennen. „Pelias von Thessalien schickt mich, das goldene Vlies von dir zu fordern“, sagte Iason dann kühn. Den Aietes packte ein furchtbarer Schrecken. Aber er konnte nicht widersprechen, denn ein Orakelspruch hatte einst bestimmt, daß er das kostbare Kleinod nicht verweigern könne, wenn Männer aus Griechenland kämen und es forderten. „Ich werde euch eure Bitte nicht versagen“, erklärte er entschlossen, „doch eine Forderung stelle ich zuvor: Ich habe zwei flammenspeiende Stiere, die Hephaistos selber aus Erz geformt hat. Die sollst du vor den Pflug spannen und mit ihnen, so wie ich es zu tun gewohnt bin, das Feld des Ares beackern. Und in die Furchen sollst du die Saat hineinbringen, die ich dir gebe: Drachenzähne sollst du säen, aus denen eiserne, lanzenbewehrte Männer wachsen werden!“

Iason blickte den König furchtlos an. Mochte Aietes hoffen, daß die schrecklichen Stiere oder die Eisenmänner ihn verderben würden, er wagte es, auf die Bedingung einzugehen. Er gedachte der Weissagung des alten Phineus, der den Argonauten glückhafte Rückkehr verkündet hatte.

DIE KRAFTPROBE

Die schöne Königstochter fühlte sich von einem seltsam zwingenden, süßen Weh zerrissen, gegen das sie sich nicht zu wehren wußte. All ihr Sinnen folgte dem herrlichen Griechen, und in der Stille ihrer Kammer suchte sie Linderung in heißen Tränen, denn niemand durfte ja von ihrer Liebe zu dem Fremdling erfahren.

Als sie endlich erlösenden Schlaf gefunden hatte, weilten auch im Traume all ihre Gedanken bei dem Fremden. Sie sah sich selber im Kampf um das goldene Vlies, hörte Iasons Stimme, der sie als Gattin heimzuführen versprach, und zitterte vor der Weigerung der Eltern, dem griechischen Fremdling seinen Kampfpreis zu geben. In bitterem Schmerze schrien die Eltern auf, als sie die geliebte Tochter davongehen sahen – bei diesem Schrei fuhr Medeia verstört aus dem Schlafe.

Doch ihr Entschluß war gefaßt, Iason im Kampfe beizustehen. Sie reichte ihm einen Saft, der ihn für einen Tag unverwundbar machte und ihm so große Kräfte verlieh, daß er jeden Gegner überwinden würde. Dazu gab sie ihm Ratschläge für den Kampf mit den Eisenmännern.

Der folgende Tag war für den Wettstreit bestimmt. Iason erhob sich in der Frühe, brachte den Göttern seine Opfer und rieb sich mit dem Zaubersaft der Königstochter Gesicht und Gliedmaßen wie auch Rüstung und Waffen ein. Dann ließ er sich getrost von den Dienern des Königs den Stall aufschließen, in dem die schrecklichen Stiere hausten. Aietes hatte seine Waffenrüstung angelegt und war mit seinem ganzen Hofstaate zu dem erregenden Schauspiele erschienen: nur schwer konnte der heuchlerische König seine Schadenfreude verbergen, wenn er an den Ausgang der Kraftprobe dachte, denn er konnte sich ja nichts anderes denken, als daß sein Widersacher von den furchtbaren Stieren elend zermalmt werden würde.

Iason dagegen war voll Zuversicht, denn er spürte, welch übermenschliche Kraft ihn durchströmte. War es die Liebe, die ihm Herz und Arm von bisher unbekannter Stärke schwellen ließ, oder war es Medeias geheimnisvolles Zaubermittel? Herrlich anzuschauen wie der Kriegsgott selber, so wird berichtet, schritt der Held daher. Als die streitbaren Tiere dann mit wütender Gewalt aus dem steinernen Gewölbe hervorbrachen, packte er sie unbekümmert an den Hörnern und zwang sie beide unter das Joch des ehernen Pfluges.

Mit Schrecken sah Aietes, wie der Feueratem, der den Stieren in heftigen Flammenstößen aus dem Maule fuhr, den kühnen Mann ganz unversehrt ließ. Welch geheimnisvolle Kraft mußte der Fremdling besitzen!

Die Freunde reichten ihm den Pflug und sprangen eilig zur Seite, um nicht vom glühenden Atem der Stiere getroffen zu werden. Iason aber trieb das Gespann mit Lanzenstichen rund um den Acker. Mit Kraft drückte er den Pflug in die Erde, so daß die starken Tiere eine tiefe Furche rissen. Als die Sonne auf der Mittagshöhe stand, hatte Iason das ganze Feld umgepflügt. Da löste er die erschöpften Stiere aus dem Joche, ließ sie frei und ergriff den Helm mit den Drachenzähnen, den Aietes ihm gereicht hatte. Er schritt die Ackerfurchen entlang, säte die Zähne nach allen Seiten und ebnete die Schollen mit seinem Spieße.

Mit Jubel begrüßten die Fahrtgenossen Iasons tapfere Tat. Doch er wußte, welch schwere Aufgabe ihm noch bevorstand. Denn als er gegen Sonnenuntergang wieder aufs Feld zurückkehrte, waren schon aus allen Furchen Eisenmänner emporgekeimt. Der ganze Acker glänzte von Waffen – welch seltsames Bild! Einige waren bis an die Füße herausgewachsen, andere bis an die Knie oder die Hüften oder bis zur Höhe der Schultern, von einigen erblickte man nur den Helm oder einen Teil des Kopfes, der übrige Körper steckte noch in der Erde. Wer schon die Arme oberhalb des Erdbodens hatte, schüttelte zornig die Waffen und hieb mit dem Schwerte drein; die aber schon die Füße frei hatten, machten sich daran, auf Iason loszustürzen.

Da tat der Held, wie die schlaue Medeia ihm geraten hatte: Er packte einen riesigen Feldstein und schleuderte ihn mit gewaltigem Schwunge mitten unter die Eisenmänner. Voll Verwunderung starrten alle auf das Schauspiel, das sich nun den Augen bot: Unter den Erdgeborenen erhob sich ein wilder Streit um den Stein. Sie fielen einander mit wütenden Streichen an, auch die zuletzt Entsprossenen stürzten sogleich ins Kampfgetümmel, und im Nu war das weite Feld von Erschlagenen übersät. Mit leichter Mühe wurde Iason Herr der übrigen, die ihre Füße noch nicht aus der Erde gelöst hatten.

König Aietes wußte sich nicht zu fassen in seiner Wut; ihn bewegte nur der Gedanke, wie er den verhaßten Fremdling beseitigen könne. Die Fahrtgenossen aber jubelten dem siegreichen Helden zu, und auch Medeia freute sich im tiefsten Herzen über den Sieg des Geliebten. Aber sie verbarg ihre Freude sorgsam vor den Ihren, denn niemand durfte von ihrer Liebe wissen.

IASON RAUBT DAS GOLDENE VLIES

Voller Zorn sann Aietes auf einen Ausweg, den starken Iason um den versprochenen Kampfpreis zu betrügen. Daß seine eigene Tochter dem verhaßten Fremdling zur Seite gestanden hatte, konnte ihm nicht verborgen bleiben, und dieser Gedanke erfüllte ihn mit besonderem Grimm. Doch Medeia ließ nicht von dem Geliebten. Heimlich entwich sie des Nachts aus des Vaters Palast, schlich zum Schiffslager der Griechen und warnte sie vor der drohenden Gefahr. „Ich will dir helfen, das goldene Vlies zu gewinnen", rief sie Iason zu, „denn nur, wenn du es dem König mit Gewalt zu entreißen wagst, wird es in deinen Besitz gelangen!"

Sogleich brach der Held zu dem gefährlichen Unternehmen auf, denn nur im Schutze der Nacht würde es möglich sein, in den Hain einzudringen. „Wenn du mir dazu verhilfst, das kostbare Kleinod zu gewinnen", sagte Iason und legte den Arm um die Geliebte, „so werde ich dich als mein rechtmäßiges Weib mit in meine griechische Heimat führen!"

Das Vlies war an den Stamm einer Eiche genagelt und wurde von einem mächtigen Drachen bewacht, der keinen Schlaf kannte; das Ungeheuer war unsterblich und schien deshalb unüberwindlich. Wie sollte es Iason je gelingen, ihm das Widderfell zu entreißen?

Hand in Hand mit dem Geliebten schritt Medeia furchtlos auf das Untier zu. Wütend zischte es den beiden entgegen und wälzte zornig den schuppenbewehrten Leib. Die zauberkundige Medeia aber warf ihm zwei süße Kuchen vor, die sie mit einem starken Schlaftrunk getränkt hatte, rief mit schmeichelnder Stimme den Schlaf zur Hilfe und betete zur Göttermutter, sie möge ihr auch bei dieser schweren Arbeit Hilfe spenden. Staunend blickte Iason auf Medeias Zauberkraft; denn schon fiel der schreckliche Kopf auf die Brust herab – der Drache schlief ein! Medeia träufelte zur Vorsicht noch einige Tropfen ihres Zaubertrankes auf ihn und hieß dann Iason unbesorgt über den Schuppenleib hinwegsteigen.

Freudig ging der Held ans Werk. So stand er nun vor der Vollendung seiner Aufgabe, die ihm den angestammten Königsthron geben und die Geliebte bescheren sollte! In aller Eile löste er die Nägel, mit denen das Vlies an den Stamm geheftet war, schlug den Mantel über das Kleinod und floh mit Medeia aufs Schiff zurück. Mit welchem Jubel begrüßten die Argonauten ihren Führer, und mit welcher Freude bestaunten sie das kostbare Vlies, das in der Morgensonne leuchtete!

„Den ruhmvollen Sieg aber", rief Iason den Gefährten zu, „verdanke ich nur dieser herrlichen Jungfrau, die ich als mein liebes Eheweib mit in die Heimat nehmen werde!" Froh umringten alle die schöne Medeia und begrüßten sie als Iasons Gemahlin.

Unter Jubelrufen lösten die Argoschiffer dann sogleich die Taue und wendeten den Bug zum heimatlichen Griechenland. Aietes setzte seine ganze Flotte zur Verfolgung der Flüchtigen an, als ihm der kühne Raub gemeldet wurde. Doch mit Medeias Hilfe wußten die Griechen ihren wütenden Verfolgern zu entgehen. Hera selber war es, die die Heimfahrt der Argonauten schützte. Auf ihr Geheiß senkte sich Iris, die Götterbotin, auf dem bunten Regenbogenpfade bis ins Meer herab und wies den Flüchtigen den Weg durch Abenteuer und Gefahren, bis die Argo unversehrt in den Heimathafen einlief. Dankbar weihte Iason das wunderbare Schiff, das ihn mit den Fahrtgenossen so sicher über die Wellen getragen hatte, dem Meeresgotte Poseidon.

Pelias konnte sich jetzt nicht weigern, sein Wort einzulösen, als Iason ihm das Vlies aushändigte. Er hatte nicht erwartet, den Helden heimkehren zu sehen, und sich nicht gescheut, den alten Aison in der Zwischenzeit aus dem Wege zu räumen; Iasons Mutter hatte sich nach dem gewaltsamen Tode ihres Gatten selbst das Leben genommen.

Für diese Greuel nahm Iason durch Medeias Hand grausige Rache. Sie schlachtete einen alten Widder, kochte die zerstückelten Glieder mit allerlei geheimen Kräutern und ließ durch ihre Zauberkunst plötzlich ein junges

Lämmchen aus dem Kessel springen. Als des Pelias Töchter das Wunder sahen, baten sie Medeia, auch ihren Vater zu verjüngen. Die zauberkundige Kolcherin versprach es, doch als die Töchter den Alten gemordet und in den Kessel geworfen hatten, löste sie ihr Versprechen nicht ein.

Iason jedoch gelangte nicht in den Besitz des väterlichen Thrones, den er sich so tapfer erkämpft hatte. Akastos, der Sohn des Pelias, vertrieb ihn aus dem Lande, so daß er mit Medeia nach Korinth flüchten mußte. Dort lebten die beiden Liebenden viele glückliche Jahre; Medeia schenkte ihrem Gatten zwei Kinder.

Später jedoch geschah es, daß Medeia an der Treue ihres Gatten zweifeln mußte, denn Iason wandte sich Glauke, der Tochter des Korintherkönigs, zu. In ihrem Zorn ließ Medeia die verhaßte Nebenbuhlerin durch ein mit Zaubertränken vergiftetes Gewand, das sie ihr nach erheuchelter Versöhnung zum Geschenk gemacht hatte, einen schrecklichen Tod finden. Ganz zur rasenden Furie geworden, wollte sie Iason die beiden Söhne, die ihrer Ehe entsprossen waren, nicht lassen und tötete sie mit eigener Hand! Iason, der in den Palast stürzte, um die Mörderin zu suchen, fand nur die beiden Söhne in ihrem Blute. Nach Medeia aber spähte er vergeblich aus. Als er voll Verzweiflung das Haus verließ, vernahm er ein seltsames Geräusch über seinem Haupte. Er blickte in die Höhe und sah die fürchterliche Mörderin, wie sie auf einem mit Drachen bespannten Wagen, den ihre Kunst herbeigezaubert hatte, durch die Lüfte davonfuhr.

Da wußte Iason sich in seiner Verzweiflung keinen anderen Ausweg: auf der Schwelle seines Hauses stürzte sich der Held in sein eigenes Schwert.

THESEUS

DIE JUGEND DES HELDEN

Zu der Zeit, da Herakles mit seinen Taten zum Wohltäter der Bedrängten wurde, regierte in Athen der König Aigeus. Seine Stammväter gehörten zu den berühmtesten des Landes und waren nach der Sage dem Boden selbst entsprossen. Darum schmerzte es den König besonders, daß er ohne Erben blieb. Auch vom delphischen Orakel, das er um Rat fragte, wurde ihm keine tröstliche Antwort: „Besser ist es für dich, wenn du keine Söhne hast, König Aigeus; denn der Nachkomme, der dir beschert wird, wird dir dereinst den Tod bringen."

Da gedachte Aigeus, sich heimlich zu vermählen, und als er auf einer Reise bei seinem Gastfreunde Pittheus, einem Nachfahren des mächtigen Pelops, einkehrte, gewann er die Liebe Aithras, der Tochter des Freundes, und nahm sie zur Frau. Nur kurze Zeit blieb er bei ihr in Troizen. Als er wieder nach Athen zurückkehren und Abschied von der jungen Gattin nehmen mußte, barg er Schwert und Sandalen unter einem Felsblock am Ufer. „Wenn die Götter uns einen Sohn schenken", gebot er ihr, „so zieh ihn meiner würdig auf; doch sollst du ihm seine Abkunft nicht verraten. Erst wenn er herangewachsen und selber stark genug ist, diesen Felsen beiseitezuwälzen, soll er meinen Namen erfahren und mich in Athen aufsuchen."

Bald erblickte Aithras Sohn das Licht der Welt. Sie nannte ihn Theseus und ließ ihn unter der Aufsicht des königlichen Großvaters erziehen. –

Theseus entwickelte sich zu einem herrlichen Jüngling, der alle Altersgenossen an Schönheit, Kraft und Klugheit übertraf. Als er herangewachsen war, führte die Mutter ihn zu dem mächtigen Stein am Gestade; mit leichter Mühe hob der starke Sohn ihn auf. Da offenbarte die Mutter ihm seine wahre Abkunft, hieß ihn die Reiseschuhe unter die Füße binden und reichte ihm das Schwert. Doch er weigerte sich, den Seeweg nach Athen zu wählen, wie seine Mutter ihn bat. Der junge Held wollte zu Lande vom Peloponnes über die Meerenge ziehen, denn ihn reizten die Gefahren, die allenthalben drohten, und es trieb ihn, nach dem Vorbilde des Herakles das Land von Räubern und Unholden zu befreien.

DIE WANDERUNG NACH ATHEN

Damals wimmelte das griechische Land von Räubern und Wegelagerern. Sie machten die Straßen unsicher und mißhandelten die Reisenden grausam, die in ihre Gewalt gerieten.

Schon auf dem Wege nach Korinth stieß Theseus sogleich auf einen gefürchteten Straßenräuber, der als der Keulenschwinger berüchtigt war; seine Waffe war eine eisenbeschlagene Keule, mit der er die Wanderer niederschlug. Er wagte sich auch an Theseus heran, der friedlich seines Weges zog, aber der Jüngling erschlug ihn nach kurzem Kampfe. Fortan trug er die Keule des Besiegten als unüberwindliche Waffe.

Den Übergang über den Isthmos von Korinth beherrschte ein nicht weniger gefährlicher Wegelagerer; er wurde der Fichtenbeuger genannt, denn er pflegte die Fremden zwischen die Wipfel zweier mächtiger Fichten zu binden, die er mit seiner gewaltigen Kraft heruntergebeugt hatte. Mit grausamer Lust genoß er dann das Schauspiel, wenn die Armen von den zurückschnellenden Bäumen zerrissen wurden. In diesem Streite kam dem Theseus die erbeutete Keule sehr zustatten; er schlug den Riesen, der grimmig auf ihn losging, mit einem wuchtigen Streiche nieder und ließ ihn seine Untaten in der gleichen Weise büßen, wie er so viele unschuldige Opfer grausam umgebracht hatte.

Die Bewohner der Länder, durch die Theseus zog, priesen seine Heldenkraft, denn überall setzte er sein Leben ein, den Bedrängten zu helfen. So bekämpfte er kühn ein Ungeheuer, das den Bauern furchtbaren Schaden zufügte; es war ein gewaltiges Wildschwein, das übernatürliche Kraft besaß und Äcker und Pflanzungen verwüstete.

Der Held gelangte an die Grenzen von Megara und Attika, wo wieder ein gewaltiger Riese das Land bedrängte. Der saß auf einem steilen Felsen am Meer und zwang die vorüberziehenden Wanderer, ihm die Füße zu waschen; wenn sie diesem Gebote willig nachkamen, stieß er sie ins Meer hinab. Auch ihn überwand Theseus ohne Mühe; und auch ihm widerfuhr nach seiner eigenen frevlerischen Weise sein Recht: Er stürzte von dem steilen Felsen zu Tode.

Unter solchen Abenteuern gelangte der Held in die Nähe von Athen, seinem Reiseziel. Doch ehe er die Stadt betreten konnte, hatte er ein letztes Abenteuer zu bestehen. Dort hauste ein fürchterlicher Riese, den man wegen seines rohen Handwerks nur Prokrustes, den Gliederausrenker, nannte. Dieser Unhold ließ seine Riesenkraft in besonders grausamer Weise an den Reisenden aus. Er besaß zwei Bettstellen, eine lange und eine sehr kurze. Wer nun in seine Gewalt kam, den lud er in sein Haus ein und bewirtete ihn mit heuchlerischer Freundlichkeit. Kam dann die Zeit der Nachtruhe, führte er den Gast in eine seiner beiden Schlafkammern; war der Gast von hohem Körperwuchs, so zeigte er ihm das kurze Bett. „Leider ist die Lagerstatt für dich zu klein, lieber Gastfreund", sagte er mit Hohn; „aber ich werde schnell Abhilfe schaffen!" Und er hieb dem Unglücklichen die Beine ab, soweit sie über das Bett hinausragten. Die Kurzgewachsenen aber führte Prokrustes vor das große Bett und heuchelte nun ebenfalls Bedauern, daß das Bett nicht die rechte Größe habe. „Aber ich werde es dir anpassen", erklärte er höhnisch und reckte dem Wehrlosen die Glieder so sehr in die Länge, daß dieser den Geist aufgeben mußte.

Bei Theseus kam der Unhold an den Unrechten. Als er auch an ihm seine Grausamkeit üben wollte, vertauschte der Held die Rollen. Er packte den Riesen und paßte seine Körperlänge gewaltsam dem kleineren Bette an, so daß Prokrustes elend umkam.

Schnell wurden diese Taten bekannt. Die Bewohner des Landes segneten den Weg ihres Wohltäters, wo er vorüberzog. Ihn selbst aber bedrückte es, daß er durch soviel Blut hatte schreiten müssen. Darum atmete er auf, als er am Kephissosflusse bei den frommen Phytaliden gastfreie Aufnahme fand. Sie reinigten ihn nach ihren ehrwürdigen Bräuchen von allem vergossenen Menschenblut und bewirteten ihn freundlich, ehe er sich nun der Heimatstadt seines Vaters zuwandte.

Der König Aigeus erkannte den Sohn sogleich an Schwert und Sandalen und umarmte ihn voller Freude, daß das Schicksal ihm als Stütze seines Alters und als Nachfolger einen solchen Helden beschert habe. Froh führte er ihn mit auf den Markt und stellte ihn der Volksversammlung als seinen Sohn und Erben vor. Mit Jauchzen begrüßte das Volk den bewährten Jüngling, dessen Ruhm bereits durch den Mund der dankbaren Landbewohner auch in die Stadt gedrungen war.

DIE RETTUNGSFAHRT NACH KRETA

Um jene Zeit lastete schwere Bedrückung auf den Bewohnern Athens. Denn wieder war der Zeitpunkt gekommen, da die Abgesandten des Königs von Kreta in der Stadt eintrafen, den üblichen Tribut zu holen. Dies war schon die dritte Tributgabe, die der König Minos forderte. Vor Jahren hatte er die Stadt in einem schweren Krieg niedergeworfen, da sein Sohn auf der Jagd in Attika getötet worden war. Als Lösegeld hatten die Athener nun alle neun Jahre sieben Jünglinge und sieben Jungfrauen nach Kreta zu schicken, wo diese dem furchtbaren Minotauros zum Fraße vorgeworfen wurden. Es war ein gräßliches Geschöpf, halb Mensch und halb Stier, das in dem berühmten von Daidalos erbauten Irrgarten, dem kretischen Labyrinth, sein Unwesen trieb.

Nun also war die Zeit des dritten Tributes gekommen, und schwere Sorge lag auf den Bürgern, die für ihre Söhne und Töchter fürchteten. Theseus selber war nicht vom Todeslos getroffen worden, aber der Königssohn erklärte sich freiwillig bereit, die Fahrt nach Kreta mit anzutreten. Doch nicht als hilfloses Opfer wollte er dem Ungeheuer vorgeworfen werden – der Held gedachte, es im Kampfe zu bestehen und die Vaterstadt für immer von der schweren Last zu befreien. „Sei unbesorgt", beruhigte er den bekümmerten Vater voller Zuversicht, „ich werde das Untier erlegen!"

Vor der Abreise begab sich Theseus zum delphischen Orakel und gelobte Apollon, ihm jährlich ein Schiff mit Opfern und Weihgeschenken zu schicken, wenn er dem gefährlichen Wagnis zum Erfolg verhelfe. Die Antwort des Gottes schien günstig: „Glücklicher Ausgang wird deinem Unternehmen beschieden sein", verhieß er dem Helden, „wenn du die Liebe zur Führerin wählst."

Vor der Abfahrt verabredete der kühne Jüngling mit seinem Vater, er werde bei erfolgreicher Beendigung seines Zuges die schwarzen Trauersegel mit Freude verkündenden weißen vertauschen.

Theseus führte nun die ausgelosten Opfer nach Kreta. Eingedenk der Weisung des Orakels, die Liebe zum Geleit zu wählen, opferte er der Liebesgöttin Aphrodite.. Der Erfolg schien die Weissagung zu erfüllen, denn, als Theseus den Königshof des Minos betrat, zog ihn dessen schöne Tochter Ariadne, die den Jüngling auf den ersten Blick liebgewann, sogleich in ihren Bann. Sie erklärte ihm die Irrwege des Labyrinths und händigte ihm ein Knäuel Wolle aus, das er am Eingang festbinden und durch alle Irrgänge ablaufen lassen solle, bis er auf den Minotauros stoße. Zugleich gab sie ihm ein geweihtes Schwert, das allen Zauber des Untieres abhalten würde.

Getrosten Mutes ließ sich der Held nun mit den todgeweihten jungen Menschen von Minos in die unterirdischen Gewölbe weisen. Mit der Zauberwaffe der Königstochter überwand er das furchtbare Untier und fand dann mit Hilfe des abgespulten Fadens den Weg wieder in die Freiheit zurück. Auf Ariadnes Rat zerhieb er sodann den Boden der kretischen Schiffe und hinderte so den König Minos, ihn, Ariadne und die befreiten Geiseln auf ihrer Flucht zu verfolgen. Doch auf der Insel Naxos, auf der sie landeten, gebot Gott Bakchos dem Helden im Traume, ihm die schöne Ariadne zur Gemahlin zu überlassen. Voll Trauer gehorchte Theseus der göttlichen Weisung und ließ die wehklagende Königstochter auf der einsamen Insel zurück.

In seinem Schmerze um den Verlust der Geliebten verging dem Befreier alle Freude an der Rettung der athenischen Landsleute; tiefbekümmert saß Theseus am Heck des Schiffes und achtete nicht darauf, daß man unterlassen hatte, die weißen Segel aufzuziehen.

Mit Spannung wartete indessen der alte König Aigeus auf die Rückkehr des Sohnes. Sollte es diesem gelungen sein, das gefährliche Unternehmen zu glücklichem Ende zu führen und die Vaterstadt von der furchtbaren Bedrückung zu befreien? In seiner Besorgtheit erstieg der Greis Tag für Tag selber das Vorgebirge, das den Blick über die offene See freigab. Da endlich tauchten am Horizont die Masten des langersehnten Schiffes auf, und – es führte schwarze Segel! Schwarze Segel als Zeichen der Trauer!

In seinem grenzenlosen Schmerze über den vermeintlichen Tod des Sohnes stürzte sich der verzweifelte König vom Felsen ins Meer, das seit jener Zeit nach ihm das Aegaeische heißt.

Als Theseus dann im Hafen landete und seinen Herold mit der Botschaft von dem glücklichen Ausgang der Fahrt zur Königsburg schickte, fand dieser alles in tiefer Trauer. Betrübt kehrte er zu dem Helden zurück, der am Hafen den Göttern sein Dankopfer darbrachte. Theseus wollte die Nachricht, daß er den Tod des geliebten Vaters verschuldet habe, in seinem großen Schmerze kaum glauben; wie vom Blitze getroffen, stürzte er zu Boden.

So hatte der Orakelspruch sich erfüllt: Die Liebe, die er nach der Götter Geheiß zur Füherin gewählt hatte, brachte ihm den Erfolg – aber welchen Preis hatte er zahlen müssen!

Die Athener empfingen mit lautem Jubel den jungen Helden, dem sie die Rettung der Vaterstadt und die Befreiung vom Tribut verdankten.

DER KAMPF DER LAPITHEN UND KENTAUREN

Lange Jahre verwaltete Theseus nun sein väterliches Erbe mit weiser Tatkraft. Er war es, der die Vielzahl der verstreuten Gemeinden zum athenischen Stadtstaat vereinte und ihm Gesetze und Verfassung gab. Mit seiner Gemahlin Hippolyte, die ihm einen Sohn, Hippolytos, schenkte, lebte er in glücklicher Ehe.

Unzertrennliche Freundschaft verband ihn mit Peirithoos, einem thessalischen Fürsten, der über das wilde Bergvolk der Lapithen herrschte. Er war nach Herakles und Theseus einer der berühmtesten Helden jener Zeit und hatte einst, eifersüchtig auf den Ruhm des Athenerkönigs, eine Begegnung mit ihm gesucht. Als die beiden Helden sich aber zum Kampfe gegenüberstanden, da fühlten sie sich von gegenseitiger Bewunderung und Achtung so sehr ergriffen, daß sie wie auf ein Zeichen plötzlich die Waffen ablegten und Freundschaft schlossen. Sie lebten seither als unzertrennliche Freunde.

Bald darauf heiratete Peirithoos die thessalische Fürstentochter Hippodameia und lud den Freund und Waffenbruder zur Hochzeitsfeier ein. Die Braut, aus dem Stamme der Lapithen, war von lieblicher Schönheit, die nichts von dem rohen Wesen ihrer Landsleute an sich hatte. Die Hochzeitsfeier wurde zu einem großen Freudenfest. Alle thessalischen Fürsten waren geladen, die Lapithen als Verwandte der schönen Braut, und auch die wilden Kentauren fanden sich ein. Sie lagen zwar sonst in ständigem Kampf gegeneinander, doch hatte ihre Verwandtschaft mit dem Bräutigam sie allen Groll vergessen lassen.

Als jedoch der Wein die Stimmung auf den Höhepunkt gebracht hatte, ließ einer der wildesten unter den Kentauren, durch den Anblick der schönen Braut verführt, sich dazu hinreißen, sie dem Bräutigam zu rauben. Und als der Rasende die hilflose Jungfrau an den Haaren aus dem Saale zu schleifen versuchte, wollte auch jeder seiner Gefährten eine der thessalischen Jungfrauen entführen.

Peirithoos stürzte sich mit den Verwandten der Braut auf die Störenfriede, und allen voran stand Theseus dem Freunde zur Seite. Er packte den Entführer, und als der Kentaur sich zur Wehr setzte, schlug er ihn, da er keine Waffe zur Hand hatte, mit einem schweren Trinkgefäß zu Boden.

Die weite Festhalle, aus der eben noch das Freudengeschrei der Feiernden geklungen hatte, war von wildem Kampfgetümmel erfüllt. Das Freundespaar stritt allen Lapithen voran und vertrieb die wütenden Kentauren. Peirithoos aber durfte sich des unbestrittenen Besitzes der Geliebten freuen und entließ den hilfreichen Freund mit Dank und Segenswünschen. Der gemeinsame Kampf hatte die Freundschaft für immer unlösbar geknüpft.

PHAIDRA

Das Alter des Theseus sollte nicht unter dem Glücksstern stehen, der seinem jugendlichen Heldenleben geleuchtet hatte. Als seine Gemahlin Hippolyte gestorben war, suchte der Vereinsamte neues Lebensglück in der Ehe mit der schönen Phaidra, einer jüngeren Schwester der Ariadne. Doch die schöne Frau, die an Gestalt und Klugheit der ersten Geliebten glich, war ihr nicht gleich an Treue und Edelmut. Sie warf bald die Augen begehrlich auf den jungen Hippolytos; zwar war sie sich des Unrechtes, das sie beging, bewußt und suchte die Neigung zu bekämpfen; doch die Leidenschaft war stärker als ihr Wille. Auch fand sie Unterstützung bei ihrer alten Amme, die sie in ihrer Liebe zu dem schönen Jüngling bestärkte. Ja, die Amme ging in Theseus' Abwesenheit soweit, den Jüngling in Phaidras Namen aufzufordern, den eigenen Vater vom Thron zu stoßen und die Herrschaft mit ihr zu teilen. Der unschuldige Hippolytos war über diese

Aufforderung so entsetzt, daß er mit seiner Stiefmutter nicht mehr unter einem Dache weilen wollte. Er eilte zum Haine der Göttin Artemis, der er sein Leben geweiht hatte, und beschloß, dort die Rückkehr des Vaters abzuwarten.

Die harte Zurückweisung durch Hippolytos, die Scham vor sich selbst, die Furcht vor dem Zorn des Königs Theseus und ihre in leidenschaftlichen Haß umgeschlagene Liebe trieben Phaidra in den Tod.

Aber rächen wollte sie sich noch als Tote an Hippolytos. Theseus fand in ihren Händen einen Brief, in dem sie den Jüngling bezichtigte, sie gegen ihren Gemahl aufgehetzt und in den Tod getrieben zu haben.

Voll Entsetzen ob dieses unfaßbaren Schicksalsschlages stand Theseus vor der Leiche des geliebten Weibes. Doch dann flehte er in maßlosem Abscheu die Rache Poseidons, seines Schutzgottes, auf den verworfenen Sohn herab: „Laß ihn, ich bitte dich, an diesem Tage die Sonne nicht mehr untergehen sehen.“ In diesem Augenblicke kehrte Hippolytos, der von Theseus’ Rückkehr erfahren hatte, von der Jagd heim, um dem Vater alle Schändlichkeit der Stiefmutter zu offenbaren. Auf Theseus’ Fluchworte antwortete er mit der Ruhe des guten Gewissens. Doch der Vater zeigte ihm die letzten Zeilen der Toten. Von einer Rechtfertigung wollte er nichts wissen; er verwies den Sohn aus dem Lande und wiederholte dabei seine entsetzliche Bitte an Poseidon.

Am Abend des gleichen Tages, ehe die Sonne unterging, erfüllte sich der Fluch des Vaters. Als der unschuldige Hippolytos, dem Verbannungsbefehl gehorchend, die Stadt verließ und die Straße am Meeresufer entlangfuhr, spie die See ein furchtbares Ungeheuer aus, das die Pferde scheuen ließ. In ihrer Angst vor dem Untier, das ihnen bald den Weg versperrte, bald ihnen zur Seite glitt, scheuten die Rosse, der Wagen stürzte um, und der unglückliche Hippolytos, der doch ein Meister im Wagenlenken war, wurde auf den Felsen zu Tode geschleift.

Während Theseus die Nachricht vom Tode des Hippolytos, den er für eine gerechte Strafe seiner Freveltat ansah, ungerührt hinnahm, stürzte wehklagend die frevlerische Amme zu ihm herein. Schreckliche Gewissensbisse zwangen sie, die Schuld der Stiefmutter zu offenbaren. So hatte Theseus an einem Tag sein Weib und seinen Sohn verloren.

Die Athener zeigten ihm, den sie einst als ihren Schutzgott verehrt hatten, nicht mehr die schuldige Dankbarkeit, wandten sich später sogar einem Gegenkönig zu und ließen den Helden, der dem Lande und seiner Vaterstadt so viele Wohltaten erwiesen hatte, in die Verbannung ziehen und dort einen einsamen Tod finden.

OIDIPUS UND SEIN GESCHLECHT

GEBURT UND JUGEND

Vorzeiten herrschte in Theben der König Laïos, ein Nachkomme des Kadmos, des Gründers der Stadt. Lange lebte er mit seiner Gemahlin Iokaste in kinderloser Ehe. Schließlich bat er das delphische Orakel um Rat. Doch dessen Spruch erfüllte ihn mit Schrecken. Wohl verhieß es ihm einen Sohn. „Aber du sollst wissen", setzte der Orakelspruch hinzu, „daß es dir bestimmt ist, durch die Hand deines eigenen Kindes das Leben zu verlieren." Hier sollte sich der Fluch des Königs auf dem Peloponnes erfüllen, dem Laïos in seiner Jugend einst den Sohn entführt hatte.

Als daher dem Königspaar bald darauf ein Sohn geboren wurde, fürchteten sie den drohenden Götterspruch und ließen den Knaben mit durchstochenen Sehnen und gefesselten Füßen im wilden Gebirge aussetzen. Doch der Hirte, dem dieser Auftrag erteilt war, brachte es nicht übers Herz, das unschuldige Kind seinem grausamen Schicksal zu überlassen; er übergab es einem befreundeten Hirten an der Grenze, der die Herden des Polybos, des Königs von Korinth, weidete. Laïos und seine Gemahlin beruhigten sich nach der Aussetzung des Knaben; denn sie konnten nicht anders glauben, als daß das Kind von wilden Tieren zerrissen oder vor Hunger und Durst umgekommen sei. So waren sie von der Furcht, die ihnen der Orakelspruch bereitet hatte, erlöst und wußten sich doch frei von der Schuld des Kindesmordes. „Es ist besser, unser Kind ist auf diese Weise unschuldig gestorben, als daß es herangewachsen zum Vatermörder geworden wäre." So beschwichtigten die königlichen Eltern ihr Gewissen.

Der Hirt des Königs Polybos nahm indessen das Kind voll Mitleid mit zu seiner Frau, löste ihm die gebundenen Füße und verband die durchbohrten Sehnen. Nach seinen gräßlichen Wunden nannte er es Oidipus, den Schwellfuß. Zu arm, um das fremde Kind selbst aufzuziehen, brachte er es dann an den Königshof. Polybos und Merope, die kinderlos waren, fanden solchen Gefallen an dem schöngewachsenen Findling, daß sie ihn als eigen annahmen und aufzogen. Nur wenige im Lande wußten von dem wirklichen Sachverhalt; Oidipus galt als rechtmäßiger Sohn und Erbe des Königspaares und wuchs auch selber in diesem Glauben auf.

DER SPRUCH DES ORAKELS

Doch das Glück, das seiner Jugend zu leuchten schien, wurde durch das neidvolle Wort eines Mißgünstigen jäh zerbrochen. Ein korinthischer Fürstensohn, der das Verhältnis des Oidipus zu seinen Pflegeeltern kannte, warf ihm einst beim Festmahle, vom Wein erhitzt, seine dunkle Abkunft vor. „Wir wissen, daß du dich zu Unrecht königlichen Geblütes rühmst – dabei kennt niemand deinen Vater! Du bist des Polybos rechter Sohn nicht!"

Oidipus wollte sich voll Zorn auf den Beleidiger stürzen, doch er hielt ihn für betrunken und zwang sich, auf die Schmähung nicht zu achten. Aber es ließ ihm keine Ruhe, bis er vor das Königspaar trat und Aufklärung über seine Herkunft verlangte.

Der König und die Königin waren über die Frage des Oidipus zutiefst erschrocken. Sie wollten ihm aber nicht die volle Wahrheit sagen, um ihn nicht zu verlieren. Oidipus ließ sich jedoch nicht beruhigen und ging, ohne Abschied zu nehmen, nach Delphoi, um das Orakel zu befragen. Aber Phoibos Apollon gab ihm keine Antwort auf seine Frage nach Vater und Mutter, sondern stürzte den Unglückseligen in noch schwerere Seelenqualen, als er ihm die grausige Voraussage verkündete: „Du wirst deines Vaters Mörder werden, du wirst deine leibliche Mutter heiraten und verabscheuungswürdige Nachkommen haben."

Entsetzt wich Oidipus vom Heiligtum zurück, das Herz voll unaussprechlicher Angst. Solch verruchtes Tun zu vollführen sei ihm von den Göttern bestimmt?!

Diesem fürchterlichen Schicksal wollte er entgehen. Nie wieder würde er an den elterlichen Königshof nach Korinth zurückkehren, denn niemals, so schwur er sich, dürfe der Götterspruch in Erfüllung gehen! Da das Orakel die Frage nach seiner Herkunft unbeantwortet gelassen hatte, dachte er nicht anders, als daß Polybos und Merope seine wirklichen Eltern seien.

Heimatlos zog der Jüngling von dannen. Er gedachte, sich nach Boiotien zu wenden.

Noch in der Nähe des Orakels begegnete ihm am Ufer des Pleistos in einem tief eingeschnittenen Kreuzweg ein Reisewagen, dessen Lenker den schlichten Wanderer hochfahrend an den Wegrand trieb. Der Jüngling, von Natur jähzornig und durch den schrecklichen Orakelspruch im tiefsten erregt, versetzte dem Manne einen heftigen Stoß. Da schlug der vornehme Greis, der mit seinem Lenker und zwei Bedienten in dem Wagen saß, den Jüngling mit seinem schweren Reisestab.

Der gekränkte Oidipus verlor nun alle Beherrschung. Zum ersten Male gebrauchte er die Riesenkraft, die die Götter ihm verliehen, und hieb auf den Alten ein, daß er rücklings vom Wagensitz taumelte. Auch dessen drei Begleiter griff Oidipus an. Nur einer konnte entrinnen, die andern fielen unter den Schlägen des erregten Jünglings.

Ungerührt setzte er dann seine Reise fort. Die göttliche Drohung lastete so schwer auf seiner Seele, daß er den Zwischenfall schnell vergaß. Was kümmerte ihn der anmaßende Boiotier, gegen den er sich in der Notwehr verteidigt hatte?

Der Unglückliche hatte nicht die geringste Ahnung, daß der Greis, der keinerlei Zeichen einer königlichen Würde getragen hatte, der König Laïos von

Theben gewesen war, er ahnte nicht, daß er seinen leiblichen Vater erschlagen hatte, der sich ebenfalls auf dem Wege zum delphischen Apollon befand.

So hatte sich die furchtbare Weissagung, die Apollon dem König Laïos wie auch dem jungen Oidipus gegeben hatte und der beide entgehen wollten, an ihnen bereits erfüllt.

DIE WEITERE ERFÜLLUNG DES ORAKELSPRUCHES

Um jene Zeit wurde Theben von einem furchtbaren Untier heimgesucht. Es war die geflügelte Sphinx, die des Höllenhundes Schwester und halb Jungfrau, halb Löwin war. Auf einem Felsen vor den Stadttoren hatte sie sich niedergelassen und bedrängte die Menschen mit allerlei Rätseln, die sie von den Musen gelernt hatte. Wer nicht die richtige Lösung zu geben wußte, wurde von dem Untier unbarmherzig zerfleischt.

Zu der Bedrückung durch die Sphinx kam die traurige Kunde, daß der greise König Laïos auf seiner Reise zum delphischen Orakel von unbekannten Tätern erschlagen worden war.

Die Königin Iokaste teilte sich nun mit ihrem Bruder Kreon in den Thron von Theben. Als auch Kreons Sohn von der Sphinx getötet worden war, ließ Kreon öffentlich verkünden, daß der, der die Stadt von der Sphinx befreie, die Königskrone tragen und Gemahl der verwitweten Königin werden solle.

Damals zog gerade der heimatlose Oidipus in die Stadt ein. Weil ihm sein Leben wertlos schien, ließ er sich von dem königlichen Aufruf bestimmen, die Sphinx zu bestehen. Sogleich begab er sich zu ihrem Felsensitz und erklärte sich zum Wettkampf bereit. Das Untier blickte den schönen Jüngling höhnisch an und stellte ihm ein besonders schweres Rätsel: „Am Morgen ist es vierfüßig, am Mittag ist es zweifüßig, am Abend ist es dreifüßig; doch gerade wenn es sich auf den meisten Füßen bewegt, sind seine Glieder am wenigsten kräftig und behende.“

Oidipus konnte das Rätsel ohne Schwierigkeit lösen. „Das Rätsel bezeichnet den Menschen, der sich am Morgen seines Lebens, in der ersten Kindheit, auf allen vieren bewegt. In der Lebenszeit, da seine Kräfte erstarkt sind, bewegt er sich auf zwei Füßen, während der Greis am Abend seines Lebens wiederum eines dritten Fußes, eines Stabes, als Stütze bedarf."

Voller Scham und Wut erklärte die Sphinx sich für besiegt und stürzte sich vom Felsen in den steilen Abgrund. Da strömte aus der Stadt die Menge der Bürger. Sie priesen Oidipus als ihren Befreier und führten ihn in jubelndem Festzuge zur Königsburg. Iokaste reichte dem Retter der Stadt als Lohn ihre Hand zum Ehebund, ohne zu ahnen, daß es ihr eigener Sohn war, und Kreon, ihr Bruder, trat Krone und Macht an den neuen König ab.

EIN GÖTTLICHES STRAFGERICHT?

Lange Jahre lebte Oidipus glücklich an der Seite Iokastes, die ihm vier Kinder schenkte. Die Brüder Eteokles und Polyneikes waren Zwillinge, dann folgten zwei Töchter, Antigone und Ismene.

Niemand, am wenigsten der König selber, ahnte das grausige Geheimnis, das ihn zum fluchbeladenen Frevler hatte werden lassen. Er regierte die Geschicke des thebanischen Staates mit kluger Tatkraft und wurde wegen seiner milden und gerechten Art von allen Untertanen geliebt und geachtet.

Da wurde die friedliche Entwicklung Thebens durch ein schreckliches Unheil jäh unterbrochen. Eine entsetzliche Seuche, die Pest, begann unter dem Volke zu wüten. Alle Versuche der Ärzte und Priester, die Pest mit ihren Mitteln zu bannen, blieben vergeblich.

In ihrer Verzweiflung suchten die Einwohner bei ihrem Könige Schutz. Würde Oidipus, der einst die Stadt von dem Schrecken der Sphinx befreit hatte, nicht auch gegen dieses Unheil Rat und Hilfe wissen?

Ein mächtiger Volkshaufe, Ölzweige der Flehenden in den Händen, wälzte sich unter Klagegebeten zum Königspalast, den Herrscher um seine Hilfe zu bitten. „Wir wissen, daß die Götter dir günstig gesinnt sind“, redete ihn als Wortführer ein Priester an, „denn als du damals die verderbliche Sphinx vernichtetest, ist dies sicherlich nicht ohne die Hilfe der Himmlischen geschehen. Darum vertrauen wir auf dich, König Oidipus, daß du dein Volk auch aus dieser Not befreien wirst!“

Das Herz voll innigen Mitleids, hatte der König diese Worte angehört. Wie sehr schmerzte ihn die Not seines Volkes! Seinen Schwager Kreon hatte er bereits zum delphischen Orakel gesandt, den pythischen Apollon nach dem Grunde des Unheils zu befragen.

Noch während er den Klagenden in freundlicher Milde zusprach, kehrte Kreon von seiner Reise nach Delphoi zurück. Vor dem Angesicht des versammelten Volkes überbrachte er dem König Apollons Antwort: „Willst du das Land von der Gottesstrafe befreien – denn eine Gottesstrafe ist es, die auf uns lastet – so säume nicht, den ruchlosen Frevler, der in unserer Mitte weilt, außer Landes zu jagen; noch ist der Tod des Königs Laïos ungesühnt.“

Oidipus selber ahnte nichts von den wahren Zusammenhängen. Auch als man ihm von der Ermordung des Königs berichtete, der auf der Reise nach Delphoi am Kreuzweg in Boiotien getötet worden sei, blieb sein Geist noch mit Blindheit geschlagen. „Ich werde die Nachforschungen nach dem ruchlosen Täter selber betreiben“, erklärte er dem Volke und entließ es; „und ich werde nicht rasten, bis ich ihn aus unserer Mitte gestoßen und damit das Unheil von uns allen genommen habe.“

Sogleich ließ Oidipus im ganzen Lande und weit über die Grenzen hinaus öffentlich ausrufen, wer von dem Mörder des Königs Laïos irgendeine Kunde habe, der solle es am Königshofe bei hohem Lohn und Dank des Vaterlandes ansagen. „Auf ewig verflucht soll jeder Mitwisser sein, der seine Kenntnis nicht zum Nutzen der Stadtgemeinde ausspricht, doch auf das Haupt des Mörders selbst mögen die Götter alle Not und alles Verderben bringen! Wo er sich auch aufhalten mag, und suche er Schutz am Königshofe selbst“, rief König Oidipus, „da soll der göttliche Zorn ihn treffen!“

DIE ENTHÜLLUNG DES GEHEIMNISSES

In Theben lebte, geachtet von hoch und gering, der blinde Teiresias. Man ehrte ihn wegen seiner göttlichen Sehergabe und stellte seine Weissagungen so hoch wie die des delphischen Orakels.

Der blinde Seher erschien an der Hand eines Knaben, der ihn zu führen pflegte, vor dem König. Oidipus begrüßte ihn ehrfürchtig und bat ihn in seinem und im Namen des ganzen Volkes, den Mord am König Laïos aufdecken zu helfen. „Laß deine Seherkunst walten, edler Teiresias", rief er, „und zeige uns den Weg, der unser so schwer bedrängtes Volk aus der Not herausführen mag!"

Mit undurchdringlichem Gesicht hörte der Seher die Bitte des Königs an. Dann streckte er abwehrend die Hände aus: „Wie furchtbar ist das Wissen, das die Götter dem Kundigen auferlegen! Nur Unheil bringt ihm solches Wissen! Ja, warum geben sie ihm zu schauen, was er doch nicht wenden kann?!"

Der Seher wollte heimgehen; aber Oidipus bat ihn so dringlich, und das Volk flehte ihn auf den Knien an, zu bleiben und sein Wissen zu offenbaren. Doch er blieb bei seiner Weigerung: „Laß mich gehen, König Oidipus; laß mich mit meinem Schicksal allein, wie du das deine tragen mußt!"

Da war des Königs Geduld zu Ende, und jäh entbrannte sein Zorn: „So gebe ich dir jetzt den Befehl, auszusprechen, was du weißt, und ich werde dich, sofern du weiterschweigst, als Mitwisser in Ketten legen und bestrafen!" Ja, er zieh ihn sogar der Beihilfe und erklärte in seinem Zorn, er traue ihm wohl selber die Täterschaft zu, wenn er nur das Augenlicht noch besäße.

Diese schweren Beschimpfungen lösten endlich dem Blinden die Zunge. „So will ich dir die göttliche Wahrheit verkünden, nach der du verlangst:

Du selber, Oidipus, bist der verruchte Frevler, den die Götter dich suchen heißen! Du selber bist der Ruchlose, der den König Laïos erschlug! Du selber bist der Gottvergessene, der wider alles menschliche Sittengebot gefrevelt hat!"

Aber immer noch blieb Oidipus mit Blindheit geschlagen, daß er die Wahrheit nicht erkannte noch verstand. Er setzte seine Beschimpfungen fort und warf dem blinden Seher vor, einen hochverräterischen Anschlag gegen ihn, den Erretter der Stadt, zu betreiben. Teiresias wiederholte seine furchtbare Aussage und ließ sich dann von der Hand des Jungen in sein Haus zurückführen. Als nun Kreon hinzutrat, beschuldigte der aufgebrachte Oidipus auch ihn hochverräterischer Zusammenarbeit mit Teiresias und ließ sich nur durch Iokastes Dazwischentreten von Tätlichkeiten zurückhalten. In heftigem Zorn schied Kreon von seinem Schwager.

Iokaste, die ja des Oidipus Gattin und seine Mutter zugleich war, hatten die Götter mit gleicher Verblendung geschlagen wie den unglücklichen Oidipus selber. Mit lauten Vorwürfen stimmte sie in seine Verwünschungen gegen Teiresias ein. „Was kümmert uns der Seher, mein Gemahl!" rief sie, „wir wissen doch, wie begrenzt seine Weisheit ist. Laß mich doch nur das Beispiel des Laïos, meines ersten Gatten, nennen! Ihm hatte das delphische Orakel einst vorausgesagt, er werde durch die Hand seines eigenen Sohnes sterben. Und dabei hat er, wie du ja weißt, den Tod durch freche Straßenräuber gefunden, die ihn am Kreuzweg erschlugen. Damit unser eigener Sohn niemals solcher Untat fähig werde, haben wir damals selber vorgesorgt; so schwer es uns im Herzen wurde, wir ließen ihn mit durchstochenen Füßen im wüsten Gebirge umkommen, um ihn vor frevlerischem Vatermord zu bewahren. – Da erkennst du die Seherkunst des göttlichen Apollon!"

Mit Hohnlachen hatte Iokaste die Worte ausgesprochen; doch Oidipus befiel namenloses Entsetzen. „Am Kreuzweg, sagst du, ist Laïos, dein erster Gatte, erschlagen worden? O laß mich hören, wie sein Aussehen war, wie seine Gestalt, wie sein Lebensalter?"

Die Königin verstand nicht seine Erregung. „Oft habe ich gedacht, daß du selbst ihm gleichest an Wuchs und Haltung", sagte sie leichthin; „weiß war sein Haar, denn er hatte die Blüte seiner Mannesjahre hinter sich.“

Oidipus stand wie vom Donner gerührt. „Oh, ewig ist die Weisheit der Götter!“ rief er voll Entsetzen. Die Blindheit, mit der sein Geist bisher geschlagen schien, wich taghellег Klarheit. Nun war ihm alles Gräßliche offenbar. Die Einzelheiten des Todes von Laïos ließen keinerlei Zweifel offen, daß er selber der Mörder des greisen Königs war. Der einzig Überlebende der Erschlagenen, der damals den Tod gemeldet hatte, war ein Diener, der, seit Oidipus im Lande war, gebeten hatte, möglichst weit von der Hauptstadt entfernt zu den Viehherden des Königs geschickt zu werden.

Oidipus ließ ihn holen. Doch ehe er am Königshofe erschien, traf ein Bote aus Korinth ein und brachte dem Oidipus die Meldung vom Tode seines Vaters Polybos, als dessen Thronerbe er ausersehen sei.

Wieder frohlockte Iokaste, deren Geist immer noch verblendet war, mit höhnischen Worten: „Das soll die Erfüllung eurer Weissagung sein, ihr Götter? Nun hört ihr es ja, daß der Vater, den Oidipus hat umbringen sollen, an Altersschwäche den friedlichen Strohtod gestorben ist!“ Aber ihre und Oidipus’ letzte Zweifel an der völligen Erfüllung der furchtbaren Voraussagen wurden gar bald durch den Diener zerstreut, der von den entlegenen Viehherden eintraf. Er berichtete vom Tode des Laïos durch niemanden anderen als Oidipus selbst. Und es war derselbe Mann, der vor vielen Jahren von den königlichen Eltern, von Laïos und Iokaste, den Auftrag erhalten hatte, den Neugeborenen im wilden Gebirge Kithairon auszusetzen. Jetzt gestand er der Iokaste, sein mitleidiges Herz habe ihn damals getrieben, das unschuldige Kind am Leben zu erhalten und einem befreundeten Hirten des korinthischen Königs zu übergeben. Und – o göttliche Fügung – dieser Hirte, der das Findelkind mit den durchbohrten Fersen dem König Polybos und seiner Frau Merope als Pflegesohn zugeführt hatte, er stand gerade jetzt als Bote vor Oidipus, ihn auf den verwaisten Thron seines Pflegevaters zu rufen.

So schloß sich der Ring in schrecklicher Weise, und die furchtbare Wahrheit wurde in ihrem ganzen Ausmaß offenbar.

FLUCHBELADEN

Oidipus glaubte, vom Wahnsinn befallen zu sein. Mit einem unmenschlichen Schrei irrte er verstörten Sinnes davon und stürzte mit dem blanken Schwert in der Faust durch den Palast, um die Frau, die ihm Mutter und Gattin zugleich gewesen, zu töten. Im Schlafzimmer, dessen verschlossene Tür er in rasender Wut erbrach, fand er die unglückselige Frau erhängt; sie hatte an sich selber das Gericht vollzogen. Lange starrte der von den Göttern so schwer Getroffene gedankenverloren auf die Leiche, dann riß er ihr plötzlich die goldenen Spangen aus dem königlichen Gewande, verfluchte in gräßlichen Worten seine Augen, die so viel verruchte Untaten geschaut hätten, und – bohrte sich die goldenen Nadeln in beide Augen, daß das Blut aus den Höhlen sprang und das Augenlicht erlosch! Aber noch war er in seinem rasenden Wahnsinn nicht beruhigt; er stürzte tastend auf die Freitreppe des Palastes, damit das ganze Thebanervolk ihn als den Mörder seines leiblichen Vaters, als den Gatten seiner leiblichen Mutter, als den von den Göttern verfluchten und verworfensten der Sterblichen anschaue.

Schweigend blickte das Volk auf den Herrscher, dem einst alle Liebe und Verehrung gegolten hatte. War er schuldig an diesem unmenschlichen Verhängnis? Nicht mit Verachtung oder Abscheu, sondern mit innigem Mitleid schauten sie auf ihn.

Voll Mitgefühl entzog Kreon den gebrochenen König dem Anblick der Menge. Oidipus, der den Schwager erst vor wenigen Stunden mit kränkenden Worten verdächtigt hatte, tat schmerzgebeugt Abbitte und bat ihn, die Königskrone zu übernehmen und sie seinen beiden Söhnen zu erhalten. Für seine unselige Mutter erbat er ein ehrliches Begräbnis, und die beiden unmündigen Töchter, Antigone und Ismene, empfahl er Kreons königlichem Schutze. „Mir selbst aber“, schloß er, „verbleibt nur, fluchbeladen aus dem

Lande ausgestoßen zu werden, das ich mit unmenschlichem Frevel belastet habe. Ich werde in die Verbannung ziehen und den Göttern die weitere Entscheidung über mein Leben überlassen."

Er ließ seine Kinder zu sich kommen und legte ihnen segnend die Hände aufs Haupt. „Bewährt euch in Einigkeit und Frieden als treue Brüder, wenn ihr dereinst Krone und Reich übernehmt", mahnte er die beiden Söhne, „damit Fluch und Verhängnis von dem thebanischen Königshause weichen mögen! Und euch, meine Töchter, mögen die Götter die gläubige Unschuld erhalten, die euer Wesen schmückt." Er dankte Kreon für alle Liebe und Treue, die er ihm erwiesen hatte, und wünschte auch auf ihn und seine Regierung den Segen der Götter herab.

Dann wandte er sich zum Gehen. Doch Antigone, die ältere der Töchter, beharrte in kindlicher Liebe darauf, den blinden Vater in die Verbannung zu geleiten.

VATER UND TOCHTER

An der Hand der treuen Tochter, die gewillt war, Not und Elend mit dem geliebten Vater zu teilen, ging Oidipus außer Landes. Niemand war Zeuge, als er, der einst als Retter der Stadt gefeiert und verehrt worden war, im Morgengrauen, einem Bettler gleich, in die Fremde zog. „Ich werde auf den Berg Kithairon in die Verbannung gehen, auf dem nach meiner Eltern Willen schon damals meine Grabstätte hätte sein sollen", sprach er zu sich selbst. Dort sollten die Götter über sein Schicksal bestimmen. Er wandte deshalb zuerst seine Schritte nach Delphoi zum Orakel des Apollon; der Gott sollte die Entscheidung treffen.

Der Spruch des Pythiers war milde und hatte nichts von dem lastenden Fluch, der das Leben des Oidipus bisher bestimmt hatte. Die olympischen Götter mochten erkannt haben, daß der Unglückselige ohne seine Schuld gegen die heiligsten Gesetze der Menschheit verstoßen hatte. So barg die

Strafe, die sie ihm auferlegen mußten, doch die Aussicht, einmal von aller Schuldenlast befreit zu werden: „Wenn du in das dir bestimmte Land gekommen bist, wirst du bei den Eumeniden eine Zufluchtsstätte und ewiges Ausruhen finden.“

Getröstet durch diesen Orakelspruch machte er sich mit Antigone auf den Weg, denn der Gott hatte die Rachegöttinnen die Eumeniden, die Wohlwollenden, genannt. So durfte Oidipus den Orakelspruch wohl als Verheißung auslegen. Zwar wußte er nicht, wo er die Rachegöttinnen, die Erinnyen, finden würde, doch er vertraute der weiteren Weglenkung durch die allwissenden Götter.

So zog er, von der frommen Tochter geleitet und gepflegt, durch die Landschaften Griechenlands. Er, der einst als mächtiger König über Tausende von Untertanen regiert hatte, bat um Almosen und nahm sie als Bettler aus mildtätiger Hand entgegen.

OIDIPUS AUF KOLONOS

Auf ihrer Wanderung gelangten Vater und Tochter in die Nähe der Stadt Athen, als der Blinde sich plötzlich getrieben fühlte, in einem schattigen Haine zu rasten. Ein Dorfbewohner, der herbeitrat, wollte ihm den Aufenthalt verwehren. „Der Boden hier ist geheiligt und duldet keinen Fuß eines Sterblichen.“ So erfuhr Oidipus, daß der Hain den Rachegöttinnen, den Eumeniden, geweiht sei, und er erkannte, daß er hier auf Kolonos am Ziel seiner Wanderung und am Ziel seiner Lebensreise angelangt sei.

Theseus selber, der damals in Athen als König herrschte, kam auf die Kunde von dem Eintreffen des blinden Fremdlings, der sich weigerte, den heiligen Hain zu verlassen, nach Kolonos. Ehrfurcht erfüllte ihn vor dem blinden Mann, der auch am Bettelstab noch gewaltig erschien; der Athenerkönig erkannte die ihm von den Göttern zugewiesene Aufgabe, dem so schwergeprüften Oidipus den letzten Teil seines Erdenweges leichtzumachen, und erlaubte ihm, auf dem geweihten Boden zu bleiben.

So hatte sich nach dem Willen der olympischen Götter das Geschick des Oidipus vollendet. Unter göttlichen Himmelszeichen, die die Landschaft am hellen Mittage in Finsternis senkten, ließ der Entsühnte sich von der frommen Antigone und von Theseus in den heiligen Hain geleiten. Tief im Waldesschatten an geweihter Stelle, die keines Menschen Fuß je betreten hatte, war die Erde geborsten: Nach uralter Sage war hier einer der Eingänge in die Unterwelt. Oidipus reinigte sich an der Quelle der Eumeniden, legte frische Opferkleidung an und nahm dann Abschied von der treuen Antigone und dem königlichen Gastfreund. Innig schlang er den Arm um die geliebte Tochter, küßte sie und legte ihr dann segnend die Hände aufs Haupt. Mit herzlichem Danke schied er von Theseus. Er hieß die beiden Begleiter sich umwenden und ging, kräftig ausschreitend wie ein Seher, über die offene Schwelle den Schlund hinab. Die Götter bezeugten ihre Teilnahme durch Blitz und Donner.

Als Theseus und Antigone sich nach einer Weile umschauten, hatten die Elemente sich beruhigt. Nicht Blitz, noch Donner, noch Wettersturm waren zu spüren; tiefe Stille umgab die beiden. Und – welch ein Wunder war geschehen? – der Erdspalt, durch den Oidipus zum Hades geschritten war, hatte sich lautlos geschlossen und den von seiner Erdenschuld Gereinigten aufgenommen.

Demütig warfen die beiden sich zu Boden und baten die Himmlischen, die im Olymp regieren, und die Unterirdischen um Frieden für den so unmenschlich vom Schicksal verfolgten Oidipus.

DER RACHEFELDZUG DES POLYNEIKES

Sollte der Götterfluch, der auf dem Leben des Oidipus so schwer gelastet hatte, auch seine Nachkommen treffen? War es das unheilvolle Hochzeitsgeschenk der Göttin Aphrodite an Thebens Gründer Kadmos, das Halsband aus kostbaren Steinen, das den Nachfahren weiterhin Verderben bringen sollte? Konnte denn das schreckliche Unglück, das Iokaste und Oidipus getroffen hatte, überhaupt noch überboten werden?

Als die beiden Zwillingsbrüder, Eteokles und Polyneikes, herangewachsen waren, hatte sie der Streit um das Thronerbe schnell in wilden Bruderzwist gestürzt. Eteokles riß Krone und Macht an sich und stieß den Bruder aus dem Lande.

Heimatlos, nur das Halsband der Vorfahrin in seinem Besitz, irrte der Vertriebene durch die griechische Landschaft, bis er bei Adrastos, dem Könige von Argos, Zuflucht fand. Bald liebte er dessen schöne Tochter Argeia, und gern nahm ihn der König als Eidam auf; dachte er doch, dem Polyneikes seinen väterlichen Königsbesitz zurückgewinnen zu helfen und die Tochter als Königin des mächtigen Theben sehen zu können.

Sogleich nach der Hochzeit ging deshalb König Adrastos daran, den Kriegszug vorzubereiten. Er rief die Helden seines Königshofes, mit ihm und dem Schwiegersohn sieben an der Zahl, zu den Waffen und rüstete sieben gewaltige Heerhaufen. Doch des Königs Schwager Amphiaraos, einer der sieben Helden, der die Gabe der Seherkunst besaß, weissagte einen schlechten Ausgang des Feldzuges. Er weigerte sich, am Zuge gegen Theben teilzunehmen, und verbarg sich mit Hilfe seiner Gattin Eriphyle, die des Königs Schwester war, in einer entlegenen Grotte. So schien alle Hoffnung des thebanischen Königssohnes auf Zurückgewinnung seines väterlichen Erbes vergeblich; denn Adrastos wollte auf keinen Fall ohne den Schwager, den er das Auge des Heeres nannte, den Feldzug wagen. Da griff Polyneikes zum letzten Mittel: Er versprach der Eriphyle das kostbare Halsband seiner Vorfahrin, wenn sie ihm das Versteck des Amphiaraos sage. Da sie schon lange nach dem funkelnden Geschmeide Verlangen getragen hatte, ließ sie sich zum Verrat an ihrem eigenen Gatten bestimmen. Sie führte den Polyneikes zu der Zufluchtstätte des Amphiaraos und nahm das Halsband als Lohn entgegen. Wider Willen mußte sich der Seher nun bereit erklären; doch beharrte er auf seiner Weissagung, die dem Heereszuge Niederlage und Untergang verkündete; seinem Sohne nahm er den heiligen Eid ab, ihn nach seinem Tode, den er voraussah, an der verräterischen Mutter zu rächen.

So konnte nichts mehr den Auszug aufhalten, und voll Siegeshoffnung rückte das mächtige Heer aus der Stadt.

ANTIGONE IN THEBEN

Antigone war nach ihres Vaters Tode bald wieder in die Heimat zurückgekehrt, so liebevoll der greise Theseus ihr auch Zuflucht geboten hatte. Ein unbestimmtes Gefühl drängte sie in die Nähe der Brüder, denn sie gedachte durch schwesterliche Liebe an ihnen den Fluch zu tilgen, der auf dem thebanischen Königshause lastete. Wie war sie entsetzt, als sie von der Vertreibung des geliebten Bruders Polyneikes aus der Heimat hörte, wie sehr mußte sie aber auch sein Vorhaben mißbilligen, das väterliche Theben durch Belagerung und Sturm zu gewinnen! So weilte sie nun in der Vaterstadt, die Eteokles mit aller Macht zur Verteidigung rüstete. Antigone war bereit, Thebens Schicksal zu teilen.

Hoch auf der Zinne des königlichen Palastes stand die Jungfrau und blickte auf das weite Blachfeld vor den Stadtmauern, wo sich das feindliche Heer lagerte. Rings vor den sieben Stadttoren, am Ufer des Ismenos entlang bis zum Niobe-Altar, schimmerte es vom Glanz der Rüstungen und erklang es von Waffengeklirr, vom Wiehern der Streitrosse und dem Dröhnen der Trompeten. Welch ungeheure Zahl wohlgerüsteter Krieger bedrängte die Stadt! Doch aus der bewegten Masse hoben sich wie Türme die sieben Helden, die Führer der Heerhaufen, heraus: Adrastos mit seinem Schwiegersohn Polyneikes, der Seher Amphiaraos und die anderen vier Helden. Mit welcher Liebe blickte die Jungfrau auf den Bruder in der Ferne – und wie zerriß es ihr das Herz, ihn als Feind vor den Mauern der Vaterstadt zu wissen!

DIE OPFERTAT DES KÖNIGSSOHNES

Bevor die Feinde zum Sturm gegen die befestigte Stadt ansetzten, sandte Kreon, der Oheim der Oidipuskinder, seinen jungen Sohn Menoikeus zu dem Seher Teiresias. Von seinem Knaben geleitet, erschien der blinde Seher alsbald vor Kreon und hörte dessen Wunsch, die göttliche Weissagung über den Ausgang der Schlacht zu erfahren.

„Wie oft schon", rief der Greis abwehrend aus, „habe ich dem thebanischen Königshause Unglück voraussagen müssen! Erlaß mir, Kreon, ich bitte dich, meinen Seherspruch, wie ihn mir der Vogelflug kündete!" Teiresias wollte sich zum Gehen wenden. Doch Kreon ließ nicht ab: „Laß mich den göttlichen Willen hören", bat er, „ich fühle mich stark genug, ihn zu ertragen!" – „So höre, daß die Rettung der Stadt deinem Hause schweren Schmerz bereiten wird!"

Kreon fuhr zusammen. „Ich begehre gleichwohl, den Spruch zu wissen", beharrte er finster. – Da fuhr der blinde Teiresias fort: „Der Jüngste aus Kadmos' Stamme muß sterben, so wird Kadmos' Stadt gerettet werden!" – Kreon schrie auf in unendlichem Weh. „Du kündest mir den Tod meines Menoikeus?" rief er. – „Wenn die Stadt gerettet werden soll!" entgegnete der Seher hart.

Kreon wollte den Greis mit zornigen Worten aus dem Palaste weisen. „So verdammt der Mensch die Wahrheit, wenn sie Leid bringt", sagte der blinde Seher bitter und wandte sich zum Gehen. Doch nun warf Kreon sich ihm zu Füßen und umfaßte unter Tränen seine Knie: „Nimm, ich flehe dich an, nimm den grausigen Spruch zurück und sag mir, daß ich meinen Sohn behalten darf!" – „Der göttliche Wille ist unabwendbar", versetzte Teiresias hart. „Wenn dein Sohn für die Stadt in den Tod geht, so rettet er sie vor dem Untergang, und grauenvoll ist das Schicksal, das Adrastos und seine Streiter erwartet." Der Seher entfernte sich schweigend.

In tiefer Verzweiflung blieb Kreon zurück. Wie gern hätte er selber den Tod für die Vaterstadt auf sich genommen, dem Götterwillen zu genügen! Bei dem Gedanken, den geliebten Sohn zu verlieren, wollte ihm das Herz brechen. „Flieh, Menoikeus, ich bitte dich, ich befehle es dir, flieh aus deiner Vaterstadt! Flieh aus dem Lande und suche beim göttlichen Heiligtum Schutz!"

„Wie gern gehorche ich deinem Willen, lieber Vater", entgegnete der Sohn mit frohen Blicken; „gib mir Reisegeld, so will ich handeln nach deinem Gebote!" – Seine Bereitwilligkeit beruhigte den erregten Vater. Doch als Kreon das Zimmer verlassen hatte, warf sich der Jüngling vor den Altar und bat die Gottheit für seine Lüge um Vergebung. „Wie undankbar wäre ich", rief er aus, „wollte ich die Vaterstadt verraten, der ich mein Leben verdanke! Was für ein Feigling wäre ich, wenn ich davor zurückschrecken wollte, den Seherspruch an mir selbst zu erfüllen und das Land vor der Gefahr zu schützen!"

Ohne zu zaudern, eilte der tapfere Königssohn zur Stadtmauer. Von der höchsten Zinne der Burg, die ihm weithin den Blick ins Land freigab, schaute er abschiednehmend auf die geliebte Heimatstadt. Im Angesicht der Feinde, auf die er alles Verderben der Götter herabwünschte, stieß er sich den Dolch in die Brust und stürzte von der Burgmauer in die Tiefe.

DER STURM AUF DIE STADT

Als die Angreifer zum Sturme gegen die siebentorige Stadt ansetzten, ahnten sie nicht, daß mit dem Tode des Menoikeus der Wille der Götter sich gegen sie gewendet hatte. Adrastos hatte jedem seiner Helden ein Stadttor zugeteilt, und mit ungeheurer Wucht rannten sie gegen die sieben Tore an. Doch Eteokles hatte in seinen Kriegern den Willen zu tapferer Verteidigung entfacht, so daß sie den Angriff heldenmütig abschlugen. Wo der Kampf am härtesten brannte und wo ein Stadttor in Gefahr war, da eilte Eteokles zur Hilfe heran. Wohl rissen Adrastos und Polyneikes die Angreifer zu immer neuem Sturme mit, doch die Thebaner, durch den ersten Erfolg ermutigt, hielten sich so tapfer, daß den Feinden nirgends der Einbruch gelingen wollte. Und als einer der Angreifer tollkühn die Sturmleiter anlegte, um sich über den Kranz der Stadtmauer zu schwingen, da griff Zeus selber mit seinen Donnerkeilen in die Schlacht ein und zerschmetterte den Verwegenen.

So mußte König Adrastos erkennen, daß die Götter selber seinen Mühen feind waren. Grollend ließ er die Trompete blasen und seine Krieger von den Toren zurückrufen. Die Thebaner aber, aufs neue ermutigt durch das Zeichen des Zeus, brachen mit verdoppelter Kampfeswut aus der Stadt heraus und stürzten sich auf die Weichenden. In wilder Flucht mußten die Männer aus Argos das Feld räumen.

DER ZWEIKAMPF DER BRÜDER

Zwar standen die Argeier tags darauf zu neuem Kampfe bereit, doch sie waren durch die blutigen Verluste aufs schwerste geschwächt. Aber auch die Thebaner, die sich des Sieges vom Vortage freuen durften, mußten mit Sorge weiteren Kämpfen entgegensehen. Sollte das blutige Gemetzel weiterhin die Besten aus beiden Heerlagern zum Opfer fordern?

Da faßte König Eteokles einen hohen Entschluß. Als das Heer der Feinde sich wieder zum Angriff sammelte, stieg er auf die Höhe seiner Burg und ließ durch den Herold Schweigen gebieten. Mit lauten Worten forderte er die beiden Kriegslager auf, von dem sinnlosen Morden zu lassen. „Laßt mich selber für euch kämpfen, mich selber und meinen Bruder Polyneikes, der mir diesen Königsthron streitig machen will! Möge unser Zweikampf den Zwist entscheiden und uns weiteres Blutvergießen ersparen! Schenken die Götter mir den Sieg, so werdet auch ihr alle mir das Recht auf Thebens Thron zuerkennen. Wenn aber Polyneikes mich im Zweikampfe niederwirft, so soll er Krone und Herrschaft übernehmen!"

Freudig stimmten beide Heere dem Vorschlage zu, denn alle waren es müde geworden, für den Vorteil eines Einzelnen weiterhin das Leben zu wagen. Unter feierlichen Eiden schloß man den Vertrag, und beide Kämpfer eilten, sich zum Kampfe zu rüsten. Die Freunde ließen es hüben und drüben nicht an Zuspruch und Ermunterung fehlen; jeder der Brüder wußte, um welch hohen Preis die Entscheidung ging.

Ehe man zum Zweikampf schritt, traten Teiresias und Amphiaraos aus beiden Heeren heraus, um aus der Opferflamme den göttlichen Willen sprechen zu lassen. Doch die Vorzeichen waren doppeldeutig und schienen beiden zugleich Sieg oder Untergang zu verkünden. Da hoben beide Helden die Hände zum Himmel und beteten um den Sieg.

Schmetternder Trompetenklang zerriß die Stille zwischen den Schlachtreihen, der Kampf begann.

Die Zuschauer hatten sich im Umkreise gelagert und blickten voll Erwartung auf die feindlichen Brüder. Wie zwei wilde Eber stürzten Eteokles und Polyneikes in den Kampf. Wütend schleuderten sie ihre mächtigen Speere, und wütend starrten sie dem Wurfe nach. Aber die Schilde wehrten den Wurf ab, und auch die Lanzen, mit denen sie nun aufeinander losstürzten, vermochten nicht das Ziel zu treffen, so geschickt wußten beide den Schild in der Abwehr zu führen. Doch als Eteokles für einen Augenblick das Bein darunter sichtbar werden ließ, nutzte Polyneikes blitzschnell die Gelegenheit, ihn schwer am Schienbein zu verwunden. Aber noch in das Triumphgebrüll der Argeier mischte sich der Schmerzensschrei des Polyneikes, denn der Bruder hatte beim Ausfall geistesgegenwärtig des anderen Blöße erspäht und ihm seine Lanze tief in die Schulter gestoßen.

Nun griffen beide zum Schwerte und schlugen aufeinander los, daß das Blachfeld laut von ihren Streichen widerhallte. Keiner der Kämpfer wollte dem anderen weichen. Da täuschte Eteokles den Bruder plötzlich durch einen Kunstgriff, zwang ihn, seine Stellung zu wechseln und traf den völlig Überraschten mit seinem Schwerte mitten in den Leib. Todwund sank Polyneikes zusammen.

Eteokles vergaß in seinem Siegesrausch jede Vorsicht; er stürzte auf den Bruder zu, um ihm Waffen und Rüstung zu entreißen. Doch das wurde auch sein Verderben: Der Sterbende hielt noch im Sturze sein Schwert fest in der Faust, und mit letzter Kraft bohrte er es dem Bruder tief in die Brust! Sterbend sank Eteokles neben seinem Bruder Polyneikes zur Erde.

DER AUSGANG DES KAMPFES

So hatte der Fluch, der auf dem unseligen Hause lastete, sich auch an den Söhnen des Oidipus, an den Zwillingsbrüdern Eteokles und Polyneikes, grausam erfüllt.

Jammernd warfen sich die thebanischen Frauen über die Leiche des Eteokles, der schnell verschieden war, und beklagten seinen Tod. Auch Antigone schritt aus der Stadt; in inniger Liebe nahm sie den sterbenden Polyneikes in ihre Arme, um seine letzten Worte zu vernehmen. Mit brechender Stimme wandte er den Blick der geliebten Schwester zu: „Wie sehr beklage ich dein Schicksal, teure Antigone“, seufzte er, „wie sehr auch das Schicksal meines Bruders, dem ich das Leben nehmen mußte. Erst jetzt weiß ich, wie sehr ich Eteokles geliebt habe!“ Mit letzter Kraft bat er Antigone, ihm ein ehrliches Begräbnis zu geben. „Laß mich, geliebte Schwester, in der Heimaterde ruhen! Tilge den Zorn, mit dem unsere Vaterstadt an mich denkt, damit sie mir nicht ein Begräbnis im Lande meiner Ahnen versagt und meiner Seele den Frieden nimmt!“

Antigone versprach dem Bruder, seine letzte Bitte zu erfüllen, und drückte dem Sterbenden die Augen zu. So starb Polyneikes in den Armen der Schwester.

Wer sollte jetzt als Sieger gelten, da beide Kämpfer ihr Leben gelassen hatten?

Die Argeier verlangten den Siegespreis für Polyneikes, der den ersten Stoß getan, die Thebaner für Eteokles, dessen Gegner zuerst unterlegen sei.

In dem Streite mußten schließlich erneut die Waffen entscheiden. Nun aber waren die argeischen Krieger im Nachteil, die im Vollgefühl ihres Sieges die Rüstungen bereits abgelegt hatten. Die Thebaner nutzten schnell ihre Überlegenheit, ordneten sich zum Angriff und fielen über den Feind her, ehe der sich rüsten konnte. In regelloser Flucht ließen die Argeier sich durch die Ebene treiben und verloren unter dem Wüten der thebanischen Waffen den größten Teil ihres stolzen Heeres. Den Argeierkönig selber rettete das geflügelte Roß von göttlicher Herkunft, das er ritt, während alle seine Helden den Tod fanden. Ringsum hallte das weite Feld wider vom Triumphgeschrei der siegreichen Thebaner.

So sollte sich die göttliche Weissagung, die Amphiaraos vergeblich abzuwenden versucht hatte, an Adrastos und seinen Kriegern grausam erfüllen.

DAS GEBOT DES KÖNIGS

Wieder übernahm der alte Kreon die Königsherrschaft über Theben, die er bereits nach dem Tode des Laïos geführt hatte, bis Oidipus sie gewann, und nach dem Auszug des Oidipus, bis Eteokles König geworden war.

Feierlich ließ König Kreon das Begräbnis für den gefallenen Eteokles rüsten. Mit allen königlichen Ehren trug man den jungen Herrscher, der für die Vaterstadt sein Leben gelassen hatte, zu Grabe. Alle Bewohner folgten dem Leichenzuge und opferten trauernd dem Toten.

Indessen lag Polyneikes unbestattet auf dem Schlachtfelde vor der Stadt. Niemand wagte, ihm ein ehrenvolles Begräbnis zu geben, denn der neue König hatte durch seine Herolde strenges Verbot erlassen, den Feind des Vaterlandes zu bestatten. „Bei meiner königlichen Macht", so ließ er verkünden, „erkläre ich Polyneikes, der sich mit Thebens Feind verbündet hat, die Vaterstadt mit Waffengewalt zu berennen und mit Feuer zu zerstören, die Götter unserer Heimat zu stürzen und die Einwohner zu knechten, zum Feinde Thebens. Niemand, so befehle ich bei meinem königlichen Zorn, darf ihn beweinen, niemand ihm ein Begräbnis geben; unbestattet und in Unehren soll sein Leichnam liegen bleiben, den Vögeln und Hunden zum

Fraße! Wer meinem Verbote zuwiderhandelt, der soll, bei meiner königlichen Macht, des Todes sterben!“

Kreon ließ Wächter aufstellen, die die Befolgung seines Gebotes überwachen sollten. Wer würde es nun wohl noch wagen, dem königlichen Befehl zu trotzen?

Mit schwerem Herzen hatte Antigone die grausame Ankündigung vernommen. Konnte man ihr, der liebenden Schwester, die Erfüllung ihrer Pflicht verbieten, konnte man ihr versagen, das Versprechen zu halten, das sie dem Sterbenden gegeben hatte? Vergeblich suchte sie Hilfe bei der jüngeren Schwester. Ismene hatte nichts von Antigones Entschlossenheit. „Willst du denn“, fragte sie entsetzt die Schwester, „das grausige Schicksal unserer Familie auch auf dich und mich ausdehnen?“ Bitter enttäuscht wandte sich Antigone von der Schwester ab. –

Zögernd und gebeugten Hauptes trat in der Frühe einer der Wächter vor König Kreon. „Der Leichnam des Polyneikes, den du uns zu bewachen gebotest“, meldete er bedrückt, „ist in der letzten Nacht bestattet worden. Wir wissen nicht, wer der Täter ist. Wir wissen auch nicht, wie er sein Werk trotz unserer Bewachung hat durchführen können.“

Der König war außer sich vor Zorn. „Ihr alle werdet mir für den Täter mit euren Köpfen haften, wenn ihr mir ihn nicht herbeischafft!“ Er befahl sogleich, den Leichnam wieder auszugraben und auf das freie Feld zu legen.

Die Wächter ließen sich wieder bei dem Toten nieder. Da erhob sich gegen Mittag plötzlich ein wütender Wirbelsturm, der die Landschaft ringsum in Staub hüllte. Die Wächter suchten Zuflucht vor dem Wüten der Natur und bedachten ängstlich, welche Bedeutung wohl solches Vorzeichen habe, als sie eine Jungfrau sich der Leiche nähern sahen. Wehmütig klagend, wie ein Vogel, dem man das Nest geleert hatte, betrachtete sie das grausame Werk der Wächter. Und ehe diese eingreifen konnten, warf die Jungfrau aus einem kleinen Kruge dreimal ein wenig Erde auf den Toten. So war dem Versprechen Genüge getan – des Polyneikes Geist würde nicht ruhelos umherzuirren brauchen. – Schon waren die Wächter herbeigeeilt und ergriffen die Täterin auf frischer Tat. Widerstandslos ließ sich Antigone abführen.

ANTIGONE UND KREON

Der König tobte vor Zorn, als ihm die neue Übertretung seines Gebotes gemeldet wurde. Doch wie entsetzt war er, als man ihm seine Nichte Antigone als Täterin zuführte!

„Gestehst oder leugnest du die Tat, deren man dich zeiht?" herrschte er sie an. „Ich gestehe sie", entgegnete sie fest mit erhobenem Haupte. – „Und das Gesetz, das du übertratest, war dir bekannt?" – „Ich kannte es wohl", erwiderte sie schlicht. Kreon blickte sie fragend an.

„Jawohl, ich kannte es, König Kreon!" rief sie entschlossen, „aber ich kenne auch andere Gesetze, die von den unsterblichen Göttern herstammen und die für alle Ewigkeit gelten. Gesetze, die kein Sterblicher ungestraft übertreten hat. Und ein solches Gesetz lehrt mich, den leiblichen Bruder, den toten Sohn meiner Mutter, nicht unbestattet liegen zu lassen."

Die hoheitsvolle Haltung, in der Antigone sich zu ihrer Tat bekannte, vermochte Kreons harten Sinn nicht zu rühren; durch ihren kühnen Widerspruch wurde er noch mehr aufgebracht. „Bist du gekommen, mich zu belehren?" rief er erregt. „Und meinst du nicht, ich habe die Macht, deine starre Sinnesart zu beugen?

Doch die Jungfrau beharrte stolz bei ihrem Bekenntnis. „Den toten Bruder zu ehren, ist Schwesternpflicht", sagte sie ruhig; „ich weiß, daß alle Thebaner meine Tat im Herzen billigen und daß nur die Furcht vor deiner Tyrannei ihnen den Mund verschließt, mein Tun gutzuheißen."

Das Beispiel der Schwester hatte Ismene so tief ergriffen, daß sie alle weibliche Furcht abgelegt hatte und sich entschlossen vor Kreon als Mitwisserin der Tat bekannte. Aber vergeblich mahnte sie den König an die verwandtschaftlichen Bande, die ihn mit der Tochter seiner Schwester verknüpften, vergeblich gab sie ihm Kunde davon, daß sein Sohn Haimon sich heimlich mit Antigone verlobt habe. „Willst du durch ihren Tod deines Sohnes Glück zerstören?“ fragte sie schluchzend.

Doch Kreon zeigte sich taub gegen alle Bitten und Vorstellungen; er ließ beide Schwestern ergreifen und ins Gefängnis werfen.

Da eilte Haimon herbei, um für die geliebte Braut zu bitten. Er wagte es, dem Vater von der Stimmung der Bürger zu sprechen, die den harten Sinn des Königs verurteilten, Antigones Handlung aber höchsten Ruhmes für wert hielten. „Glaube mir, Vater, niemand in der Stadt will einsehen“, sagte er drängend, „daß eine Schwester, die der Seele des toten Bruders Ruhe bringen will, den Tod verdient habe.“

Aber so vorsichtig Haimon seine Worte auch setzte, um den erregten Vater umzustimmen, Kreon hörte aus ihnen nur Widersetzlichkeit und Ungehorsam. „Willst du unerfahrener Knabe deinen Vater belehren?“ fuhr er auch ihn hart an. „Ich merke nur zu gut, daß blinde Liebe zu dem verbrecherischen Mädchen dich gefangen hält! So darfst du wissen: Ich werde meine Hände nicht durch ihren Tod beflecken!“

Haimon wollte mit frohem Dank auf den Vater zueilen, doch dessen abwehrende Hand hielt ihn zurück. „Ich nicht“, fuhr der König mit hämischem Lächeln fort. „Aber in eine Felsenkammer werde ich sie einschließen mit Wegzehrung für soviel Tage, daß ich an ihrem Tode schuldlos bin. Vielleicht wird der Gott der Unterwelt, dem sie größeren Gehorsam zollt als der irdischen Obrigkeit, sie gnädig befreien!“

Haimon wich entsetzt zurück; doch ehe er ein weiteres Wort der Bitte aussprechen konnte, hatte Kreon sich von ihm abgewandt und gab den Befehl, seine grausame Weisung in die Tat umzusetzen. Vor aller Augen wurde Antigone in die Gruft geführt, die der Wille des Königs ihr zum Grabe bestimmt hatte.

Die tapfere Jungfrau stieg furchtlos die Stufen hinab. „So werde ich bald mit meinen Lieben vereinigt sein!“ rief sie. „Mögen die Götter meinem Tode gnädig sein und den Fluch, der auf unserer Familie liegt, für immer lösen!“

KREONS STRAFE

Doch noch sollte es nicht genug des grausamen Schicksals sein, das auf dem thebanischen Königshause lastete. Die Götter, die Kreons Frevel nicht ungesühnt lassen wollten, sandten neues Unheil. Noch am gleichen Tage erschien der greise Teiresias im Herrscherpalast und begehrte den König zu sprechen: „Kannst du es noch weiter mit ansehen, König Kreon, daß der Leichnam des erschlagenen Königssohnes unbestattet auf freiem Felde liegt, den Hunden und Vögeln zum Fraße? Schweren Zorn der Götter kündet mir der Flug der Vögel, und die Opferschau weist mir Fluch des Schicksals, König Kreon, schweren Schicksalsfluch!"

Der Herrscher blickte starr vor sich hin. „Die Götter zürnen dir sehr, da du am toten Königssohn solch unmenschlichen Frevel begehst", fuhr Teiresias mahnend fort; „sei nicht halsstarrig, o König, ich bitte dich, laß ab von deinem harten Sinn und töte den Polyneikes nicht zum zweiten Male! Gib dem Erschlagenen die Ruhe, nach der seine Seele verlangt!"

Kreons starrer Sinn blieb hart und unzugänglich. Ja, er fuhr den greisen Seher mit bösen Worten an und zieh ihn der Lüge und des Betruges. Da war auch Teiresias am Ende seiner Nachsicht, und schonungslos riß er den Schleier von dem Dunkel, das dem König die Zukunft verhüllte. „Noch ehe die Sonne zur Ruhe geht", rief er erregt, „werden die Götter aus deinem Blute einen Toten als Sühne für die zwei, die du verschuldet, fordern! Denn doppelt sündigst du, da du der Unterwelt den Toten vorenthältst, der ihr gehört, und der Menschenwelt die Lebende, die nach dem Sonnenlicht der Freiheit verlangt!"

Ungerührt sah Kreon den Seher davongehen. Doch dann packte ihn jäh die bebende Angst. In erregter Eile berief er den Rat der Ältesten, sich mit ihnen zu besprechen. Einstimmig rieten ihm die erfahrenen Greise, des

Sehers Weisung nicht zu mißachten und dem Toten wie der Lebenden ihr Recht zu geben. Der König wollte sich nur schwer zu solchem Entschluß bestimmen lassen; aber aller Mut war ihm geschwunden, und ängstlich willigte er ein, um das Verderben, das der Seher seinem Hause verkündet, noch im letzten Augenblicke abzuwenden.

Kreon selber begab sich mit seinem Gefolge auf das Feld, wo Polyneikes immer noch unbestattet lag. Welch unmenschlichen Anblick bot die grausam zerfetzte Leiche! Konnte ein Mensch solchen Frevel befehlen oder auch nur dulden?

Der König ließ den Leichnam sogleich aufnehmen, mit geweihtem Wasser benetzen und dann in reinigendem Feuer verbrennen. Aus heimatlicher Erde, nach der sein letzter Wunsch so sehr verlangt hatte, türmten sie ihm den Grabhügel. „Möge seine Seele nun Ruhe finden", murmelte Kreon, ehe er sich zum Gehen wandte.

Er schritt nun zu der Felsengruft, in der er die unglückliche Antigone dem Hungertode hatte überlassen wollen. „Beeile dich, o König", rief ihm einer der Begleiter zu, den er ängstlich vorausgeschickt hatte, „beeile dich, denn ich höre furchtbare Klagelaute aus der Todesgruft dringen!" Kreon hastete weiter, denn auch er hatte das Wehklagen vernommen und die Stimme Haimons, seines Sohnes, erkannt.

Was mußte er erblicken, als er voll Sorge durch den Spalt am Eingang schaute! Der Atem wollte ihm stocken, das Herz wollte ihm brechen in unendlichem Schmerz: Im Hintergrunde des Felsengewölbes erblickte er Antigone, seine Nichte, die sich an ihrem Schleier aufgeknüpft hatte! Entseelt hing der Leichnam der Jungfrau in der Schlinge. Und vor ihr kniete Haimon, sein Sohn, und klagte um die geliebte Braut. Er stieß gräßliche Fluchworte gegen den Vater aus, der den Tod der Geliebten verschuldet hatte.

Kreon ließ eilends den Stein beiseite wälzen und betrat die düstere Gruft. Da riß Haimon mit schrecklichem Aufschrei das Schwert aus der Scheide und – stürzte sich auf den Vater! Nur durch schnelle Flucht konnte Kreon dem Stoß ausweichen. Mit wirrem Blick starrte der Sohn ihm nach. Dann wandte er sich wieder der toten Braut zu, und – langsam stieß er sich die doppelschneidige Waffe ins Herz! Im Hinsinken umfaßte er die Geliebte und hauchte über ihr sein Leben aus.

Kreon mußte mit eigenen Augen das furchtbare Bild schauen. Entsetzt stürzte er auf den Sohn zu, ihm das Schwert zu entreißen, doch es war zu spät. –

Aber noch war das Maß des grauenvollen Unglücks nicht erfüllt. Als Kreon die Leichen der beiden Liebenden nebeneinander hatte betten lassen und ganz verzweifelt zum Königspalaste zurückwankte, da erwartete ihn neues Leid. War denn sein entsetzliches Schicksal überhaupt noch zu überbieten? Ungläubig hörte er die Botschaft: Eurydike, seine Gattin, zu der die Schreckensnachricht von Antigones und Haimons Tode schon geeilt war, hatte sich im Innern des Palastes mit seinem eigenen Schwerte den Tod gegeben! Völlig vereinsamt mußte Kreon sein weiteres Schicksal tragen.

So endet die Sage von Oidipus und seinem Geschlecht.

DER TROJANISCHE KRIEG

AM ANFANG STAND DIE ZWIETRACHT

Als Peleus, der König von Phrygien, mit der Meernymphe Thetis Hochzeit feierte, wurden alle Götter zu Gast geladen. Nur Eris, die Göttin der Zwietracht, schloß man aus. Voller Zorn über solche Beleidigung erschien sie plötzlich auf dem fröhlichen Feste und warf mitten unter die Gäste einen goldenen Apfel mit der Aufschrift: „Für die Schönste!“ Da entbrannte eifersüchtiger Streit unter den Göttinnen, und schließlich beanspruchte eine jede, Hera, Athene und Aphrodite, den Preis für sich. Als keine vor der andern zurücktreten wollte, sprach Zeus sein Machtwort: „Paris, ein Sohn des Trojanerkönigs Priamos, soll den Streit entscheiden.“

Die drei Göttinnen begaben sich zum Berge Ida, wo der Jüngling die väterlichen Herden hütete, und jede von ihnen versuchte, ihn für sich zu gewinnen. „Alle Macht auf Erden verspreche ich dir“, begann Hera. – „Ich verheiße dir Ruhm unter den Menschen“, fuhr Athene fort. – „Erkennst du mir den Preis zu“, sprach Aphrodite, „so wirst du durch mich die schönste Frau der Welt gewinnen.“

Da entschied sich Paris für die Liebesgöttin, vor deren Schönheit und Anmut der Reiz der andern erblaßte; Hera und Athene aber wandten ihm beleidigt und voll göttlichen Zorns den Rücken.

Aphrodite geleitete ihren Schützling zu Schiff nach Europa hinüber, wo Paris beim König Menelaos von Sparta zu Gast war. Viele Wochen genoß er dort die Gastfreundschaft, doch er vergalt sie mit schändlichem Undank: Er beredete Helena, die schöne Gattin des Königs, mit ihm nach Troja zu entfliehen. Während Menelaos abwesend war, entführte er sie mit vielen Schätzen auf seinem Schiffe.

Der betrogene Gatte wollte Rache für die erlittene Kränkung nehmen. Er rüstete zu einem gewaltigen Zuge gegen Troja. Es wurde ihm nicht schwer, zahlreiche Helfer zu finden, denn als Tyndareos, Helenas Vater, sich einst unter den zahlreichen Freiern seiner Tochter Menelaos zum Eidam erwählte, hatte er alle anderen durch einen Eid verpflichtet, seinem zukünftigen Schwiegersohn stets zur Seite zu stehen. So kamen auf den Ruf des Menelaos sogleich dessen mächtiger Bruder Agamemnon, der über Mykene herrschte, der herrliche Achilleus, der gewaltige Aias, der listenreiche Odysseus von Ithaka, der greise Nestor von Pylos mit ihren Helden und viele andere tapfere Männer. Unter ihnen waren eine große Anzahl junger Königssöhne, die auf Abenteuer begierig waren. Keiner wollte fehlen, wo Ruhm und Beute winkten.

So rüsteten alle Stämme Griechenlands zum Kampf gegen Troja (Troia).

VON AULIS NACH TROJA

Die Bucht von Aulis in Boiotien war zum Sammelplatz für Heer und Flotte bestimmt; mehr als tausend Schiffe kamen dort zusammen. Der mächtige Agamemnon wurde Oberbefehlshaber.

Als endlich alles zur Abfahrt bereit war, fehlte den Schiffen ein günstiger Fahrwind. War es ein Gott, der die Windstille schickte? Kalchas, der Seher, nannte den Grund: Die Göttin Artemis zürne dem Agamemnon, der einst auf der Jagd eine heilige Hirschkuh erlegt hatte. Als Sühneopfer verlange sie Agamemnons älteste Tochter!

Unsagbar war der Schmerz des Vaters. Doch die Aufgabe, der er diente, verlangte von ihm, zu einem solchen Opfer bereit zu sein. Unter einem

Vorwande ließ er Iphigeneia aus Mykene holen. Man sagte ihr, sie sei dem Achilleus zur Frau bestimmt. Als die Jungfrau den wahren Grund erfuhr, war sie zum Opfertod bereit. Schon stand Iphigeneia vor dem Altar, schon hob der Priester das Opfermesser, da fühlte sich die Göttin durch Agamemnons Gehorsam und seine erlittene Seelenqual versöhnt. Sie entrückte das Mädchen in einer Wolke und legte dafür eine Hirschkuh auf den Opferaltar.

Jetzt endlich konnte das mächtige Heer mit günstigem Wind unter Segel gehen. Schon in wenigen Tagen erreichte die Flotte die Küste von Troja, wo man die Schiffe ans Land zog. In der Ebene des Flusses Skamandros ließen die Führer das Schiffslager errichten; Zelte und schilfgedeckte Erdhütten nahmen die griechischen Krieger, die Achaier, auf. Vier Wegstunden weit breitete sich die troische Ebene als vortreffliches Schlachtfeld aus; in seiner Mitte ragte weithin sichtbar die herrliche Stadt und Burg Trojas zum Himmel auf.

Um die vielen Kämpfer zu ernähren, durchzogen die griechischen Kriegsvölker plündernd das Land, führten das Vieh weg und schnitten die Ähren auf den Feldern. Der göttliche Achilleus rühmte sich später, allein mit seinen Myrmidonen zu Schiffe zwölf und zu Lande elf reiche Städte erobert zu haben. Die Beute, die man einbrachte, wurde gerecht verteilt. Agamemnon erhielt jedoch als Oberbefehlshaber stets den besten Anteil.

Die Helden vollbrachten in diesem Ringen gewaltige Taten. Ungezählte Männer sanken in den Tod, denn auch die Trojaner (Troer) stellten tapfere und kampfgewohnte Krieger. Allen voran kämpfte dort Hektor, der älteste Sohn des Königs Priamos. Selbst die Götter griffen in den Streit ein; Aphrodite und Apollon standen auf seiten der Trojaner, Hera und Athene aber, die durch das Urteil des Paris gekränkt waren, unterstützten die Griechen.

Jahr um Jahr verging unter solchen Kämpfen. Die Troer wußten sich in ihren hochragenden Mauern sicher, deren Erstürmung selbst das gesamte Achaierheer nicht wagen konnte.

APOLLON RÄCHT SEINEN PRIESTER

So trat man in das zehnte Jahr der Belagerung ein. Vergeblich hatten sich die griechischen Führer bemüht, ein Ende zu erzwingen, vergeblich suchten sie die Trojaner durch Schmähreden zur letzten Entscheidung herauszufordern. Viele der griechischen Krieger waren des langen Krieges müde geworden und sehnten sich nach dem Ende des Streites.

Da schien sich das Kriegsglück von den Achaiern abzuwenden. Agamemnon hatte auf einem Beutezug ein Städtchen geplündert, in dem der fromme Chryses als Priester ein Heiligtum Apollons verwaltete. Diesem hatte er seine schöne Tochter Chryseïs genommen.

Im priesterlichen Schmucke und mit reichen Lösegeschenken erschien der tief betrübte Vater im Griechenlager, um die Freiheit der Tochter zu erbitten. Doch Agamemnon wollte nicht von der Jungfrau lassen; er fuhr den Alten mit Schimpfworten an und jagte ihn unter Drohungen aus dem Lager. Voller Schmerz irrte der Priester am Gestade des Meeres umher. Dann hob er verzweifelt die Hände zu seinem Gotte empor: „Fernhintreffender Apollon“, rief er flehend, „hilf deinem Priester und räche Agamemnons Freveltat!“

Apollon erhörte ihn. Er verließ den Olymp, ließ sich in einiger Entfernung von den Schiffen nieder und entsandte seine tödlichen Pfeile in das Heerlager der Griechen. Wen sie ereilten, den raffte die Pest dahin, zuerst die Tiere, dann auch die Menschen.

Schrecken und Niedergeschlagenheit befiel die Griechen. Man befragte Kalchas, den Priester, nach dem Grunde des göttlichen Zornes. Zögernd nur nannte er Agamemnon als den Schuldigen; erst wenn der Völkerfürst dem Wunsche des Chryses willfahre und ihm die Tochter zurückgebe, werde die Seuche aufhören. In grimmigem Zorn gehorchte Agamemnon, doch als

Entschädigung für die Jungfrau verlangte er die schöne Briseïs, die Lieblingssklavin des Achilleus.

Heftiger Streit entbrannte nun zwischen den beiden Fürsten; schon standen sie sich mit funkelnden Schwertern gegenüber, schon hob Achilleus die Waffe, da trennte Pallas Athene die Streitenden, und Nestor, hochgeehrt wegen seiner Weisheit und Erfahrung, beschwichtigte die Gegner.

Achilleus fügte sich dem Willen und den Drohungen Agamemnons und trat ihm die Jungfrau ab. Doch grollend zog er sich ans Gestade zu seinen Schiffen zurück, entschlossen, nicht mehr am Kampfe teilzunehmen. Er klagte seiner Mutter Thetis, der Meergöttin, sein Leid, und Thetis, die eilends aus der blauen Tiefe emportauchte, versprach ihm ihre Hilfe. Sie wollte Zeus bitten, den Troern solange Sieg auf Sieg zu gewähren, bis Agamemnons Streitmacht geschwächt sei und er selber einsehe, welches Unrecht er begangen hatte, als er den Tapfersten der Griechen zu beleidigen wagte.

Unmutig schwieg Zeus, als Thetis in aller Frühe aus den dunklen Wogen des Meeres zum Olymp emporstieg und um Rache für ihren Sohn bat. Sie flehte so herzlich, daß er ihrer Bitte nicht widerstehen konnte und mit seinen dunklen Brauen Gewährung nickte. Ein trügerisches Traumbild erschien Agamemnon in Nestors Gestalt und ließ ihn wissen, er werde gegen die Feinde siegreich sein. Da rief er seine Krieger zum Kampfe auf. Wie die Scharen der Zugvögel, die in dichten Schwärmen durch die Luft ziehen, so kamen sie von den Schiffen herbei. Auch die Troer strömten aus der Stadt hinaus.

ZWEI MÄNNER KÄMPFEN UM HELENA

Als die Heere gegeneinander vorrückten und einander auf Wurfweite nahegekommen waren, da sprang Hektor plötzlich zwischen die Schlachtreihen und hob den Speer: „Haltet ein, ihr Griechen und ihr Troer! Ehe wir wieder die Waffen sprechen lassen, mag ein Gottesurteil diesen Völkerstreit entscheiden!“ Paris lasse durch ihn dem Menelaos einen offenen Zweikampf anbieten, fuhr er fort, wer darin unterliege, solle dem Sieger die schöne Helena mit allen Schätzen überlassen, und mit dem Tode des Besiegten solle auch der unglückselige Krieg beendet sein.

Menelaos war freudig einverstanden, und auf seinen Wunsch kam der alte König Priamos herbei, um mit feierlichen Opfergebräuchen den Vertrag zu beschwören.

Alle Krieger stimmten voll Freude zu, sollte doch der langandauernde Krieg nun schnell entschieden werden. Trojaner und Griechen legten Waffen und Rüstung ab und standen, auf ihre Schilde gelehnt, einander gegenüber, um dem Zweikampfe zuzuschauen.

Hoch oben auf der Zinne der Burg sah man die trojanischen Greise versammelt. Auch Helena hatte ihr Frauengemach verlassen und gesellte sich den weisen Ratgebern des Königs zu. Welch seltsame Gefühle entbrannten in ihrer Brust, als sie ihre Landsleute so nahe vor Augen sah! Menelaos, ihr rechtmäßiger Gemahl, erschien ihr so herrlich, daß sie Tränen der Rührung vergoß und ihr eigenes Schicksal bitter beklagte. Priamos tröstete sie mit väterlichen Worten. Selbst die Greise blickten mit Wohlgefallen auf Helenas Schönheit. „Nicht verwunderlich“, meinten sie zueinander, „daß Troer und Griechen um solch ein herrliches Weib den zermürbenden Krieg entfesselt haben!“

Hektor und Odysseus hatten inzwischen den Kampfplatz abgemessen. Dann warfen sie zwei Lose in den Helm, um über den Kampfbeginn zu entscheiden; Paris hatte den ersten Wurf.

Der Zweikampf begann. Paris schleuderte seinen Wurfspieß mit heftigem Schwunge auf den Gegner, doch er prallte an dessen Schilde ab. Nun schwang Menelaos seine Waffe, durchbohrte den Schild des Paris und fuhr mit bloßem Schwerte auf ihn los; sicherlich hätte er ihm den Schädel gespalten, wäre an dem harten Helm nicht die Klinge zersprungen. Wieder drang Menelaos auf den Räuber seiner Ehre ein. Schon packte er ihn beim Helmbusch, doch im letzten Augenblicke rettete Aphrodite ihren Liebling;

sie ließ den Kinnriemen reißen, so daß der ergrimmte Menelaos nur den leeren Helm in der Hand hielt. Aphrodite hüllte Paris in schützenden Nebel und führte ihn in die Stadt zurück.

Laut jubelten die Achaier, und Agamemnon, der seinen Bruder für den Sieger erklärte, verlangte die Erfüllung des Vertrages: Die Trojaner sollten Helena mitsamt ihren Schätzen ausliefern. Zeus selber aber gab durch Athene einem Trojaner eine böse Tat ein: Dieser richtete seinen Pfeil auf Menelaos und lud damit die Schuld des Vertragsbruches auf die Trojaner.

Zwar war es nur ein Streifschuß, so daß die Wunde bald heilte, doch entbrannte der Kampf sogleich von neuem. Nie war mit solcher Erbitterung gestritten worden, nie hatte man heldenmütigere Taten gesehen. Hektor und Agamemnon, Aineias und Diomedes, Odysseus und viele andere vollbrachten Wunder an Tapferkeit und streckten Scharen von Feinden in den Staub.

Die Olympischen selber ließen sich nicht mehr zurückhalten und griffen in den Kampf ein. Pallas Athene verlieh ihrem Liebling Diomedes Götterkraft, daß er die Achaier im Sturme mitriß und die Troer schwer bedrängte. Selbst Aineias, Aphrodites Sohn, konnte ihn nicht im Kampfe bestehen. Diomedes warf ihn zu Boden, und es wäre um den Halbgott geschehen gewesen, hätte nicht Aphrodite ihn auf ihre Arme genommen. Nur mit Mühe rettete sie ihn vor dem wütenden Griechen; doch Diomedes scheute sich nicht, die Göttin selber mit seinem Speere zu verwunden, so daß sie sich auf dem Wagen des Ares zum Olymp retten und den Sohn in der Gewalt des Feindes lassen mußte. Schon holte Diomedes zum Todesstreiche aus, als Apollon herbeieilte und den göttlichen Sohn seiner Schwester in seinen Schutz nahm.

Ares aber, der Kriegsgott, mischte sich selber in den Streit, weckte neuen Mut im Herzen der Trojaner und führte sie in den Kampf. Ihre Schlachtreihen, Hektor weit voran, stürmten ungestüm gegen die Griechen vor, daß diese bis zu den Schiffen zurückweichen mußten. Pallas Athene selber, in ihres Vaters Panzer gehüllt, stürzte sich in die wilde Männerschlacht, um den Achaiern beizustehen. Sie stärkte ihren Liebling Diomedes von neuem mit dreifacher Kraft, daß dieser den wütenden Ares verwundete und ihn zwang, die Feldschlacht zu verlassen.

HEKTOR UND ANDROMACHE

Währenddessen eilte Hektor auf Geheiß des kundigen Vogelschauers zur Stadt zurück; er wollte die Frauen veranlassen, sich in Athenes Tempel zu versammeln, um die Göttin um Hilfe gegen den wütenden Diomedes anzuflehen. Nur mit Mühe bahnte er sich am Tore seinen Weg durch die ängstlich harrenden Frauen, die ihm mit Fragen nach dem Geschick ihrer Gatten, Söhne, Brüder und Verwandten bestürmten. Vielen mußte er traurige Nachricht geben. „Betet zu den Göttern", sagte er, „daß sie unserer Stadt gnädig seien!"

Vor dem väterlichen Palaste traf er seine Mutter Hekabe. Voll Besorgnis redete die greise Königin auf ihren Sohn ein, doch Hektor mahnte sie, sogleich die Frauen zusammenzurufen und der Göttin die gebotenen Opfer darzubringen. Er eilte sodann zur Wohnung des Paris, die hoch auf der Burg in der Nähe von Hektors eigenem Palaste lag.

Den mächtigen Speer in der Hand, trat der Held vor seinen Bruder, der in der Halle saß und seine Waffen musterte. „Du tust bitter unrecht, hier untätig zu verweilen, während unser Volk um deinetwillen draußen kämpft!" so redete Hektor den Bruder voll Unwillen an. Paris wies den verdienten Tadel nicht zurück und versprach, wieder in die Schlacht hinauszugehen. Helena aber, die mit ihren Frauen bei emsiger Arbeit saß, wandte sich mit Worten der Scham und der Klage an den Schwager: „Hätte mich unheilstiftendes Weib doch die Meeresflut verschlungen, ehe ich mit Paris hier an Land stieg! Oder hätte ich doch mir wenigstens einen Gemahl erwählt, der die Schmach und die Fülle der Vorwürfe, die er verdient, auch empfände! Die Frucht seiner Feigheit wird nicht ausbleiben!"

Vergeblich bat Helena den Helden Hektor, zu verweilen und vom Kampfe auszuruhen. „Ich will zuvor noch Weib, Kind und Gesinde schauen, ehe ich wieder in den Kampf eile", sagte er und ging davon. Doch er fand Andromache nicht zu Hause. Die Sorge um den Stand der Schlacht hatte sie auf einen der Stadttürme getrieben.

Als Hektor durch die Straßen zurückeilte, kam ihm am skaiischen Tore die Gattin entgegen. Die Dienerin, die ihr folgte, trug das Knäblein Astyanax. Mit stillem Lächeln betrachtete der Vater das Kind; Andromache aber trat unter Tränen auf ihn zu und drückte ihm zärtlich die Hand: „Du böser Mann", rief sie, „gewißlich wird dein tollkühner Mut dir noch den Tod bringen! Hast du denn kein Erbarmen mit deinem unmündigen Kinde und mit deinem unglückseligen Weibe, das du bald zur Witwe machen wirst? Vater und Mutter habe ich verloren, meine sieben Brüder hat Achilleus, der schreckliche Pelide, erschlagen – ohne dich habe ich keinen Trost mehr, Hektor! Du bist mir Vater und Mutter und Bruder. Hab doch Erbarmen mit mir und bleib hier auf dem Turme!"

Doch der tapfere Held, in dem ganz Troja seinen Hort sah, schenkte solchen Bitten kein Gehör. „Ich müßte mich vor allen Männern und Frauen schämen", sagte er fest, „wollte ich nur aus der Ferne dem Streite zuschauen; auch mein eigenes Herz erlaubt es mir nicht, denn ich bin gewohnt, stets in der vordersten Reihe zu streiten. Zwar hat mein Herz mir geweissagt: Der Tag wird kommen, wo das heilige Troja hinsinkt, Priamos selbst und sein Volk. Aber weder der Trojaner Leid noch das der eigenen Eltern und der leiblichen Brüder, wenn sie dann unter dem Schwerte der Griechen fallen, geht mir so zu Herzen wie das deine, Andromache, wenn dich einer der Danaer in die Knechtschaft führen wird und du dann zu Argos am Webstuhle sitzt oder Wasser schleppen mußt und dann wohl jemand, der dich in Tränen sieht, spricht: ‚Sie war Hektors Weib!' Möge mich die Erde decken, ehe ich deine Klagen hören muß, wenn die Feinde dich entführen!"

Hektor sprach es mit ernstem Blick und streckte die Arme nach seinem Knäblein aus. Doch das Kind suchte schreiend bei der Amme Schutz; es fürchtete sich vor dem mächtigen Helm mit dem flatternden Roßschweif. Jetzt schaute der Vater das Kind und die Mutter lächelnd an, nahm schnell den schimmernden Helm vom Haupte, legte ihn zu Boden und nahm das

Kind auf den Arm. „Zeus und ihr Götter“, flehte er dann zum Himmel empor, „laßt es werden, wie ich selbst bin!“ Andromache lächelte unter Tränen, als er ihr das Söhnchen reichte. Hektor aber streichelte sie voll Wehmut und redete ihr tröstend zu. „Gegen das Geschick wird mich niemand töten“, sagte er, „und seinem Schicksal ist noch kein Sterblicher entronnen.“

Hektor setzte den Helm auf und schritt davon. Während Andromache ins Haus zurückkehrte, wandte sie unter Tränen immer wieder die Augen zurück zu ihrem herrlichen Gatten, bis er ihren Blicken entschwunden war.

ACHILLEUS BLEIBT UNVERSÖHNLICH

Ungestüm entbrannte der Streit von neuem. Aias stand im Zweikampf gegen Hektor, doch ohne Entscheidung gingen die beiden Helden auseinander. Unaufhaltsam stürmten dies Trojaner vor, drängten unter Hektors Führung die Achaier bis zu den Schiffen zurück und lagerten über Nacht bei tausend lodernden Feuern in der Ebene außerhalb ihrer schützenden Stadtmauern.

Sollten die Achaier im Kampfe unterliegen? Schon hatte Agamemnon gewagt, im Rate der Griechenführer von Heimfahrt zu reden, so hoffnungslos wollten die Zeichen ihm erscheinen. Der tapfere Diomedes und Nestos, der erfahrungsreiche Greis, waren es gewesen, die Mut und Ausharren verlangten. Doch sie hielten dem Völkerfürsten zugleich seine Schuld vor und verlangten, er selber solle den Anfang machen, den gekränkten Achilleus zur Versöhnung zu bewegen.

„Wenn der Pelide nur von seinem Zorne läßt“, erklärte Agamemnon; „ich bin bereit, alles zu tun.“ Er bot eine Fülle von Versöhnungsgaben an, um Achill umzustimmen. Auf Nestors Rat machten sich auserlesene Männer als Abgesandte des Heeres auf: Phoinix, Achills einstiger Erzieher, der mächtige Aias und der redegewandte Odysseus. Sie fanden Achill bei den

Schiffen der Myrmidonen. Seine Leier schlagend, sang er von den Siegestaten der Helden. Herzlich begrüßte er die Gäste, ließ es sich nicht nehmen, sie selber zu bewirten, und hörte geduldig ihre Rede. Aber seine Antwort war ein rundes Nein! Vergeblich setzte Odysseus seine schönsten Worte, vergeblich schilderte er die drohende Gefahr, vergeblich lockte er mit Agamemnons reichlichen Geschenken – Achilleus zeigte sich gegen alle ihre Bitten taub. „Agamemnon hasse ich wie das Tor der Unterwelt“, erklärte er unversöhnlich; er war entschlossen, in die Heimat zurückzukehren!

Ohne Erfolg mußten die Abgesandten des Heeres mit dieser Antwort ins Lager zurückkehren.

Furchtbar wogte der Kampf nun hin und her. Wunder an Heldentaten wurden vollbracht. Agamemnon, Diomedes, Odysseus, Aias und viele andere stritten auf der einen Seite im Vorkampfe, Hektor, Polydamas, Aineias und andere berühmte Männer auf der anderen. Wie ein strahlender Stern aber durch das Nachtgewölk bricht, so schritt Hektor durch die vordersten Reihen. Niemand konnte seinem Wüten widerstehen. Schon wandten die Scharen der Achaier sich zur Flucht, schon hatte Hektor, schrecklich anzuschauen im Glanze seiner Erzrüstung, sich einen Weg bis zum ersten Schiffe gebahnt!

Wollte Zeus die Griechen in solcher Not verlassen? Auf dem Berggipfel des Ida sitzend, wandte er gleichgültig seine Augen vom Schiffslager ab. Da mischte sich Poseidon, der Meeresgott, unerkannt unter die kämpfenden Griechen und sprach ihnen Mut zu. Viele Helden sanken auf beiden Seiten in den Staub. Aias der Telamonier war es, der den Schiffen Entlastung brachte. Mit seinen Freunden schirmte er sie mit einem Wall von Schilden und Lanzen. In mächtigem Sprunge schwang er sich von einem Verdeck auf das andere, in der Rechten eine zweiundzwanzig Ellen lange, eisengefügte Stange. Mit Donnerstimme schrie er den Griechen Mut zu und trieb sie zum Kampfe an.

Mit wütender Erbitterung kämpfte man bei den Schiffen um die Entscheidung. „Feuerbrände herbei!“ schrie Hektor. Doch wer sich mit Fackeln den Schiffen näherte, fiel unter Aias’ furchtbarer Lanze.

KAMPF UND TOD DES PATROKLOS

Als Patroklos die verzweifelte Not der Griechen sah, hielt es ihn nicht länger untätig im Zelte. Voll Schrecken überschaute er die Walstatt – dann eilte er zu seinem Waffenfreunde Achilleus. „Willst du denn immer unversöhnlich bleiben, Achill?" so fuhr er ihn an. „Laß ab von deinem Zorne, ich flehe dich an! Komm und eile den Achaiern zur Hilfe!"

„Der bittere Schmerz der Kränkung frißt mir in der Seele", entgegnete Achill ungerührt. Er weigerte sich wie bisher, in den Kampf einzugreifen. Doch wie erschrak er, als er von der Höhe des Verdecks dann die Lage überschaute! Schon loderte ein Schiff in hellen Flammen auf, schon sah er Hektor weiter vorstürmen, Aias aber und die Achaier zurückweichen! „Auf, Patroklos, eile", rief er, „eile, daß sie uns nicht die Schiffe und mit ihnen die Heimkehr nehmen!"

Während Patroklos sich mit Achills Rüstung zum Kampfe wappnete, ordnete dieser die Schar seiner Myrmidonen zum Kampfe, die schon längst voll Ungeduld die tatenlose Ruhe verwünschten.

Gleich hungrigen Löwen stürzten sich die kampferprobten Krieger in die Schlacht, allen voran Patroklos auf dem Streitwagen des Freundes.

Achill blickte ihnen nach. In der Hand hielt er einen wertvollen Becher, aus dem noch nie ein anderer Mann getrunken und niemand außer Zeus ein Dankopfer empfangen hatte: „Verleih den Achaiern den Sieg", betete der Held, „und geleite meinen Waffengefährten Patroklos unversehrt zu den Schiffen zurück!" – Er konnte nicht sehen, wie Zeus zur zweiten Bitte ablehnend das Haupt schüttelte.

Durch den unwiderstehlichen Stoß der Myrmidonen wurden die Schiffe augenblicklich befreit; die Troer, die Achills Rüstung erkannten, meinten nicht anders, als daß der gefürchtete Held selber in den Kampf eingegriffen habe, und suchten ängstlich ihrem Verderben zu entrinnen. Selbst Hektor ließ sich von ihrer regellosen Flucht mitreißen. Mit lautem Schlachtgeschrei setzten die siegreichen Griechen, Patroklos allen voran, den Trojanern nach. Viele Feinde sanken unter seinen wütenden Streichen in den Staub.

Doch ein böses Geschick trieb den Patroklos, als er den Flüchtigen bis unter die Stadtmauer folgte. Auf dem festesten Turme stand Apollon selber, Troja zu schützen; zornig trat er dem Angreifer entgegen. Dreimal setzte der griechische Held zum Sturme an, dreimal stieß ihn der Gott zurück. „Weiche!" rief er dreimal drohend. Da gehorchte Patroklos.

Hektor aber, von Apollon neu gekräftigt, wandte sich dem gefährlichen Bedränger seiner Vaterstadt entgegen. Mit mächtigem Steinwurf tötete Patroklos Hektors Wagenlenker, doch als beide Helden um die Leiche kämpften, griff Apollon zornig in ihren Kampf ein. Er stellte sich hinter Patroklos und versetzte ihm einen Schlag auf Rücken und Schulter, daß dem Helden schwindelte. Ein weiterer Schlag des Gottes nahm ihm den Helm und zerbrach ihm die Lanze. Den angeschlagenen Helden traf ein Trojaner von hinten mit der Lanze, und jetzt vollendete Hektor das Werk: Sein Speer traf den wunden Patroklos tödlich.

Hohnworte und grimmiges Frohlocken begleiteten den Griechen auf seinem letzten Gang. Doch der sterbende Patroklos gab Antwort: „Hüte dich, Hektor, das Verhängnis steht dir schon zur Seite, und ich weiß, durch wen du fallen wirst!" Mit letzter Kraft hatte Patroklos die Worte hervorgestoßen. Dann war sein Leben erloschen.

Die Trojaner raubten dem Gefallenen die herrliche Rüstung und die kostbaren Waffen Achills, die die Götter einst seinem Vater Peleus zur Hochzeit geschenkt hatten. Hektor legte sie zum Zeichen seines Triumphes an. Er ahnte nicht, daß der Tod ihm schon zur Seite schritt.

Mit Mühe gelang es den Griechen, die Leiche ihres Freundes zu bergen. Mit ihnen trauerten die unsterblichen Rosse des Achilleus. Abseits vom Schlachtfelde standen sie und weinten, wie Menschen es tun in tiefstem Schmerze.

ACHILLEUS TRAUERT UM DEN FREUND

Namenloser Jammer aber packte Achill, als man ihm den Tod des geliebten Freundes meldete. Vor seinen Augen wurde es Nacht. Mit beiden Händen griff er nach dem schwarzen Staube, bestreute Antlitz und Gewand und zerraufte sich sein goldblondes Haar. Er war wie von Sinnen.

So schrecklich drang Achills Wehklage um den verlorenen Freund in die Lüfte hinaus, daß auch Thetis sie in der Tiefe des Meeres vernahm. In Mutterschmerz und teilnehmender Sorge stieg sie empor, um den geliebten Sohn zu trösten. Doch nur einen Trost gab es für ihn: blutige Rache an Hektor, dem Mörder seines liebsten Waffenbruders!

Weinend hörte seine göttliche Mutter die Worte, denn ein alter Orakelspruch hatte einst über ihn geweissagt, sogleich nach Hektor sei auch ihm das Lebensende bestimmt. „Stürbe ich doch lieber auf der Stelle", rief Achill in seinem Unmut, „da ich, statt den Freund zu verteidigen, untätig im Zelte saß! Verflucht sei mein Zorn, der dem Freund und so vielen Waffengenossen den Tod gebracht hat! Verwehre mir nun den Kampf nicht, liebe Mutter!"

Nur schweren Herzens gab Thetis nach. „Aber deine herrliche Rüstung", fuhr sie fort, „ist in der Gewalt der Troer. So bitte ich dich, mein Sohn: Halte dich vom Kampfgetümmel fern, bis ich zurück bin; in aller Frühe, wenn die Sonne aufgeht, will ich dir neue Waffen bringen. Hephaistos selber soll dir eine Rüstung schmieden." Damit eilte sie zum Olymp hinauf, den Götterschmied aufzusuchen.

Unterdes war von neuem um die Leiche des Patroklos ein heftiger Kampf entbrannt. Mit lautem Geschrei verfolgten die Troer die beiden Aias, die den toten Körper einbrachten; unablässig drängte Hektor nach. Da vernahm Achill von der erneut drohenden Gefahr; Iris, die Götterbotin, hatte ihn auf Heras Geheiß angerufen. Waffenlos, wie er war, sprang der göttliche

Held auf den Lagerwall, stand dort allen Augen sichtbar und hob seine Stimme; Athene mischte die ihre dazu, daß sein Rufen den Trojanern wie eine Kriegsposaune ins Ohr tönte. Mit unheilvoller Ahnung füllte sich ihr Herz, als sie die mächtige Stimme des Helden vernahmen und ihn hochaufgerichtet, das Haupt von dem flammend goldenen Haare umweht, auf dem Walle erblickten. Wagen und Rosse wandten sich zur Flucht, der Feind ließ den Leichnam des edlen Patroklos in der Hand der Griechen.

Achill vergoß heiße Tränen, als er den treuen Gefährten, von feindlichen Speeren so gräßlich entstellt, leblos auf der Bahre liegen sah.

DER VERSÖHNTE PELIDE IN GÖTTLICHER WAFFENRÜSTUNG

Indessen schmiedete Hephaistos auf Bitten von Thetis die herrlichste Rüstung, die je ein Held getragen hat: einen strahlenden Panzer, der heller leuchtete als das Feuer, einen wuchtigen Helm mit Bügel und wehendem Helmbusch und Beinschienen aus feinstem Zinn. Ein Wunderwerk göttlicher Schmiedekunst aber war der Schild; in kunstvoller Arbeit schuf Hephaistos aus Gold und Zinn, aus Stahl und Silber Abbilder des Menschendaseins auf der Erde. Das Leben auf dem Markt und im Hause, in der Werkstatt und auf der Hochzeitsfeier, bei der Belagerung und im Kriegsgetümmel, alles entstand unter seinen kunstfertigen Händen, das Leben in der freien Natur, im Rebengarten und auf der Wiese, umkränzt mit dem Bilde des festlichen Reigens blühender Jünglinge und lieblicher Jungfrauen. Nie sah man eine so herrliche Arbeit.

Beim ersten Morgenlichte brachte Thetis ihrem Sohne die neue Rüstung. Noch immer saß Achill weinend in seinem Zelte, doch in wilder, rachedürstender Kampfesfreude glänzten seine Augen beim Anblick des kunstvollen Göttergeschenkes. Dann schritt er zum Meeresstrand, und mit seiner

Donnerstimme rief er die Danaer herbei. Wie jauchzten sie, den Helden wieder zu hören! Alle sprangen auf und eilten zum Versammlungsplatz.

Aufrecht stand Achilleus. „Sohn des Atreus!“ rief er weithin schallend, „laß uns das Vergangene vergessen, so sehr es uns auch kränken mag! Meinen Zorn habe ich abgelegt. So laßt uns jetzt eilen, unsere Krieger in die Schlacht zu führen! Ich möchte wissen, ob die Troer noch Lust spüren, bei den hohen Schiffen zu ruhen!“

Jubelgeschrei unterbrach seine Worte. Wie glücklich waren die Achaier, daß der Held versöhnt und zurückgewonnen war! Agamemnon reichte ihm die Hand. Er ließ die Geschenke holen, und Brisëis, durch deren Wegnahme einst der verhängnisvolle Zwist entbrannt war, kehrte zu ihrem rechtmäßigen Herrn zurück. Das ganze Heer setzte sich zum Mahle, um sich für den Kampf zu stärken.

Achilleus waffnete sich mit den göttlichen Geschenken des Hephaistos. So wundersam schmiegte sich die schwere Rüstung um seinen Körper, daß sie ihm wie Flügel erschien; ihm war, als wolle sie ihn vom Boden emporheben.

Er nahm seine schwere Lanze zur Hand, die kein anderer zu gebrauchen wußte, schwang sich in seiner strahlenden Waffenrüstung auf den Streitwagen und rief seine göttlichen Rosse an: „Tragt mich sicher durchs Kampfgetümmel und laßt mich wohlbehalten zurückkehren! Laßt mich nicht tot dort draußen liegen wie meinen Patroklos!“

Der ganze Olymp nahm Anteil am Kampfe um die heißumstrittene Stadt, seit Achilleus wieder zu den Waffen gegriffen hatte. Schon standen die Troer zu neuem Streite gerüstet, und bald erdröhnte der Boden unter den Schritten der feindlichen Heere. Wie der brausende Sturmwind das dürre Herbstlaub vor sich her treibt, so stürmten die Achaier gegen die Troer an. Der Donner des Zeus mischte sich schreckenerregend in den Kampflärm, und Poseidon ließ die Erde erbeben bis zu den Pforten des Hades.

ACHILL UND HEKTOR IM ENTSCHEIDUNGSKAMPFE

Achill blickte voll Kampfbegier und Rachelust nach allen Seiten. Er suchte Hektor, den verhaßten Sieger über Patroklos. Gleich einem Rudel aufgescheuchter Rehe flohen die Trojaner vor seinem Wüten, und wer sich nicht in den Schutz der Mauern rettete, den trieb der Held gegen den Skamandros; bald färbten sich seine Fluten mit dem Blute der Erschlagenen. Der Flußgott ergrimmte, und fast hätte er den Helden in seine Strudel hinabgezerrt; doch Poseidon befreite ihn und ließ ihn ins Kampfgewühl zurückeilen. Voller Entsetzen flohen die Trojaner zum Tore. Der greise König Priamos, der auf der Stadtmauer saß, ließ es schnell öffnen und nahm seine erschöpften Krieger in die Stadt auf. Apollon selber war dem rasenden Achill entgegengetreten, um den Fliehenden Zeit zur Rettung zu geben.

Nur der tapfere Hektor hatte diesen Schutz verschmäht. Ob Mutter und Vater ihn auch unter Tränen mahnten, er blieb auf dem Schlachtfelde, um sich zum Zweikampf zu stellen. „Ehe mich einer der Krieger feige schelten soll“, rief er entschlossen, „will ich lieber sterben, wenn ich den furchtbaren Feind nicht besiegen kann.“

Wie ein Löwe stürmte Achill heran, schrecklich anzusehen im strahlenden Schmucke seiner Rüstung, mit wild verzerrtem Gesicht und heftigen Hohnworten auf den Lippen. Standhaft blickte Hektor seinem Todfeind entgegen und – verlor plötzlich allen Mut! Hektor, der Tapfere, den noch kein Sterblicher hatte zittern sehen, er wandte sich, von panischem Schrecken gepackt, zur Flucht! Längs der Stadtmauer floh er hin, wie die Taube, die dem Habicht entrinnen will. Bald rechts, bald links suchte er zur Seite zu springen, um seinen Verfolger zu ermüden. Doch wenn er sich mühte, in die Nähe der schutzgewährenden Tore zu gelangen, so schnitt ihm Achill den Weg ab und trieb ihn wieder in die Ebene hinaus. Dreimal jagte der

Held den Helden um die Stadt herum in einem verzweifelten Wettlauf um Leben und Tod.

Die Griechen ließen ab vom Kampfe, so sehr bannte sie der Anblick; von der Höhe der Stadtmauer starrten die Trojaner voller Entsetzen auf den Todeslauf ihres geliebten Königssohnes. Auch die Götter hielten inne, denn keiner durfte zu Hektors Hilfe die Hand erheben: Seine Stunde war gekommen. Als Zeus die Schicksalswaage ergriff und zwei Todeslose hineinwarf, da sank die Schale mit Hektors Los tief hinab: Sein Schicksal war entschieden; auch Apollon verließ ihn jetzt.

Zum vierten Male jagten die beiden Krieger um die Stadt; da war es Hektor, als springe auf einmal ein Mann vom Tore her auf ihn zu, als wolle er ihm Hilfe bringen: sein Bruder Deïphobos. Nun endlich fühlte der Trojanerheld, wie sein alter Mut zurückkehrte. „Steh, Peleus' Sohn", rief er seinem Verfolger zu, „nicht länger fliehe ich vor dir! Ich will dich im Kampfe bestehen, und sollte ich dabei den Tod finden!"

Mit grimmig erhobener Waffe trat Achill ihm entgegen. „Laß uns vor den Göttern einen Vertrag schließen", fuhr Hektor fort: „Verleiht Zeus mir den Sieg, so werde ich dich nicht mißhandeln; ich nehme dir nach Kämpferart und Kriegsgebrauch die Rüstung, doch ich lasse deinen Leib den Achaiern zu rühmlicher Bestattung. Versprich du mir Gleiches!"

„Nichts von Verträgen!" schrie Achill ihm entgegen. „Kann zwischen Löwe und Mensch ein Bund sein oder zwischen Wolf und Lamm Eintracht herrschen? Ebensowenig wirst du zwischen mir und dir Freundschaft stiften. Einer von uns beiden muß zu Boden!" Schon fuhr seine furchtbare Lanze auf den Gegner. Doch Hektor ließ sich aufs Knie nieder, daß sie über ihn hinweg in den Sand fuhr. Nun schleuderte Hektor die seine, und er traf genau; mit lautem Krachen schlug das Geschoß gegen Achills Schild, doch machtlos prallte es zurück. Schon hatte Achill seine Lanze aus Athenes Hand zurückerhalten, doch als Hektor sich nach dem Bruder umschaute, daß dieser ihm seine Lanze leihe, da war Deïphobos verschwunden! Hektor mußte erkennen, daß Athene ihn grausam getäuscht hatte.

„Nicht ruhmlos will ich in den Staub sinken", stieß der gewaltige Held entschlossen hervor. Mit erhobenem Schwerte drang er auf den erbarmungslosen Gegner ein; doch der Pelide wartete den Streich nicht ab; blitzschnell erkannte er an Hektors Rüstung, die ja seine eigene war, eine Blöße und zielte mit dem Speere auf jene verwundbare Stelle: Die Spitze fuhr Hektor mit solcher Wucht in die Kehle, daß sie zum Nacken herausdrang.

„Fahr dahin, den Hunden und Vögeln zum Fraße!" schrie Achill in wilder Rachgier, als er Hektor sterbend zu Boden sinken sah. Mit letzter Kraft flehte dieser den siegreichen Feind an: „Schände meinen Leichnam nicht, Achill, ich beschwöre dich! Nimm Geld zum Geschenk, soviel du verlangst, doch laß meinen Leib dafür nach Troja heimkehren, daß ihm auf dem Scheiterhaufen die Ehre zuteil werde, wie sie einem Helden zukommt!"

Achill aber hatte weder Gehör noch Erbarmen für den Mann, in dem er nur den Mörder seines Freundes sah. Vergebens mahnte der Sterbende ihn, an sein eigenes Schicksal zu denken. „Stimmt den Siegesgesang an", rief Achill den jubelnd herbeieilenden Griechen zu, „und laßt uns vor allen Dingen meinem Freunde, laßt uns Patroklos das Sühneopfer darbringen, das ich ihm hier geschlachtet habe!"

GRAUSAME RACHE

Schon hatte Achill dem Toten die Rüstung genommen, band den leblosen Körper an seinen Streitwagen und jagte den Schiffen zu, die Leiche im aufwirbelnden Staube nachschleppend.

Welch ein Anblick war es für die unglückseligen Eltern, die das grausige Schauspiel von der Mauer aus mit anschauen mußten! Hekabe, die Mutter, schrie auf in Schmerz, riß ihren Schleier vom Haupte und raufte sich ihr graues Haar. Starren Blicks stand Priamos, mit wankenden Knien und wie von Sinnen in Zorn und Schmerz. Nur mit Mühe hielt man den Greis zurück, als er zum Tore hinausstürmen und sich auf Achilleus stürzen wollte.

Andromache, Hektors Gemahlin, hatte von dem ganzen Unglück noch nichts vernommen. Ruhig saß sie in einem der Gemächer des Palastes und durchwirkte ein schönes Purpurgewand mit bunter Stickerei. „Stell einen großen Dreifuß ans Feuer!“ rief sie gerade einer ihrer Dienerinnen zu. Sie wollte ihrem Gemahl ein Bad bereiten, wenn er aus der Feldschlacht käme.

Da vernahm Andromache vom Turme her Schreien und Jammerlaut. „O wehe“, rief sie, finstere Ahnung im Herzen, „wehe mir, ich fürchte, meinem Hektor ist ein Leid zugestoßen!“

Zwei Mägde folgten ihr auf ihr Geheiß, während sie mit hämmerndem Herzen durch den Palast und auf den Turm eilte. Über die Mauer hinab mußte sie mitansehen, wie der Pelide den Leichnam ihres Gatten erbarmungslos mit seinen Rossen durch das Gefilde schleifte.

Andromache brach in ihrem unsagbaren Schmerz ohnmächtig zusammen. Ihr kostbarer Schmuck, Aphrodites Hochzeitsgeschenk, flog zur Erde. Lange lag sie wie leblos, und als ihr das Bewußtsein zurückkehrte, erhob sie herzbewegende Klage. Die ganze Stadt hallte wider von unendlichem Weh.

Das Antlitz im Staub, so lag die Leiche des besten Trojanerhelden vor Achills Zelt. Der Pelide hatte sie zu Füßen seines gefallenen Freundes Patroklos niederwerfen lassen. Er selber setzte sich mit Tausenden seiner Waffengefährten zum festlichen Leichenschmause nieder. Über den Tod hinaus zürnte er dem trojanischen Helden, und nichts als der Gedanke an Rache bewegte ihn.

„Kein Bad soll mich erquicken“, schrie er mit wütendem Schwur, „ehe nicht Patroklos auf dem Scheiterhaufen liegt und er sein Denkmal erhalten hat!“ Da veranstalteten die Griechen für den toten Patroklos eine prunkvolle Leichenfeier. Zu Tausenden folgten sie dem Leichenzuge; ein ganzer Wald von Bäumen wurde zum Scheiterhaufen herbeigeschafft. Die prächtigsten Wettspiele wurden Patroklos zu Ehren mit Wagenrennen und Faustkampf, Ringen, Lauf und Waffenkampf, mit Kugelwurf, Bogenschuß und Speerwurf durchgeführt.

Doch während die Fürsten und ihre Völker nach der glänzenden Leichenfeier ausruhten, suchte Achill vergeblich erlösenden Schlummer. Die Trauer um den unvergeßlichen Freund und unversöhnlicher Zorn trieben ihn vom Lager auf; unstet im Herzen, irrte er am Ufer des Meeres umher, und als Eos plötzlich mit rötlichem Glanze das Meer und die Ufer überstrahlte, spannte der Held in wildem Entschluß seine Rosse ins Joch, band Hektors leblosen Körper an den Wagensitz und schleifte ihn dreimal um die Totenbahre des Freundes. Apollon aber schwebte schützend über dem trojanischen Helden, deckte ihn mit dem goldenen Schirm seiner Aigis und bewahrte den toten Leib vor allen Entstellungen.

PRIAMOS UND ACHILLEUS

Priamos, den tiefgebeugten Vater, hielt es inzwischen nicht mehr in der belagerten Stadt. Wie sollte er es ertragen, daß sein herrlicher Sohn unbestattet draußen lag! Apollon, der sich ihm im Traume nahte, verlieh ihm Kraft und Mut, und Zeus selber gab Hermes den Befehl, den Greis sicher zu geleiten, als er sich mit reichen Lösegeschenken ins Griechenlager aufmachte. Allen Warnungen zum Trotze wollte er es wagen, Achill um Hektors Leiche zu bitten.

In der Stille der Nacht durchfuhr der Greis das Griechenlager. Niemand hinderte ihn, denn keiner der Wächter wurde ihn gewahr, als er sich dem Zelte Achills näherte. Er hatte die kostbarsten Geschenke aus seiner königlichen Schatzkammer, Decken, Teppiche, goldene Kessel, Becken und Becher auf den Wagen laden lassen, um den Grimmigen versöhnlich zu stimmen.

Achill saß im Kreise seiner Waffengefährten, als der König zu ihm ins Zelt trat. Wie erstaunte der Pelide über den unerwarteten Anblick! Betroffen blickten seine Waffengefährten. Der greise Troerkönig trat auf ihn zu und warf sich ihm zu Füßen; flehend umfaßte er die Knie des Göttergleichen. „Denk an deinen Vater“, rief er unter Tränen, „der alt und kraftlos wie ich zu Hause lebt! Auch er ist vielleicht schutzlos und voller Angst, doch bleibt ihm die Hoffnung, seinen geliebten Sohn von Troja heimkehren zu sehen. Ich aber, der ich fünfzig Söhne hatte, ich bin der meisten beraubt worden, und zuletzt dieses einzigen, der die Stadt und uns alle zu schützen vermochte. Darum komme ich nun zu den Schiffen, ihn, meinen Hektor, von dir zu erkaufen. Unermeßliches Lösegeld bringe ich; sieh mich hier im Staube vor dir – ich küsse die Hand, die meinen liebsten Sohn erschlug!“

Mitleid packte Achills starres Herz. Voll Sehnsucht dachte er an den eigenen Vater; der auch bald um ihn trauern würde. In tiefer Erschütterung beugte er sich zu dem Greise nieder, um ihn auf den Ehrenplatz an seiner Seite zu ziehen. Doch Priamos wollte sich nicht setzen, solange sein Sohn unbestattet auf dem Felde lag. „Gib ihn mir heraus“, bat er, „denn mein Herz verlangt nach ihm, meinem herrlichen Sohne! Freue dich an dem reichen Lösegeld, Achill, und habe Mitleid mit meinem gebrochenen Vaterherzen!“

Solchen Bitten konnte Achill nicht widerstehen. Er eilte hinaus, hieß die Diener den Leichnam waschen, salben und bekleiden und hob ihn mit eigener Hand auf die Bahre; er wollte nicht, daß Priamos die Leiche des Sohnes so nackt und entstellt sehe. Die kostbaren Gaben, die der greise König als Lösegeld mitgebracht hatte, ließ er ins Zelt tragen und setzte sich dann mit dem Könige zu Tische. Staunend betrachtete Priamos den Wuchs und die Gestalt seines edlen Gastgebers; Achill glich wahrhaft den Unsterblichen. Doch auch der Pelide blickte voll Achtung auf seinen königlichen Gast und vernahm mit Ehrerbietung dessen weisheitsvolle Reden. Gastfreundlich bot er ihm sodann eine Lagerstätte an, denn Priamos hatte kein Auge geschlossen, seit sein edler Sohn aus dem Leben geschieden war. Gerne stimmte Achill zu, als der gramgebeugte Vater um eine elftägige Kampfpause bat, damit er seinen Sohn mit allen Ehren bestatten könne. Hermes, der Götterbote, geleitete den königlichen Greis auf seinem Rückwege wieder sicher durch das Griechenlager. Priamos führte den teuren Toten auf einem Wagen, der mit Maultieren bespannt war, nach Troja zurück.

Unsagbar war Andromaches Schmerz um den toten Gemahl, untröstlich trauerte Hekabe um den herrlichen Sohn; Helena beklagte den toten Schwager, und unaufhörlich drang die Klage des ganzen Troervolkes zum Himmel empor. Neun Tage währten die Vorbereitungen zur prunkvollen Leichenfeier, zu der Priamos rüsten ließ. Im Königshause beendete man die Trauerfeier mit einem festlichen Totenmahle.

DIE SCHÖNE PENTHESILEIA

Nach Hektors Bestattung entbrannte der Kampf von neuem mit erbitterter Wut. Die Trojaner hielten sich anfangs hinter den schützenden Mauern, doch dann nahte ein unerwarteter Helfer, die Amazonenkönigin Penthesileia, die den grimmigen Achilleus im Kampfe zu bestehen gedachte. Schrecklich wütete die streitbare Jungfrau unter den Griechenhelden, die Schmach des Priamos zu rächen, und ihre Kriegerinnen wetteiferten mit ihr an Tapferkeit. Unaufhaltsam wichen die Achaier zurück; schon glaubten die Troer in törichter Freude an die gänzliche Vernichtung ihrer Feinde.

Dann aber griffen Aias, des Telamon Sohn, und Achilleus selber in den Kampf ein. Wie ein Panther auf die Jäger, so stürzte Penthesileia sich mutig auf die verhaßten Feinde. Der starke Achilleus aber durchbohrte Roß und Reiterin mit einem Stoße; sterbend sank die Amazone in die Knie.

Doch als der Pelide dann die überirdische Schönheit der Jungfrau betrachtete, die, ähnlich der nach heißer Jagd schlummernden Artemis, in voller Waffenrüstung vor ihm lag, überkam ihn bitterster Schmerz, daß er das herrliche Weib hatte töten müssen. „Viel eher hättest du es verdient“, stieß er hervor, „als meine Gemahlin mit mir in Phthia einzuziehen!“ Mit tiefer Wehmut blickte er auf die Jungfrau nieder, und die Qual, die an seinem Herzen nagte, war nicht geringer als in den Stunden, da er um seinen erschlagenen Freund Patroklos jammerte.

DES PELIDEN GESCHICK ERFÜLLT SICH

Um diese Zeit sollte sich Achills Schicksal erfüllen, das die Götter schon längst vorausgesehen hatten. Der göttergleiche Pelide war nicht unsterblich, denn als die Göttin Thetis ihn bei seiner Geburt im Feuer des Hephaistos und im Wasser der Styx unverwundbar machte, hatte sie den Knaben an der Ferse gehalten. Nur den Göttern war bekannt, daß diese Stelle, wo seine göttliche Mutter ihn beim Eintauchen angefaßt hatte, verwundbar war.

Wieder entbrannte der Kampf vor Trojas Mauern. Achilleus erschlug eine große Zahl der Feinde und verfolgte die Fliehenden bis vor die Tore. Als er sich jedoch in seiner übermenschlichen Kraft anschickte, die Torflügel aus den Angeln zu heben, um den Griechen den Weg in die Stadt zu öffnen, konnte Phoibos Apollon nicht mehr untätig bleiben. Wütend stieg der Gott vom Olymp hernieder, den Köcher mit den unfehlbaren Pfeilen auf dem Rücken; unverhüllt trat er dem Peliden entgegen und gebot ihm in göttlichem Zorne Halt. „Hüte dich“, klang drohend seine Stimme, „daß nicht einer der Unsterblichen dich verderbe!“

Achilleus kannte des Gottes Stimme gar wohl. Aber der rasende Held achtete nicht auf die Warnung. Er scheute sich nicht, dem Zeussohne zu drohen und ihn mit frevelnden Worten zu schmähen. „Mach dich davon, daß nicht mein göttlicher Speer dich treffe!“ schrie er.

Da hüllte der zürnende Phoibos sich in dunkles Gewölk, legte einen Pfeil in die Sehne und schoß dem Peliden in die verwundbare Ferse. Paris war es, der dann gegen den Verwundeten den Todesstreich führte. Wie ein unterhöhlter Turm stürzte Achill zu Boden. Doch er raffte sich wieder auf, denn noch war seine unbändige Kampfkraft nicht gebrochen, und mancher Trojaner endete unter seiner unfehlbaren Lanze. Bald aber ermatteten ihm die

Glieder, und unter die Toten ringsum sank Achilleus, der herrlichste Held der Griechen, in den Staub, wie ihm geweissagt war.

Paris, sein Todfeind, frohlockte und rief den Troern zu: „Bemächtigt euch der Leiche!“ Als sich jedoch die Menge der Troer, die vorher so ängstlich Achills Lanze gemieden hatten, jetzt beutegierig um den Toten scharte, war Held Aias zur Stelle. Wachsam umkreiste er die Leiche des Waffengefährten und verjagte die Feinde. So mancher, der sich zum Kampfe herbeiwagte, empfing den Todesstoß. Odysseus und andere Danaer traten dem tapferen Aias zur Seite.

Inzwischen hatten die Könige Achills Leichnam vom Schlachtfelde zu den Schiffen tragen lassen und umstanden ihn voller Schmerz. Unaufhörlich stieg die Wehklage um den Tod des Besten der Griechen zum Himmel.

Endlich machte der greise Nestor dem Klagen ein Ende. Er mahnte die Griechen an ihre Pflicht gegen den Toten, hieß sie den Leichnam waschen und aufs Lager betten und die Totenehrungen vorbereiten. Trauernd blickte Athene vom hohen Olymp auf ihren Liebling. Sie träufelte einige Tropfen Ambrosia auf sein Haupt, um ihn vor Entstellung und Verwesung zu bewahren. Frisch wie ein Lebender ruhte nun der herrliche Held auf seinem Totenlager, und alle Griechen, die vor ihn hintraten, schauten mit Staunen seinen Riesenwuchs und den herrlichen Körper. Es war, als liege er in friedlichem Schlummer und werde bald wieder erwachen.

Aus der Meerestiefe aber stieg Thetis, Achills göttliche Mutter, mit den übrigen Töchtern des Nereus empor. Thetis umfing ihren Sohn mit den Armen, küßte ihn auf den Mund und weinte, daß der Boden von ihren Tränen naß wurde. Mit ehrfurchtsvoller Scheu wichen die sterblichen Danaer vor den meerentstiegenen Gottheiten zurück.

Erst als sie sich beim Morgengrauen ins Meer zurückgezogen hatten, wagten die Griechen wieder, sich dem Leichnam des Helden zu nahen. Sie türmten ungezählte Bäume zum Scheiterhaufen, schmückten ihn zu Ehren des Toten mit den Rüstungen Erschlagener, schlachteten Opfervieh und brachten ihm Totengeschenke dar. Briseïs, die Lieblingssklavin des

Toten, weihte ihrem Gebieter ihre Locken als letzte Gabe. Hochauf zum Himmel schlug die Flamme, die des Helden Leib zu Asche verbrannte. Sodann ehrten die Griechen mit prächtigen Wettspielen ihren großen Toten.

DAS SCHWERE SCHICKSAL DES AIAS

Ein schweres, unverdientes Schicksal traf den tapferen Aias, der so mannhaft für den gefallenen Achill eingetreten war. Bei der prunkvollen Leichenfeier hatte Thetis die Rüstung ihres Sohnes demjenigen zugesprochen, der den Leichnam vor dem Zugriff der Trojaner gerettet hatte. In dem Streit mit dem listigen Odysseus aber, der die herrlichen Göttergeschenke für sich beanspruchte, war Aias unterlegen. Zürnend saß er in seinem Zelte. Doch während er daran dachte, ob er Odysseus in Stücke hauen, die Schiffe anzünden oder sich mit seinem scharfen Schwerte auf die Griechen stürzen solle, hatte ihn Athene furchtbar getroffen. Besorgt um ihren Freund Odysseus, hatte sie Aias, der so Schlimmes brütete, mit Wahnsinn geschlagen. So furchtbar war Aias von der Göttin geblendet, daß er die Schafherden, von denen die Griechen sich nährten, für Scharen feindlicher Krieger hielt; in wilder Kampfeswut stürmte er auf sie ein und richtete unter den unschuldigen, wehrlosen Tieren ein sinnloses Gemetzel an. Doch als er in wildem Wahne einen Widder, in dem er den verhaßten Odysseus sah, mit seiner Peitsche furchtbar züchtigte, nahm die Göttin die Krankheit von ihm. Die Geißel in der Hand, stand der Held im Augenblick des Erwachens vor dem Widder, der mit zerfleischtem Rücken am Türpfosten hing. Dieser Anblick sagte dem unglücklichen Aias genug. „Warum hassen mich die Unsterblichen?“ stieß er hervor; „hier stehe ich, zum Gelächter dem ganzen Heere, meinen Feinden ein Spott!“ Beschämt und verzweifelt wünschte er sich den Tod. Vergeblich suchte Tekmessa, die Mutter seines Sohnes, ihn von seinem Vorhaben abzubringen: Aias fand den Tod durch sein eigenes Schwert.

DAS HÖLZERNE PFERD

Zehn Jahre lagen die Griechen nun schon vor Troja, doch immer noch war kein Ende des furchtbaren Krieges abzusehen. An die Stelle Achills war sein Sohn Neoptolemos getreten. Inzwischen mußten die Belagerten auch den Paris betrauern, den Urheber all des Unheils, das Griechen und Trojaner im Kampfe um die Stadt erlitten hatten. Von einem Giftpfeil des Philoktetes getroffen, fand Paris den Tod in der Schlacht. Die Trojaner führte an Hektors Stelle jetzt der fromme Aineias, der Sohn der Aphrodite, der sich schon ruhmvoll im Kampfe hervorgetan hatte. Apollon hauchte ihm Mut und Stärke ein, daß die Griechen unter schweren Verlusten zurückweichen mußten. Nur mit Mühe konnte Neoptolemos die schwierige Lage meistern.

Unaufhörlich wogte der Streit hin und her. Erfolg und Mißerfolg, Sieg und Niederlage verteilten die Götter auf beide Seiten. Vergeblich versuchten die Griechen eine Entscheidung zu erzwingen. Aineias, der strahlende Held, war der stärkste Rückhalt der Trojaner.

Da rief Kalchas, der Seher, die vornehmsten Helden des griechischen Heeres zusammen. „Laßt ab von dem Versuche, die Stadt mit Gewalt zu nehmen“, redete er zu ihnen, „denn so werdet ihr nie zum Ziele kommen! Besinnt euch lieber auf eine List, die euch den Erfolg bringen mag!“ Zur Bekräftigung seiner Worte erzählte er ihnen von einem Traume, in dem er einen Habicht eine Taube verfolgen sah. Als das Tierchen in einem Felsspalt sicheren Schutz fand, verbarg der Raubvogel sich im nahen Gebüsch, bis das törichte Täubchen herausschlüpfte. Mit leichter Mühe packte er es nun und würgte es ohne Erbarmen. „Laßt uns diesen Vogel zum Vorbild nehmen“, schloß Kalchas, „laßt uns darauf sinnen, Troja nicht mit Gewalt zu erobern, sondern es einmal mit List zu versuchen!“

Keinem der Helden aber wollte ein Mittel einfallen, wie man dem Kriege mit einer List ein Ende setzen könne. Schließlich hatte der schlaue Odysseus den erlösenden Einfall: „Laßt uns ein riesengroßes Pferd zimmern, in dessen Leib sich unsere edelsten Helden verbergen sollen. Durch einen scheinbaren Abzug unseres Heeres werden die Troer sich aus der Stadt herauslocken lassen." Der erfindungsreiche Held hatte seinen Plan bis in alle Einzelheiten zu Ende gedacht. Ein mutiger Mann, den keiner der Feinde kannte, solle zurückbleiben, sich als Flüchtling ausgeben und den Troern das Lügenmärchen vortragen, er sei vor der frevelhaften Gewalt der Achaier geflohen, die ihn für ihre glückliche Rückkehr den Göttern als Opfer hätten schlachten wollen. Und habe er das Mißtrauen der Troer überwunden, so solle er sie veranlassen, das hölzerne Pferd in die Mauern ihrer Stadt zu ziehen!

Als Odysseus ausgeredet hatte, lobten alle seinen erfindungsreichen Geist. „Du hast meine Worte richtig verstanden!" rief Kalchas anerkennend. Zugleich beobachtete er auch günstige Vogelzeichen und zustimmende Donnerschläge des Zeus. „Geht sofort ans Werk, ihr Freunde!" rief er drängend.

Der kunstfertige Epeos übernahm die Leitung. Ihm war Pallas Athene im Traume erschienen. Sie trug ihm auf, das mächtige Roß aus Balken zu zimmern, und versprach ihm ihren Beistand. Eiligst schickten die Atriden in die waldreichen Täler des Idagebirges und ließen die stärksten Fichten fällen. Epeos zimmerte zuerst die Füße des Pferdes, dann den Bauch, fügte darüber den gewölbten Rücken, die Weichen und zuletzt den Hals mit dem mächtigen Kopfe. Schweif und Haare, Ohren und Augen, nichts fehlte. Nur drei Tage hatte die Arbeit gedauert. Staunend stand das ganze Heer vor der Schöpfung des Künstlers.

„Jetzt gilt es, ihr Führer des Danaervolkes!" rief Odysseus. „Mehr Mut gehört dazu, in dieses Versteck zu kriechen, als dem Tode in offener Feldschlacht zu trotzen! Darum, wer sich zu den Tapfersten zählt, der entscheide sich für dieses Wagnis! Die andern mögen vorerst zum Scheine abfahren und sich außer Sichtweite halten! Ein mutiger Jüngling aber soll zurückbleiben, wie ich geraten habe!"

Sinon hieß der Waffengefährte, der dazu bereit war. Dreißig Helden aber, voran Neoptolemos, dann Menelaos, Diomedes, Odysseus und viele andere berühmte Kämpfer, stiegen in voller Waffenrüstung in den geräumigen Leib des Riesentieres. Zuletzt stieg Epeos, der das Wunderpferd gebaut hatte, hinein, zog die Leiter ein und schloß von innen die Riegel.

Die andern Griechen aber steckten die Zelte und alles Lagergerät in Brand; unter Agamemnons und Nestors Führung brachen sie mit den Schiffen auf und verließen die Küste. Mit ungläubigem Staunen hatten die Trojaner von der Mauer aus alle Vorbereitungen für die Abfahrt beobachtet. Wirklich, der Feind, der sie zehn Jahre lang bedroht hatte, war plötzlich verschwunden!

LAOKOONS WARNUNG

Aber eines konnten die Trojaner nicht sehen: Die Griechenschiffe gingen außer Sichtweite hinter der Insel Tenedos, die der Küste vorgelagert ist, vor Anker. Die Krieger stiegen an Land und warteten mit Spannung auf die verabredeten Feuerzeichen.

Voll Freude öffneten die Trojaner ihre Tore und strömten in Scharen über das Schlachtfeld dem Ufer zu. Zwar trugen sie Waffen und Rüstung, denn noch wagten sie nicht ganz zu glauben, daß sie so überraschend von allen Bedrängnissen des furchtbaren Krieges befreit sein sollten. Neugierig strömten sie durch das verödete Schiffslager, sahen die Stätte, wo einst der gewaltige Achill mit seinen Myrmidonen gehaust und wo die Königszelte des Agamemnon und des Menelaos gestanden hatten. Staunend umstanden sie das große hölzerne Pferd. Welch gewaltiger Bau!

Was sollte man mit dem seltsamen Wunderwerke anfangen? Sollte man es in die Stadt schaffen und als Siegesdenkmal für alle Zukunft auf der Burg aufstellen? Sollte man es ins Meer stürzen oder verbrennen? Erregt gingen die Meinungen hin und her. Da trat mit eiligen Schritten Laokoon, Apollons

Priester, mitten unter das Volk. „Was für ein Wahnsinn treibt euch, ihr Toren!“ rief er schon von weitem. „Glaubt ihr etwa, die Achaier seien wirklich abgefahren? Glaubt ihr, es gebe ein Danaergeschenk, das ohne List und Ränke ist? Kennt ihr den Odysseus denn so schlecht? Entweder birgt das Roß irgendeine Gefahr, oder es ist eine Kriegsmaschine, die gegen unsere Stadt gerichtet ist. Trauet dem Pferde nicht, ihr Troer! Was es auch sein mag: Ich fürchte die Danaer – besonders, wenn sie uns Geschenke bringen!“ Mit diesen Worten entriß er einem Krieger die Lanze und stieß sie machtvoll in den Bauch des Wundertieres. Der Schaft zitterte im Holze, und aus der Tiefe hallte es dröhnend wider. Klang es nicht wie Waffengeklirr? In ihrer Verblendung vernahmen die Trojaner nicht die Warnung des Schicksals.

SINON, DER MEISTER DER HEUCHELEI

Da entdeckten Hirten den zurückgelassenen Sinon, der sich versteckt gehalten hatte, und schleppten ihn vor Priamos. Das troische Kriegsvolk eilte neugierig herbei. Waffenlos, mit gefesselten Händen und wirrem Haare, stand der Gefangene vor dem König. Er verstand es vortrefflich, die Rolle zu spielen, die Odysseus ihm aufgegeben hatte. Flehend streckte er die Arme zum Himmel und dann wieder zu den Umstehenden, und unter Schluchzen rief er aus: „Weh mir Armem! In welchem Lande, auf welchem Meere soll ich Schutz suchen! Ich leugne nicht, ein Grieche zu sein; aber meine Landsleute haben mich ausgestoßen, und die Troer werden mich jetzt ohne Erbarmen töten!“

Neugierig lauschte man seinen Worten. „Schon lange“, berichtete Sinon, „waren die Achaier des hoffnungslosen Krieges müde, und schon längst sannen sie auf Heimfahrt. Wie einst in Aulis aber hemmten widrige Winde ihre Reise, und auch jetzt forderte Kalchas einen Griechen als Opfer. Er haßt mich, der Seher, und so benannte er mich als denjenigen, dessen Blut die Götter forderten. Schon war der Schreckenstag gekommen, schon hatte man das Opfer vorbereitet, da konnte ich meine Fesseln zerreißen und entfliehen. Ich verbarg mich im Schilfrohr des Sumpfes, bis sie abgesegelt waren."

Mit solchem Lügen verstand es der schlaue Späher, die Trojaner zu täuschen. Sie ließen sich davon überzeugen, daß er die Wahrheit spreche und nichts Feindliches im Schilde führe. „Ich bin in eurer Hand, ihr Troer", sagte er ergeben, „und von euch hängt es ab, ob ihr mir in eurer Großmut das Leben schenken oder mir den Tod geben wollt, mit dem mich meine eigenen Landsleute bedrohten."

Mitleid ergriff die Angesprochenen; der greise Priamos ließ ihm die Fesseln abnehmen und sprach ihm freundlich zu. „Du sollst bei uns eine sichere Zuflucht finden, Sinon, doch vorher laß uns noch wissen: Weshalb erbauten die Griechen dieses mächtige Roß? Ist es ein Bild zu Ehren der Götter? Ist es ein Kriegswerkzeug, mit dem unsere listigen Feinde uns noch nach ihrer Abfahrt vernichten wollen?"

Sinon, der Meister der Heuchelei, scheute sich nicht, die Götter zu Zeugen anzurufen, als er mit seinen Lügen fortfuhr: „So wisset, daß die Achaier den Zorn ihrer Schutzgöttin Pallas Athene erregt haben. Das Pferd, das ihr hier errichtet seht, soll ein Weihgeschenk für die Göttin sein, um ihren Zorn zu versöhnen. Und so mächtig groß und breit haben sie es gebaut, damit ihr es nicht durch eure Tore bringen könnt. Denn ist es erst einmal innerhalb der Mauern eurer Stadt, so würde Athene euch noch mehr als bisher ihren Schutz spenden. Höret aber, worauf die arglistigen Achaier hoffen: Ihr sollt euch an dem geheiligten Rosse vergreifen, denn dann wäre der Untergang eurer Stadt gewiß!"

TROJAS VERDERBEN IST UNABWENDBAR

Alles, was Sinon vorbrachte, erschien so glaubhaft, daß Priamos und die Trojaner in seine Worte keinen Zweifel setzten. Athene selber aber wachte über dem Geschick ihrer Freunde, und als einige erregte Trojaner davon sprachen, das unheimliche Pferd zu verbrennen oder ins Meer zu stürzen, befreite sie ihre Schützlinge durch ein entsetzliches Wunder aus solcher Gefahr. Laokoon nämlich, der Priester des Apollon, der zugleich auch Priester des Poseidon war, opferte gerade am Meeresgestade. Seine beiden Knaben waren bei ihm. Da kamen plötzlich von der Insel Tenedos zwei ungeheure Schlangen über die spiegelglatte Meeresfläche daher und strebten zum Ufer. Ihre mächtigen Leiber peitschten die aufschäumende Flut. Schon hatten sie das Land erreicht; züngelnd und zischend blickten sie um sich.

Die Trojaner, die noch immer in Scharen um das Roß herumstanden, flohen nach allen Seiten; die beiden Schlangen aber glitten auf den Altar zu, wanden sich um die Leiber der beiden Knaben und bohrten ihre giftigen Zähne in die jungen Körper. Laut schrien die Knaben vor Schmerz. Laokoon ergriff ein Schwert und eilte den Söhnen zur Hilfe, doch mit mächtigen Windungen schlangen sich die Ungeheuer auch um seinen Leib. Vergeblich mühte er sich, die Umschlingungen zu lösen. Furchtbar waren seine Klagelaute, die sich zum Himmel erhoben.

So erlag Laokoon, der Priester, mit seinen beiden Söhnen den schrecklichen Schlangen. Diese aber schlüpften Athenes hochragendem Heiligtum zu und bargen sich dort unter den Füßen und dem Schilde der Göttin.

Jedermann sah: Laokoon war von der Gottheit für seinen frevlerischen Zweifel schrecklich gestraft worden; die Göttin schützte ihre Weihgabe, wie Sinon es behauptet hatte. Da eilte ein Teil der Trojaner der Stadt zu und schlug eine Bresche in die Mauer, ein anderer fügte Rollen unter die Füße des Rosses, wieder andere drehten gewaltige Seile aus Werg und warfen sie dem hölzernen Riesentier um den Hals.

Alle drängten sich, das seltsame Geschenk auf die Burg führen zu helfen. Im Triumph zog man das Roß in die Stadt hinein. Als der Koloß über die Schwellen rollte, erdröhnte es wieder in seinem Bauche wie von Waffen. Die Trojaner aber waren wie mit Blindheit geschlagen. Inmitten ihrer Begeisterung blieb nur Kassandra, die begnadete Tochter des Priamos, bei klaren Sinnen. Die Götter hatten ihr die Gabe verliehen, Zukünftiges zu sehen, doch ihr Schicksal war es, daß niemand ihren Worten Glauben schenkte. Auch jetzt hatte sie Unheilszeichen am Himmel beobachtet; mit flatternden Haaren, vom Geiste der Weissagung getrieben, stürzte sie aus dem Königspalaste hervor: „Ihr unglücklichen Toren", schrie sie, „erkennt ihr denn nicht, daß wir den Weg zum Hades hinabschreiten? Daß wir am Rande des Verderbens stehen? Ich sehe die Stadt in Feuer und Blut gehüllt; aus dem Bauche des Rosses wallt es heraus, dem ihr in eurer Verblendung Eingang in unsere Stadt gegeben habt!"

Die Trojaner aber hörten nicht auf ihre Warnungen. Jubelnd und singend führten sie das verhängnisvolle Feindesgeschenk durch die Stadt und ruhten nicht, bis es auf der Burg stand.

Die halbe Nacht hindurch überließen sich die Trojaner der Freude, endlich von aller Bedrängnis frei zu sein. Alles ergab sich festlichem Schmause, sang und lauschte der Musik. Immer wieder wurden die Becher gefüllt, bis die Trinker die Müdigkeit übermannte.

Endlich sanken auch die letzten in tiefen Schlaf, überwältigt von dem Geschehen des Tages und der lärmenden Feier. Da erhob sich Sinon, der wacker mit den Trojanern gezecht und sich zuletzt schlafend gestellt hatte, von seinem Lager. Er schlich hinaus zum Stadttor, zündete ein Fackel an und gab damit zur Insel Tenedos hinüber das verabredete Zeichen. Ebenso leise begab sich der Späher sodann zum hölzernen Pferde und klopfte an den mächtigen Bauch, wie Odysseus ihn geheißen hatte. Mit klopfendem Herzen stiegen die Helden aus der dunklen Höhlung. Sie zogen ihre Schwerter und schlichen durch die Straßen zu den Toren, um die Wächter niederzumachen.

ERBARMUNGSLOSER UNTERGANG

Gräßlich war das Gemetzel, das dann unter den schlaftrunkenen, weinberauschten Trojanern anhob, die sich nur schwach zur Wehr setzen konnten. Feuerbrände wurden in die Wohnungen geschleudert, und bald loderten ringsumher die Häuser. Zu gleicher Zeit trieb ein günstiger Wind die Flotte der Griechen in den Hafen. Ihr Heer stürmte durch die breite Mauerlücke, durch die tags zuvor das Roß hineingezogen worden war, in die Stadt. Stöhnen und Wehklagen, Schmerzensschreie und Todesklagen jammernder Frauen und unmündiger Kinder durchgellten die brennende Stadt.

Kein Alter, kein Geschlecht noch Stand blieben bei dem schrecklichen Morden verschont. Keiner von den Söhnen des Königs rettete sein Leben. Priamos selber fand unter dem Schwerte des Neoptolemos den Tod. Wer von den Trojanern dem schrecklichen Gemetzel und dem Brande entronnen war, den traf das noch härtere Los der Sklaverei. Hektors Gattin Andromache wurde von Neoptolemos hinweggeschleppt, wie ihr einst Hektor in trüber Vorahnung verkündet, nachdem sie mit eigenen Augen hatte ansehen müssen, wie ihr Sohn Astyanax von der Zinne des Turmes hinabgeschleudert wurde und einen gräßlichen Tod fand.

Als Aineias, der herrliche Held, erkannt hatte, daß alle Gegenwehr vergeblich war, nahm er seinen greisen Vater Anchises auf die Schultern und seinen Sohn Askanios bei der Hand und begab sich auf die Flucht; seine Hausgötter führte er mit sich. Aphrodite, seine Mutter, war mit ihm: Wohin er seinen Fuß setzte, wichen die Flammen vor ihm zurück. Kein Speer, kein Schwert konnte ihn verwunden.

Des Königs Menelaos Trachten war auf Helena, seine rechtmäßige Ehegattin gerichtet, um die der furchtbare Völkerstreit entbrannt war. Mit blankem Schwerte drang er auf die Treulose ein; doch als er sie in dem strahlenden Liebreiz ihrer Schönheit vor sich stehen sah, vermochte er sich nicht gegen die alte Liebe zu wehren. Froh über den wiedererlangten Besitz, nahm er sie aufs neue als seine Ehegattin auf.

Hoch hinauf bis zum Äther stieg die Flammensäule und verkündete den Bewohnern der Inseln und den Schiffen ringsum den Untergang der unglücklichen Stadt Troja.

DAS SCHICKSAL DER TANTALIDEN

FLUCH RUHT AUF DEM HAUS DER ATRIDEN

Troja war gefallen; froh segelte die Flotte der Griechen heimwärts. Viele Schiffe aber gerieten in schweres Unwetter und wurden vernichtet. Agamemnons Segler standen unter Heras Schutz. Sie hatten daher keinen Schaden genommen und fuhren rüstig der Heimat, dem Peloponnesos, zu. Schon zeigte sich am Horizont das erste Vorgebirge von Lakonien, da packte ein Orkan auch Agamemnons Flotte und warf sie aufs offene Meer zurück. Seufzend hob der Völkerfürst die Hände zum Himmel empor: „Ihr Götter", rief er, „habe ich darum soviel Ungemach erlitten, bin ich mit soviel gutem Willen euren Befehlen gefolgt, um nun im Angesicht der Heimat mit meinen tapferen Kriegern elend zu verderben?" Er wußte nicht, daß diesmal der Sturm als Warner und Freund gekommen war. Denn besser wäre es für den König gewesen, im fernsten Barbarenlande sein Leben in schwerer Verbannung zu beschließen, als den Fuß in seinen Königspalast in Mykene zu setzen.

Seit Tantalos, Agamemnons Urahn, es gewagt hatte, mit den Göttern frevlerischen, greuelhaften Spott zu treiben, ruhte schwerer Fluch auf dem Hause. Pelops, der Sohn des Tantalos, half durch seinen Mord an Myrtilos, dem Sohne des Gottes Hermes, diesen Fluch weitertragen: Auf seinen Fahrten kam er in den Peloponnesos, die Pelops-Insel, und warb in Elis um die schöne Hippodameia. Doch ihr Vater, der König Oinomaos, wollte sie nur demjenigen Manne geben, der ihn im Wagenrennen besiegte. Pelops verstand es, des Königs Stallmeister Myrtilos für sich zu gewinnen; er überredete ihn, in die Achsen des königlichen Rennwagens statt der eisernen Nägel wächserne vor die Räder zu stecken. Oinomaos fand den Tod; um seine Freveltat nicht ruchbar werden zu lassen, stürzte Pelops Myrtilos, den Zeugen seines Betruges, ins Meer.

Das Geschlecht des Tantalos war der Rache der Götter verfallen.

In den Söhnen Atreus und Thyestes, die Hippodameia dem Pelops gebar, wirkte der Fluch fort. Sie wurden Herren in Argos, gerieten jedoch bald in unseligen Bruderzwist, als Thyestes dem älteren Bruder das Vlies des goldenen Widders raubte, das seinem Besitzer die Herrschaft verhieß. Auf seiner Flucht nahm Thyestes Pleisthenes, den jungen Sohn des Atreus, mit sich, erzog ihn als seinen eigenen und sandte ihn, als dieser herangewachsen war, nach Mykene, um den feindlichen Oheim, der in Wahrheit sein leiblicher Vater war, zu ermorden. Der junge Mörder wurde gefangen. Atreus ließ ihn töten, doch als er dann erfahren mußte, wem er das Leben genommen hatte, schwur er dem Bruder furchtbare Rache. Zum Scheine versöhnte er sich mit ihm. Dann handelte er wie einst sein Großvater Tantalos: Heimlich ließ er beide Söhne des Thyestes ergreifen, schlachtete sie und setzte sie dem Bruder beim gräßlichen Gastmahle vor. Den Sonnengott, der das unmenschliche Verbrechen schauen mußte, kam solches Grauen an, daß er seinen Wagen nach Osten zurücklenkte.

Unlösbar war der Fluch, der auf dem Hause der Atriden ruhte. Aigisthos, ein Sohn des Thyestes, tötete den Oheim Atreus, doch Agamemnon wiederum, der älteste Sohn des Atreus, stellte dem Brudermörder nach, der sich des Thrones bemächtigt hatte. Er tötete Thyestes, doch Aigisthos blieb verschont. Es war, als hätten die Götter ihn zum Fluche des Geschlechtes aufgehoben.

AGAMEMNONS SCHRECKLICHE HEIMKEHR

Als nun Agamemnon sich auf die Heerfahrt gegen Troja begab und seine Gemahlin Klytaimnestra die Qualen über die Opferung und die Entrückung ihrer Tochter Iphigeneia erleben mußte, glaubte Aigisthos, die rechte Zeit für seine Rache sei gekommen. Es wurde ihm leicht, die Gattin des in der Ferne weilenden Fürsten für sich zu gewinnen. Denn die tiefgekränkte Frau hatte keinen anderen Wunsch, als sich an ihrem Gatten zu rächen, dessen Handeln sie als unmenschlich empfunden hatte.

Die drei Kinder, die kluge Jungfrau Elektra, ihre jüngere Schwester Chrysothemis und der noch unmündige Orestes, mußten mit ansehen, wie ihre Mutter den verhaßten Aigisthos an des Vaters Stelle setzte.

Die beiden hatten alles bedacht, um nicht von Agamemnon, von dem rechtmäßigen Herrn, überrascht zu werden, und waren auf seinen Empfang wohl vorbereitet. Als ein Herold den heimkehrenden Agamemnon meldete, ging ihm die Königin mit verstellter Freundlichkeit entgegen. Der König, der nach dem letzten Sturm glücklich hatte landen können, ahnte nicht das Geschick, das ihn erwartete. Er hatte bereits erfahren, daß Aigisthos im Namen der Königin sein Reich verwaltete, aber er sah nichts Arges darin und dankte den Göttern, daß der alte Rachegeist aus seinem Hause verschwunden sei. Nach dem furchtbaren Erleben der langen Kriegsjahre, die so viel Blut gefordert hatten, war ihm selber jegliches Verlangen nach Rache vergangen.

So reichte er dem Mörder seines Vaters zur Versöhnung die Hand, dankte ihm für die Verwaltung seines Landes und schritt über die Teppiche, die man ihm zur Begrüßung ausgebreitet hatte, die Stufen zum Palast hinauf.

Indessen saß Kassandra, des Priamos weissagende Tochter, die sich in Agamemnons Gefolge befand, mit gebeugtem Haupte auf dem Beutewagen.

Klytaimnestra sah die edle Gestalt der Trojanerin mit Eifersucht, aber noch größer war ihre Furcht vor Kassandras Sehergabe. Schnell erkannte sie, wie gefährlich es sei, länger mit ihrem verruchten Vorhaben zu zögern, und ebenso schnell war sie entschlossen, die fremde Jungfrau zur gleichen Stunde wie ihren Gatten zu beseitigen.

Freundlich sprach die arglistige Klytaimnestra die gebeugte Jungfrau an. Kassandra veränderte keine Miene, doch als man sie aufforderte, den Wagen zu verlassen, sprang sie wie ein gescheuchtes Reh von ihrem Platze auf. Sie wußte, was für ein Schicksal ihr bevorstand. Sie hatte nicht den Willen, ihrem drohenden Geschick entgegenzutreten. Wohl war Agamemnon der Feind ihres Volkes, doch sie war bereit, mit ihm zu sterben, denn ihm verdankte sie ja ihr Leben.

Immer noch ahnungslos, betrat der heimgekehrte König das Badgewölbe seines Palastes, wo seine Gattin ihm ein Bad hatte richten lassen. Waffen und Kleidung legte er ab, um in das Bad zu steigen. Da brachen Aigisthos und Klytaimnestra aus ihren Verstecken hervor, warfen ihm ein Netz über und töteten den Wehrlosen. Kein Hilferuf des schmählich Überfallenen drang aus dem unterirdischen Gewölbe in den Palast hinauf, wo Kassandra ruhelos hin und her irrte und das Geschehene seherisch miterlebte. Wenige Augenblicke später wurde auch sie niedergemacht.

Die beiden Mörder scheuten sich nicht, sich jetzt offen zu ihrer Tat zu bekennen. Sie ließen die beiden Leichname im Palast ausstellen. „Verarget mir meine bisherige Verstellung nicht", erklärte Klytaimnestra ohne Scheu vor den Häuptern der Stadt, „ich habe dem Todfeinde meines Hauses, der mir die geliebte Tochter genommen hat, die Schuld nicht anders bezahlen können. Mit drei Dolchstichen, die ich im Namen des unterirdischen Pluton führte, habe ich für seine Tat Rache genommen." Dann wies ihre Hand auf die Bahre, auf der die Königstochter Kassandra ruhte: „Und was diese Sklavin angeht, so hat sie die Strafe für ihren Ehebruch mit dem treulosen Agamemnon erlitten!"

Niemand wagte, gegen solche Lügen aufzubegehren. Die Bewaffneten des Aigisthos waren bereit, jeden niederzumachen, der sich gegen den gräßlichen Doppelmord auflehnte. Ohne Widerstand befestigten Klytaimnestra und Aigisthos ihre Herrschaft, beseitigten Unzufriedene und verteilten alle Ämter unter ihre treuesten Anhänger. Agamemnons Töchter hielten sie für ungefährlich. Zu spät aber bedachten sie, daß in dem zwölfjährigen Orestes ein Rächer heranwuchs. Seine kluge Schwester Elektra, besonnener als die Mörder, war um seine Sicherheit besorgt und sandte ihn zu ihrem Oheim ins Land Phokis; König Strophios wurde ihm ein zweiter Vater und erzog ihn sorgfältig mit seinem eigenen Sohne Pylades.

IST DER RÄCHER TOT?

Mehrere Jahre gingen dahin, in denen Elektra nur von der Hoffnung lebte, Orest werde als Rächer erscheinen. Kummervoll und bitter war das Leben, das sie führen mußte, denn unerträglich war ihr der Anblick, den sie täglich vor Augen hatte: den Mörder auf ihres Vaters Königsthron, an der Seite der Mutter, die auf die allerschimpflichste Tat die allerverruchteste hatte folgen lassen. Elektra selbst mußte täglich erleben, daß sie von der Mutter mit haßerfüllter Feindschaft verfolgt wurde. Die Jungfrau verzehrte sich in geheimem Gram, denn es war ihr nicht einmal vergönnt, frei zu weinen, so sehr ihr Herz auch danach verlangte.

„Zur rechten Zeit, wenn Manneskraft in meinem Arme ist, werde ich wiederkommen“, so hatte Orest bei seiner Flucht versprochen. Warum ließ sie der Bruder jetzt so lange warten? Allmählich erlosch die Hoffnung auf seine Rückkehr im Herzen Elektras.

Chrysothemis, die jüngere Schwester, hatte nichts von Elektras männlicher Entschlossenheit; an ihr konnte diese nur wenig Unterstützung und wenig Trost finden.

Aber auch Klytaimnestra war in sorgenvoller Unruhe. Ein nächtliches Traumbild hatte sie mit banger Furcht erfüllt, sie sah den erschlagenen Agamemnon, wie er den Herrscherstab, den er einst trug und der nun in des Aigisthos Hand war, im Königspalaste ergriff und in die Erde pflanzte. Aus diesem entsproß alsbald ein Baum mit Ästen und üppigen Zweigen, der seine Schatten über ganz Mykene verbreitete.

Um ihre Ruhe und Sicherheit wiederzugewinnen, ging die Königin im Morgengrauen zum Altar Apollons im Hofe des Palastes und brachte dem Gott ein Versöhnungsopfer.

Es schien, als wolle der Gott sie erhören. Noch hatte sie das Opfer nicht beendet, als ein Fremder auf die Dienerinnen zuschritt und sich nach der Königsburg des Aigisthos erkundigte. Vor der Fürstin des Hauses beugte der Mann sodann sein Knie: „Ich bin gekommen, Königin, dir ein willkommenes Wort zu künden. Mich sendet König Strophios mit einer Botschaft an dich. Orestes ist tot."

Elektra, die in der Nähe stand, wurde bei dieser Nachricht ohnmächtig. Klytaimnestra aber, hin- und hergerissen von Gefühlen der Freude und des Schmerzes, stürzte auf den Boten zu: „Erzähle, wie fand er den Tod?"

„Dein Sohn war, von Ruhmbegier getrieben, nach Delphoi zu den heiligen Spielen gekommen", so berichtete der Bote. Bis in alle Einzelheiten erzählte er von den herrlichen Siegen Orestes, von seinen Siegespreisen in jedem Kampfe und von dem erregenden Wagenrennen, in dem plötzlich die Radnabe zerschellte, daß der Unglückliche vom Wagen stürzte und von den durchgehenden Rennern jämmerlich zu Tode geschleift wurde. „In einer Urne", schloß der Mann, „bringen wir die Überreste des herrlichen Mannes; gönnt ihm in seinem Vaterland ein Grab?"

Klytaimnestra wußte nicht, daß der Überbringer dieser Nachricht der treue Erzieher war, der einst Orestes in das sichere Asyl zum König Strophios geleitet hatte; sie wußte nicht, daß seine Nachricht falsch war. Auch Elektra, aus ihrer Ohnmacht erwacht, ahnte nicht, daß der Bruder lebte – und auf Rache sann!

Während sie in tiefer Trauer und Verzweiflung vor dem Palaste saß und ihr Geschick beklagte, kam ihre Schwester Chrysothemis voll Freude auf sie zugeeilt und weckte sie aus ihren Gedanken. „Orest ist gekommen“, rief sie, „er ist da, so leibhaftig, wie du mich selbst hier vor dir siehst!“

Wollte Chrysothemis die Schwester in ihrem schweren Leide verspotten? Doch nein, sie hatte auf dem Grabe des Vaters Spuren einer frischen Opferspende gefunden, die ein fremder Mann dargebracht hatte. Jener hatte die Grabstätte mit Blumen bekränzt und eine frisch abgeschnittene Locke niedergelegt. „Kann es jemand anders sein als unser ferner Bruder?“ rief Chrysothemis in ihrer Freude. „Muß diese Locke, die ich dir hier bringe, nicht von seinem Haupte geschnitten sein?“

„Du weißt nicht, was ich weiß“, entgegnete Elektra düster. „Orest, unser Bruder, ist tot.“ Und nun mußte Chrysothemis die Botschaft des Phokiers hören, so daß der armen Schwester nichts anderes übrig blieb, als in Elektras Klage mit einzustimmen.

„Die letzte Hoffnung, unsern Vater durch die Hand seines Sohnes zu rächen, ist mit Orests Tode erloschen“, fuhr Elektra plötzlich auf. „Wollen nicht wir Schwestern beide die Tat gemeinschaftlich durchführen und Aigisthos, den Mörder unseres Vaters, töten?“

Chrysothemis, die nichts von dem männlichen Sinn der Schwester hatte, schauderte zurück. „Deine Weigerung überrascht mich nicht“, entgegnete Elektra. „Geh“, rief sie kalt, als Chrysothemis sie in schwesterlicher Liebe umschlingen wollte, „geh und verrate mich unserer Mutter!“

In bitterer Einsamkeit schritt Elektra zur Grabstätte des Vaters; sie fand sie frisch geschmückt. Zwei junge Männer traten auf sie zu, eine Urne in ihren Händen. „Wir sind aus Phokis“, entgegneten sie auf die Frage der Jungfrau, „wir bringen hier die Asche des Orestes, damit der unglückliche Königssohn in der Heimat seine letzte Ruhe finde.“

In großem Schmerz nahm Elektra die Urne an sich. „So ist es also Wahrheit“, klagte sie mit tränenerstickter Stimme, „mein Bruder, nach dem ich mich so lange gesehnt habe, ist nicht mehr!“

Da konnte sich der Jüngling, der das Wort geführt hatte, nicht länger halten: „Du bist Elektra“, stieß er hervor, „Elektra, meine liebe Schwester! Erkenne mich doch, ich bin Orestes!“

Ungläubig blickte sie ihn an. „Fort mit der leeren Urne", rief er, „es ist ja doch alles nur Schein! Orestes lebt! Erkenne mich doch an diesem Zeichen, das ich hier auf dem Arm trage! Glaubst du nun, daß ich lebe, Elektra, meine Schwester?" Aufschluchzend vor Freude, schloß sie den wiedergefundenen Bruder in die Arme. Die Nachricht von seinem Tode war ja nur eine List gewesen, um Klytaimnestra in Sicherheit zu wiegen und die Rache besser vorbereiten zu können.

ORESTS RACHE

Ungestüm drängte Orest mit seinem Freunde Pylades jetzt zur Rache. Klytaimnestra war ohne Schutz im Palaste, denn Aigisthos war um diese Zeit fern.

Wild pochte Elektras Herz, und flehend umfaßte sie Apollons Altar, als die Männer in den Palast eilten.

Wenige Augenblicke später erschien Aigisthos; ein Gefühl der Unruhe hatte ihn seine Reise abbrechen lassen. „Ist es wahr, was man mir als Freudenbotschaft unterwegs erzählte", wandte er sich froh erregt an Elektra, „ist es wahr, daß Orest nicht mehr unter den Lebenden weilt? Wo sind die Jünglinge", fuhr er höhnisch fort, „die deine Hoffnung zerstört haben?"

„Sie sind drinnen im Palast", entgegnete die Jungfrau kalt; „sie haben ihn selbst bei sich –" – „Welch erfreuliches Wort höre ich von deinen Lippen!" rief der König, „doch siehe, dort bringt man die Leiche schon!"

Frohlockend ging Aigisthos dem Orestes und seinen Begleitern entgegen, die einen verhüllten Leichnam aus dem Innern des Palastes in die Vorhalle trugen. „Welch froher Anblick!" rief er, während seine Augen aufleuchteten. „Hebt die Decke auf, denn der Anstand erfordert ja, daß ich mich traurig zeige; es ist doch verwandtes Blut!" Auch vor der Bahre konnte er nicht von seinem grausamen Spotte lassen.

„Hebe selbst die Decke auf, König“, entgegnete Orest hart; „dir allein steht es zu, liebevoll zu schauen und zu begrüßen, was unter der Hülle ruht!“ – „So ruft auch Klytaimnestra herbei, daß sie schaue, wonach ihr Herz verlangt!“ – „Klytaimnestra ist nicht ferne“, stieß Orest erregt hervor.

Da hob der König die Decke, die den Leichnam bedeckte. Mit einem Entsetzensschrei fuhr er zurück; nicht die Leiche des Orestes, wie er gehofft hatte – Klytaimnestras blutiger Leichnam lag vor ihm!

Die beiden Freunde stießen den König in den Palast hinein, und an derselben Stelle, wo er einst den König Agamemnon im Bade gemordet hatte, fiel Aigisthos unter dem Todesstreich des rächenden Sohnes.

IN DER GEWALT DER ERINNYEN

Orestes hatte auf Geheiß der Götter selbst und nach einem Orakelspruch Apollons gehandelt, als er den Tod seines Vaters rächte. Aber nach der grausigen Tat erwachte die Kindesliebe unwiderstehlich in seiner Brust, und der gräßliche Zwiespalt zwischen Pflicht und Liebe zerriß ihm das Herz mit solcher Macht, daß er keinen Ausweg mehr wußte. Orestes wurde ein Opfer der Rächerinnen menschlicher Frevel, der Erinnyen. Schwarz wie die Nacht und von entsetzlicher Gestalt, übermenschlich von Wuchs und mit blutigen Augen, Schlangen in den Haaren und aus Schlangen geflochtene Geißeln in den Händen, so verfolgten sie den Täter.

Sogleich nach der schrecklichen Tat fühlte sich Orestes in der Gewalt der Rachegöttinnen. Sie gönnten ihm nicht das Zusammensein mit den wiedergefundenen Schwestern, jagten ihn unerbittlich vom Schauplatze des Mordes und hüllten seinen Geist in Wahnsinn. Als Flüchtling mußte der Muttermörder das Vaterland verlassen, das er soeben erst zurückgewonnen hatte. In dieser Not bewährte sich Pylades als treuer Freund. Er hatte seine Liebe Elektra gestanden und sich mit ihr verlobt. Nun war er der einzige, der dem so schwer Getroffenen zur Seite blieb und alle Mühen der Verbannung mit ihm teilte. Apollon, der Orest die Rache befohlen hatte, zeigte sich bald sichtbar, bald unsichtbar an seiner Seite und wehrte die ungestüm nachdringenden Erinnyen von dem Verfolgten ab.

Wenn Apollon in der Nähe weilte, fühlte Orestes sich ruhiger.

So waren die Flüchtlinge auf langen Irrfahrten endlich ins Gebiet von Delphoi gekommen; in Apollons Tempel, zu dem den Erinnyen der Zutritt verwehrt war, hatte Orestes für den Augenblick Zuflucht und eine Freistatt gefunden. Voll Mitgefühl stand der Gott ihm zur Seite, sprach ihm Trost zu und erteilte ihm hilfreichen Rat: „Zwar ist deines Bleibens hier nicht von Dauer, du Sohn des Agamemnon, doch nicht länger sollst du ohne Ziel umherirren. Lenke deine Schritte nach Athen, der ehrwürdigen Stadt meiner Schwester Pallas Athene! Dort soll dir ein gerechtes Urteil werden!"

Apollons Beistand war dem unglücklichen Orestes bitter not, denn unaufhörlich bedrängten ihn die unerbittlichen Rachegeister. Auch vor dem Tempel des Gottes machten sie nicht halt und scheuten sich nicht einmal, die geheiligte Schwelle zu überschreiten. Mit Scheltworten trieb der Delphier die greulichen Wesen hinaus. „Orestes steht in meinem Schutze", rief er, „denn in meinem Auftrage hat er als der fromme Sohn seines Vaters Agamemnon gehandelt!"

Sodann übergab er Orest mit seinem Freunde der Obhut des Hermes, in dessen Schutze die Wanderer stehen, und kehrte zum Olymp zurück. Die beiden Freunde machten sich nach der Weisung des Gottes auf den Weg nach Athen; aus Scheu vor der goldenen Rute des Götterboten wagten die Erinnyen den Wanderern nur aus der Ferne zu folgen. Allmählich aber wurden sie kühner; als die beiden Freunde glücklich in der Stadt der Pallas Athene angekommen waren, heftete sich ihnen die Schar der Rächerinnen dicht an die Fersen, und kaum hatte Orest mit seinem Freunde den Tempel Athenes betreten, so stürmte die grauenvolle Schar auch schon durch die offenen Pforten herein, um den Verfolgten mit ihren Gesängen in neuen Wahnsinn zu versenken.

Da durchleuchtete plötzlich überirdisches Licht den Tempel; die Göttin Athene selber stand lebendig vor den rasenden Rachegeistern. Sie wußte, daß Orest keinen unsühnbaren Mord begangen hatte und ihren Altar nicht mit unreinen Händen umfaßte. Sie wollte dem Sohne des Völkerfürsten, mit dem sie selber Troja, Ilions Feste, zerstört hatte, einen gerechten Urteilsspruch zuteil werden lassen und übergab die Entscheidung den besten Männern der Stadt, die ihren Namen führt. Den gequälten Orest aber nahm sie in ihren Schutz. Bis zum Gerichtstag verwies sie die Rachegeister in ihre unterirdische Behausung.

ORESTS FREISPRUCH DURCH DEN AREOPAG

Als der Gerichtstag herangekommen war, berief ein Herold die auserwählten Bürger von Athen auf einen Hügel vor der Stadt, der dem Gotte Ares heilig war und deshalb der Areopag hieß. Die Göttin selber war anwesend. Zum Schutze des Angeklagten aber war Apollon erschienen.

Orest leugnete nicht, Klytaimnestra getötet zu haben. „Ich sah in ihr nicht mehr die Mutter“, stieß er gequält hervor, „sondern nur die Mörderin meines Vaters.“ Apollon ergriff das Wort für den Angeklagten, der auf sein Geheiß gehandelt habe; die Erinnyen dagegen blieben nicht stumm und geißelten mit wildem Eifer den Frevel des Muttermordes.

Athene hieß die Stimmsteine unter die Richter verteilen, jedem einen schwarzen für die Schuld, einen weißen für die Unschuld des Beklagten; doch ehe die ausgewählten Männer sich zum Abstimmen anschickten, sprach die Göttin von ihrem erhöhten Thronsessel herab: „Höret, was ich als Gründerin eurer Stadt bestimme, ihr athenischen Bürger, die ihr heute den ersten Streit wegen vergossenen Blutes richtet: Für alle Folgezeit soll dieser Gerichtshof in euren Mauern bestehen. Hier auf diesem heiligen Areshügel, dem Areopag, soll künftig das Blutgericht abgehalten werden und die Bürger durch fromme Scheu vor Blutschuld bewahren!“

Dann erhoben sich die ehrwürdigen Richter von ihren Sitzen und traten an die Urne. Nacheinander rollten die Stimmsteine hinein. Als man die schwarzen und die weißen Steine nachzählte, da ergab es sich, daß die Zahl beider gleich war. Die Entscheidung kam jetzt der Göttin zu, die den Vorsitz innehatte.

Athene entschied für Freispruch Orests. Unter Segenswünschen verließ er, geleitet von dem treuen Pylades, den Areopag. Die Rachegöttinnen aber, so sehr sie sich durch dieses Urteil auch beschimpft fühlten, wagten es nicht, sich an dem Freigesprochenen zu vergreifen. Doch gräßlichen Fluch sprachen sie über die Stadt und ihr Volk aus. Erst als Apollon mit seiner Schwester begütigend auf sie einredete und ihnen ein geweihtes Heiligtum auf athenischem Boden versprach, besänftigte sich ihr Zorn. Sie versprachen, die Stadt in ihren gnädigen Schutz zu nehmen.

IPHIGENEIA IN TAURIS

Nachdem Orest von seiner Schwermut genesen war, wandte er sich mit dem treuen Pylades nach Delphoi, um den Gott um weitere Weisungen zu bitten. „Königssohn von Mykene“, lautete der Spruch der Priesterin, „du wirst das Ende deiner Not erreichen, wenn du dich auf die taurische Halbinsel begibst, wo Apollons Schwester Artemis ein Heiligtum besitzt. Dort sollst du das Bildnis der Göttin, das nach der Sage dieses Barbarenvolkes vom Himmel gefallen ist, durch List oder andere Mittel rauben und nach Athen bringen, denn die Göttin sehnt sich nach dem milderen Himmelsstrich und nach griechischen Gläubigen.“

Das Volk der Taurier war ein wilder Menschenstamm, der Schiffbrüchige und Gestrandete der Göttin Artemis zu opfern pflegte. Warum aber sandte das Orakel den Orestes in dieses wilde Land und zu dem grausamen Völkerstamm? Als Iphigeneia einst in Aulis durch die Göttin Artemis gerettet war, die eine Hirschkuh an ihrer Statt auf den Altar gelegt hatte, war sie durch das Lichtmeer des Himmels auf den Armen der Göttin über Meer und Land nach Tauris gebracht worden. Hier in ihrem eigenen Tempel hatte Artemis die Tochter Agamemnons niedergelegt. Thoas, der König des Barbarenvolkes, hatte sie zur Priesterin bestellt. Schrecklich war Iphigeneias Aufgabe im Dienste der Göttin. Sie mußte den fürchterlichen Brauch pflegen, jeden Fremden, der das Ufer betrat, der Göttin zu opfern. Oft waren es griechische Landsleute, die dieses Los traf. Sie selber hatte das Todesopfer einzuweihen. Niedrigere Diener der Göttin mußten es sodann in das Innere des Heiligtums zur Schlachtbank schleppen.

Viele Jahre schon hatte die Jungfrau ihres traurigen Amtes gewaltet. Thoas achtete ihre königliche Abkunft, das Volk verehrte sie um ihrer milden griechischen Sitte willen. Doch wie unendlich schwer wurde ihr das Leben, das sie in der Fremde, ohne Wissen vom Schicksal ihrer Familie, vertrauern mußte! Wie oft stand sie am Ufer, die ferne Heimat mit der Seele suchend!

„AUF DEN ALTAR MIT DEN FREMDEN!"

Orest hatte mit seinem Freunde inzwischen das Ufer von Tauris erreicht. Sie ließen das mit fünfzig Ruderern bemannte Schiff in einer der Felsgrotten, und mit aller Vorsicht schlichen die beiden an Land. Voll Staunen blickten sie auf die düsteren Mauern, die, einem Zwinger gleich, den Göttertempel umgaben. Einzudringen erschien ihnen unmöglich, und so beschlossen sie, den Schutz der Nacht abzuwarten, um ihr Vorhaben auszuführen.

Doch die Götter sandten dem gequälten Jüngling wieder eine schwere Bedrängnis. Taurische Hirten trieben an jener Stelle ihre Tiere ins Wasser, als Orestes plötzlich von neuem von seiner furchtbaren Krankheit gepackt wurde. Vielleicht hielt er das Gebrüll der Rinder und das Hundegebell für Stimmen der Rachegeister. Wahnsinn packte ihn, und aufstöhnend schrie er dem Freunde zu: „Pylades, Pylades! Siehst du dort nicht die schwarze Jägerin, den Drachen aus dem Hades, wie sie mich zu morden begehrt – wie sie mit den wilden Schlangen züngelnd auf mich zufährt? Und dort die andere, die Feuer sprüht, hat sie nicht meine eigene Mutter im Arme und droht, sie auf mich zu schleudern?“ Wie rasend zog der Unglückliche sein Schwert, warf sich auf die Rinderherde und stieß den Tieren das Eisen in die Bäuche, daß sich die Meeresflut ringsum rot färbte.

Endlich fanden die taurischen Hirten, die erschrocken zugesehen hatten, ihre Fassung wieder und warfen sich auf den Jüngling, der, Schaum vor dem Munde, in Wahnsinn tobte. Pylades stand dem Freund tapfer zur Seite, doch der Übermacht der Hirten, die auf ihren Muschelhörnern noch Bauern zur Hilfe gerufen hatten, waren beide nicht gewachsen, obwohl auch Orestes seinen gesunden Verstand wiedergefunden hatte. Die beiden Griechen wurden gefesselt und vor Thoas geführt.

„Auf den Altar mit den Fremden!“ befahl der König sogleich in seinem Zorne, „bringt sie der Priesterin als Todesopfer!“ So wurden die beiden Gefangenen Iphigeneia zugeführt. „Mögest du recht viele solcher Griechen bekommen“, meinten treuherzig die Diener, „denn sie scheinen von herrlicher Abkunft. Läßt du viele von ihnen töten, so mag dir das eine Rache an Griechenland sein, weil man dich einst dort, in der Bucht von Aulis, umbringen wollte.“

In der letzten Nacht hatte Iphigeneia einen quälenden Traum: Ihr geliebter Orest weilte nicht mehr unter den Lebenden. So fanden die Worte der Diener Widerhall in ihrem Herzen: „War ich bisher barmherzig gegen die Fremdlinge und schenkte den Stammesgenossen mein Mitleid – jetzt sollt ihr alle, die ihr diesem Strande naht, mich grausam finden!“ Doch als man ihr die Gefangenen zuführte, ließ sie ihnen die Fesseln von den Händen lösen und sandte die Diener fort, denn Mitleid mit dem Geschick ihrer Landsleute ergriff sie von neuem. „Hattet ihr eine weite Fahrt bis zu diesen Ufern, ihr Fremden?“ fragte sie freundlich. „Jetzt müßt ihr euch für eine noch weitere bereithalten", fuhr sie dann fort; „denn eure Fahrt geht hinunter ins Schattenreich!"

„Wir wollen dein Mitleid nicht", entgegnete Orestes hart; „wer das Henkerbeil schwingt, dem steht es übel an, sein Opfer zu trösten, ehe er den Streich führt."

„Welcher von euch beiden ist Pylades?" fragte nun die Priesterin. Diesen Namen hatte sie von den Hirten erfahren, die die beiden Griechen gefangen hatten. Orest deutete auf den Freund. „Seid ihr Brüder?" Der Gefragte nickte: „Durch Liebe", entgegnete er; „nicht durch Geburt!" – „Und wie ist dein Name?" – „Nenne mich einen Unglücklichen", versetzte Orest düster; „am besten ist es, ich sterbe namenlos."

BRUDER UND SCHWESTER

Die Priesterin verdroß sein Trotz, und sie drang in den Gefangenen, ihr wenigstens seine Vaterstadt zu nennen. Als sie den Namen Argos vernahm, zuckte sie erregt zusammen. „Bei den Göttern", rief sie, „sprichst du die Wahrheit? Du stammst wirklich aus Argos?" – „So ist es", antwortete der Gefragte; „aus Mykene stamme ich, wo meine Familie einst im Glücke lebte."

„Wenn du von Argos kommst, Fremdling", stieß Iphigeneia zitternd vor Spannung hervor, „so weißt du vom Krieg gegen Troja, von Helena und von dem Oberfeldherrn! Hieß er nicht Agamemnon, des Atreus Sohn?" Orestes schauderte bei dieser Frage und wandte sein Gesicht ab. „Sprich mir nicht von diesen Dingen, Weib!" rief er hart. Doch Iphigeneia, im tiefsten Herzen aufgerührt, ließ nicht ab. Sie bat mit so weicher, flehender Stimme, daß Orestes nicht widerstehen konnte. „Er ist tot, nach dem du fragst", sagte er; „durch seine eigene Gattin starb Agamemnon einen grauenhaften Tod."

Entsetzt fuhr die Priesterin zurück. Doch es drängte sie, die ganze Wahrheit zu erfahren, und nun vernahm sie von den grausigen Geschehnissen im Hause des Atriden, von dem Rächeramt des Sohnes, von seinem elenden Dasein als Vertriebener und von den überlebenden Schwestern.

„Höret, ihr Freunde“, sagte sie in tiefster Bewegung, und ihre Stimme sank zu vorsichtigem Flüstern, damit kein Unberufener ihre Worte höre: „Ich will dich retten, Jüngling, wenn du mir ein Briefblatt in deine Heimat, die auch die meine ist, nach Mykene, bringen willst!“ – „Ich mag mich nicht retten ohne den Freund“, erklärte Orest abweisend, „wie sollte ich ihn verlassen?“

Für Iphigeneia war es unmöglich, beiden Freunden den Weg in die Freiheit zu öffnen. „Mir ist es gleich, wer von euch meinen Brief besorgt“, sagte sie, „entscheidet ihr es unter euch beiden!“

Während sie sich entfernt hatte, um den Brief zu schreiben, stritten die Freunde in edlem Wettbewerb miteinander, denn jeder weigerte sich, den andern im Stiche zu lassen. „So übernimm du das Amt, meinen Brief zu überbringen!“ wandte Iphigeneia sich nach ihrer Rückkehr an Pylades. „Versprichst du mir, ihn richtig den Meinigen abzuliefern, so ist dir deine Rettung gewiß. Und damit du die Botschaft kennst, wenn ein Unglücksfall sie dir nehmen sollte, so höre ihren Inhalt: Melde dem Orestes, Agamemnons Sohn, daß Iphigeneia, die in Aulis vom Opferherde entrückt wurde, unter den Lebenden weilt und ihm sagen läßt –“ – „Was höre ich?“ fuhr Orestes auf, „was sprichst du, Priesterin? Du bist Iphigeneia? Du bist Agamemnons Tochter?“

„Ich bin Iphigeneia“, erklärte die Priesterin mit Würde.

Die beiden Freunde fanden in freudigem Staunen kein Wort. Dann nahm Pylades den Brief aus den Händen der Priesterin, wandte sich dem Freunde zu und rief: „Ja, ich will mein Versprechen auf der Stelle einlösen: Da, nimm das Schreiben, Orestes, das deine Schwester Iphigeneia dir sendet!“

Orestes ließ den Brief zu Boden fallen und umschlang die wiedergefundene Schwester. Sie konnte nicht glauben, was sie gehört hatte, und suchte sich seinen Umarmungen zu entziehen; erst als die beiden Jünglinge sie völlig überzeugt hatten, gab sie sich ihrer Freude hin und rief: „Wie glücklich bin ich!"

Orestes erinnerte jedoch sogleich an die gefährliche Gegenwart. „Ja, wir sind glücklich", sagte er, „aber wie lange wird es währen? Ist uns nicht ein jammervoller Untergang gewiß?" Auch die Schwester sprach ihre Sorge aus. „Was ersinne ich nur", sagte sie bebend, „euch aus der Gewalt des Barbarenfürsten zu erlösen?"

IPHIGENEIAS FLUCHTPLAN

Die kluge Iphigeneia fand einen Weg zur Rettung. Sie übergab die beiden Jünglinge wieder ihren Wächtern und ließ sie ins Innere des Tempels führen. Bald darauf erschien der König Thoas mit seinem Gefolge, unwillig, daß die Leiber der Fremdlinge nicht schon lange auf dem Hochaltare der Göttin brannten. Doch als er den Tempel betreten wollte, stand vor ihm Iphigeneia, die Bildsäule der Göttin auf ihren Armen. Erstaunt trat der König zurück: „Was soll das bedeuten, Priesterin, warum trägst du das Götterbild aus dem Tempel fort?"

„Abscheuliches ist geschehen, Fürst", entgegnete sie. „Die Fremdlinge, die man mir zur Opferung gebracht hat, sind nicht rein. Als sie sich schutzflehend dem Standbilde der Göttin näherten, wandte es sich auf seinem Sockel und schloß die Augenlider. Du mußt wissen, daß dieses Paar Grauenhaftes verübt hat."

Und nun berichtete sie dem Könige von dem schrecklichen Geschehen am Atridenhofe, so wie es der Wahrheit entsprach. „Mein Gottesdienst verlangt", fuhr sie fort, „die Fremdlinge samt dem Götterbilde zu entsühnen. Laß die Fremden wieder fesseln, König, und ihre Häupter vor dem Strahle der Sonne verhüllen! Und sende Boten zu deiner Königsstadt, daß die Bürger sich, wenn die Entsühnung geschehen ist, in ihren

Stadtmauern halten, um von der alles verpestenden Blutschuld nicht angesteckt zu werden."

Iphigeneia hatte klug alles Notwendige vorbedacht, um den Fluchtweg vorzubereiten: „Du selber, König Thoas", fuhr sie fort, „tust am besten, dich in meiner Abwesenheit im Tempel zu halten und das gesamte Gewölbe ausräuchern zu lassen, damit ich alles gereinigt vorfinde. Und wenn die Fremden aus dem Tempel treten, so wende dein Antlitz ab, daß sich der Greuel dir nicht mitteile!"

So wußte die Priesterin den argwöhnischen König mit kühner Klugheit zu täuschen. Thoas willigte in all ihre Anordnungen ein. „Solltest du meinen, ich säume zu lange am Meeresstrande", schloß sie, „so werde nicht ungeduldig, Herrscher! Bedenke, welchen großen Frevel es zu entsühnen gilt!"

HEIMKEHR MIT HILFE DER GÖTTER

Mehrere Stunden waren vergangen, als ein Bote erhitzt und keuchend vor der Tempelpforte stand und ungestüm Einlaß begehrte. „Schlimme Nachrichten bringe ich", stieß er hervor. „Die Priesterin des Tempels ist mitsamt den Fremden und dem Standbild der Schutzgöttin von Tauris entflohen! Das ganze Entsühnungsopfer war nichts als Lüge!" schrie der Bote.

König Thoas wollte die Worte nicht glauben. „Der mit ihr flieht", berichtete der Mann, „ist ihr Bruder Orest, derselbe, den sie hier zum Opfertode zu weihen schien." Fassungslos stand der König vor einem so kühnen Betrug. „Noch ist nicht alle Hoffnung vergebens", fuhr der Bote voll Erregung fort, „denn der Meeresgott zeigte sich den flüchtigen Griechen feindlich. Poseidon denkt wohl mit Zorn an die Zerstörung der Mauern Trojas, die ja das Werk seiner eigenen Hände waren. Er hat das Schiff ans Land zurückgetrieben, und während ich hier spreche, König, ist es vielleicht schon auf den Strand geschleudert."

In aller Eile ließ Thoas die Rosse zäumen. In seinem Zorn beschloß er, das Schiff samt seinen Ruderern zu versenken, die beiden Fremdlinge aber und die treulose Priesterin vom schroffsten Felsen ins Meer hinabstürzen oder aufspießen zu lassen.

Als der König an der Spitze seiner Krieger dem Meeresufer zujagte, zwang plötzlich eine himmlische Erscheinung den Zug zum Halten. Pallas Athene, die erhabene Göttin, war es, die dem zornigen König in den Weg trat. Von einer lichten Wolke umgeben, schwebte ihre Riesengestalt über die Erde, und wie Donner rollte ihre Götterstimme über die Taurier hin: „Höre, was die Göttin spricht, König Thoas: Schicke deine Krieger wieder zurück und laß meine Schützlinge frei in die Heimat ziehen! Göttlicher Wille hat den Atridensohn Orestes hierher gerufen, daß er, von den Erinnyen befreit, seine Schwester ins Vaterland zurückgeleite und das heilige Bild der Artemis in meine geliebte Stadt Athen bringe, wie die Göttin selbst es begehrt hat. Orestes wird dort dem Bilde der taurischen Artemis in einem heiligen Hain einen herrlichen Tempel errichten. Iphigeneia soll auch dort die Priesterin der Göttin sein und soll, wenn der Tod sie dereinst abruft, dort ihre fürstliche Gruft finden! Du, König Thoas, und du, Volk der Taurier, gönnt ihnen allen ihr Geschick und lasset von eurem Zorne!"

Der König Thoas lebte in frommer Verehrung der Götter. Er warf sich vor der Erscheinung nieder und hob die Hände zum Gebete: „O Pallas Athene", rief er, „welcher Mensch würde es wohl wagen, sein Ohr dem Göttergeheiß zu verschließen? Mögen deine Schützlinge mit dem Bildnis der Göttin dahinziehen, mögen sie es in deiner Stadt aufstellen; ich weiche dem Willen der Götter!"

Damit ließ er seine Krieger umkehren und wandte sich zur Stadt zurück.

Es geschah, wie Athene verkündet hatte. Orest errichtete der taurischen Artemis in Athen einen Tempel. Iphigeneia waltete dort als Priesterin. Orest bestieg zu Mykene den Thron seiner Väter und verbrachte ein glückliches Leben an der Seite der schönen Hermione, der Tochter des Menelaos und der Helena. Auch Argos und Sparta brachte er unter seine Herrschaft. So herrschte er über ein mächtigeres Reich, als sein Vater es besessen hatte.

Pylades, der nach der glücklichen Rückkehr Elektra heimgeführt hatte, bestieg als Nachfolger seines Vaters den Thron des heimischen Phokis. Orestes selber durfte ein gesegnetes Greisenalter erleben; er wurde neunzig Jahre alt. Der alte Fluch, der auf Tantalos' Geschlecht lag, schien erloschen. Oder war er es erst mit Orests Tod? Eine Schlange stach den greisen König in die Ferse, so daß er ein rasches Ende fand.

DIE IRRFAHRTEN DES ODYSSEUS

IM PALAST ZU ITHAKA

Die griechischen Helden waren von Troja zurückgekehrt und befanden sich, glücklich oder unglücklich, in der Heimat. Nur Odysseus, der Sohn des Laërtes, war noch auf abenteuerlicher Irrfahrt. Auf der Insel Ogygia hielt ihn die Nymphe Kalypso in ihrer weinumrankten Grotte gefangen, weil sie ihn zum Gemahl begehrte.

Aber so schön auch die Insel war und so anmutig die Göttin, Odysseus konnte die Heimat, seine Frau und seinen Sohn nicht vergessen. Täglich saß er am Gestade und blickte voll Sehnsucht über das weite Meer, ob sich nicht in der klaren Ferne das geliebte Ithaka zeige. Da folgten die Olympischen schließlich Athenes Bitten und befreiten ihn aus der Gewalt der göttlichen Inselfürstin. Während Hermes, der Götterbote, den Befehl des Göttervaters nach Ogygia brachte, eilte Athene selber zur Insel Ithaka, um Telemachos, dem Sohne des Odysseus, ihren Trost zuzusprechen; sie hatte die Gestalt des Königs Mentor angenommen, als sie vor das hohe Tor des Königshauses trat.

Traurig sah es im Palaste des Odysseus aus. Als er aus dem Kriege um Troja nicht heimkehrte, hielt man ihn für tot, und von Ithaka und den umliegenden Inseln stellten sich viele Fürsten ein, die um die Hand der jungen Witwe warben. Fast hundert Freier waren es, die sich im Hause des Odysseus niederließen und vom Gute des fernen Fürsten zehrten; schon über drei

Jahre trieben sie dort mit frechem Übermut ihr Unwesen, schmausten, spielten und tranken. Telemach, der Sohn des Hauses, mußte ihrem wüsten Treiben ohnmächtig zuschauen. Wann endlich, so dachte er immer wieder, wird mein herrlicher Vater aus der Ferne heimkehren und die Eindringlinge aus unserem Hause jagen?

Solche Gedanken bewegten ihn auch jetzt, als er die Göttin in der Gestalt des fremden Königs am Tore erblickte. Er eilte ihm entgegen, hieß ihn willkommen und bot ihm Platz und Speise an. Während die Freier sich am Reigentanz und Gesang junger Mädchen erfreuten, gab sich die Göttin in ihrer verwandelten Gestalt als Gastfreund zu erkennen. „Ich bin der König der Insel Taphos", sagte sie. „Frage deinen Großvater Laërtes, der, wie man sagt, sich fern von eurer Stadt in Kummer verzehrt; er wird dir von unserer alten Familienfreundschaft zu erzählen wissen. Ich glaubte, deinen Vater wieder daheim anzutreffen. Ist es auch nicht der Fall, so brauchst du dir doch keine Sorgen um ihn zu machen; ich weiß, daß die Stunde seiner Heimkehr nicht fern ist."

Der vermeintliche Gastfreund gab dem jungen Königssohne mit folgenden Worten trostreichen Rat. „Rüste ein Schiff aus", sagte Mentor, „und begib dich auf die Suche nach deinem Vater! Fahr nach Pylos im Lande Messenien, um den ehrwürdigen Greis Nestor zu befragen; erfährst du dort nichts, so wende dich nach Sparta zum heldenhaften Menelaos, denn er ist der letzte der Griechen, der heimgekehrt ist."

Ehe Telemach dem Fremden ein Gastgeschenk reichen konnte, erhob sich dieser von seinem Sessel und war mit Vogelschnelle verschwunden. Da ahnte Telemach, daß ein Gott ihn besucht habe, und sann lange dessen Worten nach.

TELEMACH FORSCHT NACH DEM VATER

Penelope, die in ihren Frauengemach den Gemahl betrauerte, sah mit Verwunderung, wie verständig der junge Telemachos sich seit diesem Tage zeigte und wie bestimmt seine Rede wurde. Ihr war, als sei er plötzlich zum Manne gereift. Auch die Freier staunten über seine Entschlossenheit, als er ihnen so furchtlos entgegentrat und ihnen gebot, nicht länger von seinem Erbgut zu zehren.

Tags darauf berief Telemach eine Volksversammlung ein. Die Lanze in der Hand, trat er vor die Bürger von Ithaka; auch die Freier waren anwesend.

Der Herold reichte dem jungen Königssohn das Zepter, als dieser sich an die Einwohner seiner Insel wandte und um ihre Hilfe bat. „Meinen hochgeborenen Vater, euren König“, rief er, „habe ich verloren, und nun bricht mein Haus zusammen, mein Besitz geht verloren! Freier umdrängen meine Mutter ganz gegen ihren Willen, sie nehmen uns Rinder und Schafe und trinken ohne Scheu unseren Wein. Was vermag ich gegen so viele?“

Bewegten Herzens lauschten die Männer von Ithaka der Klage des Königssohnes. „Erkennet doch selbst euer Unrecht“, wandte dieser sich an die Freier, „fürchtet ihr denn nicht die Rache der Götter?“

Unter Tränen warf Telemach das Zepter zur Erde; schweigend saßen die Freier umher, nur einer von ihnen, Antinoos, trat dem Königssohn heftig entgegen. Nicht die stürmischen Freier, so erklärte er, sondern Penelope selber habe die Schuld. Drei Jahre schon halte sie ihre ernsthaften Bewerber hin und spotte ihrer. „‚Wartet auf meine Entscheidung solange, bis ich meines Schwiegervaters Laërtes Totenhemd gewebt habe‘, so hat die ränkevolle Penelope uns gesagt!“ rief Antinoos zornig, „denn keine Griechin soll mich tadeln, daß der Vater meines Gemahls dereinst auf seinem Totenbette nicht festlich eingekleidet liege.‘ “ Wirklich arbeitete sie bei Tag an ihrem Gewebe, in der Nacht aber trennte sie bei Kerzenlicht heimlich wieder auf, was sie am Tage gewebt hatte! Die Stimme des Antinoos wurde drohend: „Wenn Penelope die edlen Griechen noch länger verhöhnen und täuschen will, so zehren wir weiter von deinem Erbe, Telemachos, und nicht eher werden wir weichen, als bis deine Mutter einem von uns die Hand zum Ehebund gereicht hat!“

Vergeblich versuchte der junge Königssohn, dem anmaßenden Freier zu widersprechen, vergeblich wandte er sich an dessen Genossen, um ihr Gefühl für Recht und Unrecht anzurufen. Die Freier beharrten darauf, daß Penelope sich für einen Bewerber entscheiden solle.

Telemachos ging nun daran, ein Schiff zur Reise zu rüsten, um nach dem Geheiß der Göttin in Pylos und in Sparta nach dem verschollenen Vater zu forschen. Er ließ zwölf Henkelkrüge mit Wein füllen und zwanzig Maß feines Mehl in Schläuche schütten. In der Nacht, als die Mutter auf ihrem Lager ruhte, reichte Athene den zechenden Freiern einen Schlaftrunk, daß sie in tiefen Schlummer sanken.

Währenddessen bestieg Telemach das Schiff, brachte den Göttern ein Trankopfer und fuhr bei günstigem Winde davon. In Pylos traf er den greisen Nestor mit seinen Söhnen beim Opferschmaus an. Man nötigte die Männer von Ithaka freundlich, am Gastmahl teilzunehmen, und wies Telemach den Ehrensitz an. Doch über das Schicksal des Odysseus konnte Nestor keine Auskunft geben.

Der freundliche Greis erbot sich, dem Sohne seines alten Kampfgefährten Wagen und Pferde für die Weiterfahrt nach Sparta zu stellen. Unter lebhaften Gesprächen verging der Abend. Man brachte den Göttern ein Trankopfer, tat fröhlichen Umtrunk und ging zur Ruhe. Kaum schimmerte die Morgenröte über dem Palast, so regte sich das geschäftige Leben von neuem. Wieder wurde ein Opfertier geschlachtet. Man verbrannte die besten Stücke für die Göttin Athene und schüttete dunklen Wein darauf; das übrige wurde an Spieße gesteckt, gebraten und verspeist.

Nestor ließ seine schönsten Rosse vor den Wagen spannen und gab Brot und Wein für die Fahrt mit. Sein jüngster Sohn führte die Zügel, um Telemach sicher zu Menelaos zu bringen.

Noch niemals hatte der Sohn des Odysseus einen so herzlichen und ehrenden Empfang erlebt, wie er ihm am Königshofe zu Sparta bereitet wurde. Als Menelaos und Helena vernahmen, daß der Sohn ihres hochgeschätzten Freundes vor ihnen stehe, waren sie tief gerührt. Menelaos entrüstete sich über das freche Treiben der übermütigen Freier, von dem Telemach bekümmert berichtete, sprach ihm Trost zu und ließ ihn wissen, was ihm der Meeresgott Proteus über Odysseus geweissagt hatte: „Er sitzt auf einer einsamen Insel und vergießt Tränen der Sehnsucht, denn die Nymphe Kalypso hält ihn mit Gewalt zurück, und noch fehlt es ihm an Schiffen, in die Heimat zurückzukehren."

Der Spartanerkönig wollte den jungen Gastfreund zum Verweilen nötigen, doch Telemach folgte der freundlichen Einladung nicht; es trieb ihn, zur Mutter heimzukehren, um ihr in ihrer schweren Bedrängnis beizustehen.

SCHIFFBRÜCHIG NACH SCHWERER SEEFAHRT

Inzwischen eilte Hermes auf das Geheiß der Götter zur Insel Ogygia, wo die Nymphe Kalypso lebte. Ein Zypressenhain, in dem bunte Vögel nisteten, beschattete die weinumrankte Grotte, in der ihre Gemächer waren; Quellen entsprangen in der Nähe, und Bächlein bewässerten die Blumenwiesen.

Kalypso saß am Webstuhl und sang ein munteres Lied zur Arbeit. Sie erkannte Hermes sogleich. Der Götterbote fand Odysseus jedoch nicht zu Hause. Nach seiner Gewohnheit saß der göttliche Dulder traurig am Gestade und schaute mit Tränen in den Augen, das Herz voll Sehnsucht, auf das weite Meer hinaus.

Als die Nymphe den Götterbeschluß vernahm, der für Odysseus Freiheit und Rückkehr verlangte, brach sie in Tränen aus. „Sind die Götter so grausam und so voll Neid?“ rief sie klagend. „Dulden sie denn nicht, daß eine Unsterbliche sich einen sterblichen Mann zum Gemahl erwählt?“ Doch aus Furcht vor dem Zorne und der Rache des Göttervaters versprach sie, zu gehorchen und Odysseus freizugeben.

Kalypso gab ihm Axt und Beil zur Hand, und aus den mächtigsten Zedern der Insel fertigte Odysseus ein Floß mit Mast und Steuer, das bereits nach vier Tagen fahrbereit am Strande lag. Die Nymphe selber versah den Helden mit Schläuchen voll Wein und Körben voll köstlicher Speisen, gab ihm günstigen Fahrwind und nannte ihm die Zeichen der Himmelsgestirne, nach denen er sich auf See richten sollte.

Siebzehn Tage lang fuhr Odysseus über das Meer, immer weiter nach Osten. Am achtzehnten Tag endlich stiegen die dunklen Bergketten des Phaiakenlandes aus dem Meere empor. So nahe war der Held seiner Rettung

Doch da bemerkte ihn der Meeresgott Poseidon, der soeben von den Aithiopiern zurückkehrte. Er wußte nichts von dem Ratschluß der Götter, denn sie hatten seine Abwesenheit benutzt, Odysseus endlich aus seiner Not zu befreien. „Er soll noch Jammer genug erfahren“, stieß Poseidon ingrimmig hervor, sammelte die dunklen Wolken und wühlte mit seinem Dreizack das Meer in den Tiefen auf. Dann rief er die Orkane zum Kampfe gegeneinander herbei: Meer und Erde wurden ganz in Dunkel gehüllt. Odysseus zitterte, als er sich in der unendlichen Wasserwüste so einsam sah. Längst war das Land wieder seinen Blicken entschwunden. Ringsumher erblickte er nichts als schwarze Wogen, die ihn bald zum Himmel schleuderten bald in den unendlichen Abgrund rissen.

„Warum habe ich nicht den Kriegertod unter den Speeren der Troer gefunden?“ durchfuhr es den Helden. Verzweifelt klammerte er sich an das Floß, als ihn plötzlich ein gewaltiger Windstoß mit Urgewalt packte, der das Floß mit Macht herumriß und ihn ins Wasser warf. Mast und Segel flogen auf das tobende Meer hinaus. Mit äußerster Mühe arbeitete Odysseus sich aus den Wellen empor und erreichte mit letzter Kraft sein zerbrochenes Fahrzeug.

Als der edle Dulder so in der entfesselten See dahintrieb, erbarmte sich seiner die Göttin Leukothea, die Helferin der Schiffbrüchigen. Sie schwang sich zu ihm auf das Floß und sprach ihm Mut zu: „Die Götter wollen deinen Untergang nicht, mag der Meeresgott Poseidon dir auch noch so grimmig zürnen. Laß dir raten, Odysseus: Zieh dein wasserschweres Gewand aus, überlaß das Floß dem wütenden Sturm und schwimme durch die Wellen ans Ufer! Mein Schleier wird dich dabei beschützen."

Unendlich mühsam war noch der Kampf, den Odysseus mit den entfesselten Wogen zu bestehen hatte, bis er am dritten Tage die Felsenküste der Insel Scheria vor sich liegen sah. Doch die Brandung war zu stark und schleuderte ihn wieder ins Meer zurück. Endlich fand er ein flaches, windgeschütztes Ufer ohne Klippen, wo ein Flüßchen ins Meer mündet, und erreichte, zu Tode erschöpft, den Strand.

Als der Schiffbrüchige festen Boden unter den Füßen spürte, brach er ohnmächtig zusammen; die Anstrengung war zu groß gewesen. Langsam nur kehrte ihm das Bewußtsein zurück. Dankbar löste er Leukotheas Schleier von seiner Brust und gab ihn dem Meere zurück. Dann warf er sich auf die Knie und küßte voll Dankbarkeit die heilige Erde. Ihn fror in seiner Nacktheit, denn die Nachtluft wehte schneidend kalt vom Meere herüber. Im Schutze des Waldes fand Odysseus ein paar wilde Ölbäume, deren Zweige sich eng ineinander verschlungen hatten und sicheren Schutz boten. Von dem dürren Laube, das auf dem Boden herum lag, errichtete er sich dort ein Lager, kroch hinein und deckte sich mit den Blättern zu. Sogleich fiel er in festen, erquickenden Schlaf, der ihn sein schweres Leid vergessen ließ.

NAUSIKAA

Die Insel Scheria wurde von dem hochangesehenen, friedfertigen Volke der Phaiaken bewohnt, das unfern des Hafens eine mächtige Stadt erbaut hatte. Dort herrschte geschäftiges Treiben, denn die Phaiaken trieben Handel und Schiffahrt, daneben aber auch Ackerbau und Jagd, und auf ihren Schiffswerften wuchsen die Masten zum Himmel. Ihr König hieß Alkinoos, der dort in einem prächtigen Palaste wohnte, über Ordnung und Sitte waltete und den Wohlstand des Landes mehrte.

Während Odysseus noch im Walde ruhte, war Athene, seine göttliche Freundin, darauf bedacht, ihm bei den Vornehmsten der Insel eine gastliche Aufnahme zu bereiten. Am folgenden Morgen kam des Königs Tochter Nausikaa, wie Athene ihr im Traume eingegeben hatte, zum Flußufer gefahren, um mit ihren Mägden Linnen und Gewänder der königlichen Familie zu waschen.

Die Mädchen lösten die Maultiere aus dem Gespann, ließen sie im üppigen Grase weiden und machten sich emsig an die Arbeit, stampften und wuschen und breiteten sie Stück für Stück auf die Kiesel am Ufer. Dann badeten sie selber im Meere, salbten sich mit duftigem Öl und verzehrten fröhlich das mitgebrachte Mahl.

Mädchenlachen erfüllte die sonst so einsame Gegend. Die Jungfrauen tanzten und spielten. Nausikaa selber stimmte den Gesang dazu an. Als sie nun einmal den Ball nach einer Gespielin warf, ließ Athene, die unsichtbar gegenwärtig war, ihn in den Fluß fallen. Da kreischten die Mädchen in ihrem Übermut, daß es von den Ufern widerhallte.

Odysseus, dessen Lager ganz in der Nähe war, richtete sich horchend auf. Bis dahin hatte er von dem fröhlichen Treiben der Mädchen nichts vernommen.

„Das können keine wilden Räuberbanden sein“, sagte er sich. Er kroch aus dem Gebüsche hervor, schüttelte das Laub von sich, und um seine Blöße zu decken, brach er einen buschigen Zweig ab, den er sich vor den Leib hielt. Die Jungfrauen glaubten, ein Seeungeheuer zu erblicken, als der Schiffbrüchige unter sie trat, und flüchteten verstört nach allen Seiten. Nur Nausikaa zeigte sich beherzt. Ruhig blickte sie den Fremden entgegen. Odysseus bat sie ehrerbietig um Kleidung und Wegweisung. Sie antwortete ihm freundlich, bot ihm Kleidung und gab Antwort auf seine Frage. „Phaiaken sind es, die Stadt und Land hier bewohnen“, sagte sie; „ich selber bin die Tochter des Königs Alkinoos. Wenn du dich an ihn wendest, so wirst du nicht vergeblich um gastliche Aufnahme bitten.“

Da legte Odysseus die Kleidung an, die Nausikaa ihm aus ihrem Vorrat ausgesucht hatte, und stärkte sich nach der langen Entbehrung mit den Speisen, die die Mädchen ihm reichten. Dann bestieg Nausikaa mit ihren Gefährtinnen den Wagen und fuhr davon.

Odysseus folgte ihr langsam. Wie staunte er über das schöne Land, die hohen Stadtmauern, den Hafen und die Schiffe! Athene selber, in der Gestalt eines anmutigen Phaiakenmädchens, führte ihn zum Königspalast. „Hier ist das Haus des Alkinoos“, sagte sie, „tritt nur getrost ein, Fremdling, und wende dich an Arete, unseres Königs verehrte Gemahlin. Sie wird dir sicherlich helfen.“

Verwundert stand der Held vor dem herrlichen Bau mit den Wänden von gediegenem Erz, den Simsen aus bläulichem Stahl und den herrlichen Standbildern, die Hephaistos selber gefertigt hatte.

Im Saale waren die vornehmen Phaiaken festlich versammelt. Athene, die ihren Schützling in eine Nebelwolke gehüllt hatte, führte ihn ungesehen durch die Reihen der Schmausenden vor das Königspaar. Da zerfloß auf Athenes Wink das Dunkel um ihn her. Er warf sich vor der Königin Arete nieder, umfing ihre Knie und bat sie um Hilfe in seiner Not. Schweigend setzte er sich dann neben das Herdfeuer.

Die Phaiaken, von dem Anblick überrascht, verstummten, bis einer der Alten das Schweigen brach: „Alkinoos“, sagte er, „ist es recht, einen Fremdling am Herde in der Asche sitzen zu lassen? Die übrigen Gäste schweigen, nur weil sie deiner Befehle harren. So laß den Fremden gleich uns auf einem silberbeschlagenen Sessel Platz nehmen, laß die Herolde neuen Wein mischen, daß wir Zeus, dem Beschirmer des Gastrechtes, unser Opfer darbringen! Und dann befiehl, unserm Gaste Speise und Trank vorzusetzen!"

Der gütige Alkinoos reichte dem Helden selber die Hand und führte ihn zu einem Sessel an seiner Seite. Odysseus labte sich am guten Mahle inmitten der phaiakischen Männer, und ohne den Gestrandeten nach seinem Namen zu fragen, versprach ihm der König sichere Entsendung in die Heimat. Unter der Halle wurde ihm sodann ein weiches Lager bereitet. Bald entschlummerte der Held und vergaß die überstandenen Leiden.

FESTSPIELE BEI DEN PHAIAKEN

In der Morgenfrühe berief König Alkinoos eine Volksversammlung auf den Marktplatz der Stadt. Alle stimmten seinem Vorschlage zu, dem fremden Schiffbrüchigen das Geleit in seine Heimat zu gewähren. Dann lud der Herrscher die Fürsten seines Volkes zu einem Festmahle, das er dem Gaste zu Ehren veranstaltete, in seinen Palast, und damit dabei das Lied nicht fehle, ließ er den blinden Demodokos rufen, den göttlichen Sänger.

Während die Jünglinge auf des Königs Geheiß das Schiff für die Reise ausrüsteten, füllten sich die Hallen des Palastes mit den geladenen Gästen. Ein fröhliches Schmausen hub an, denn der Hausherr hatte mit Speise und Trank nicht gekargt. Dann griff der Sänger, der seinen Ehrenplatz mitten unter den Gästen hatte, nach der Harfe und stimmte sein Lied an.

Demodokos sang von dem Kampfe der Griechen vor Troja, er sang von den Kämpfen der Helden, von Achilleus und von Odysseus.

Als der Heimkehrer seinen eigenen Namen nennen und im Liede feiern hörte, wurde es ihm bitter schwer, seine Rührung zu verbergen. Die

Erinnerung riß alle Wunden wieder auf. Er mußte das Haupt in seinem Gewande bergen, damit man seine Tränen nicht sah. Nur der König, der neben dem Gaste saß, bemerkte dessen tiefe Bewegung und vernahm sein Seufzen. „Höret, ihr Freunde“, sagte er darum, den Fremden zu schonen, „lasset uns dem Gesang ein Ende machen und unsern Gast nun durch Kampfspiele ehren. Er soll den Seinen zu Hause melden können, wie wir Phaiaken im Faustkampf und Ringen, im Sprung und im Wettlauf alle Sterblichen übertreffen!“

Sogleich folgten alle dem Rufe des Königs, erhoben sich vom Mahle und eilten zum Markte. Unter der jungen Mannschaft, die sich im Wettkampfe messen wollte, waren auch die drei Söhne des Alkinoos. Mit Wohlgefallen sah Odysseus den Eifer der edlen Jünglinge im Wettlauf, im Ringen, im Springen und beim Wurf mit dem Diskos. Da wandten sie sich auch an ihn und baten ihn, seine Kunst zu zeigen.

„Freunde“, entgegnete Odysseus betrübt, „so groß ist mein Unglück, daß ich nicht Neigung verspüre, mich im Wettkampf zu messen. Zuviel habe ich erdulden müssen. Jetzt verlangt mich nach nichts anderem als nach der Heimkehr in mein Vaterland!“

Euryalos, einer der jungen Phaiaken, der sich soeben im Wettkampfe hervorgetan hatte, wagte in seinem Unwillen ein fürwitziges Wort: „Schon gut, Fremdling“, rief er, „man sieht wohl, daß du dich aufs Kämpfen nicht verstehst. Vielleicht bist du Händler oder ein Aufseher auf einem Kaufmannsschiffe, der die Ladung besorgt und die Gewinne berechnet? Ein Held jedenfalls scheinst du mir nicht zu sein.“

Odysseus furchte unwillig die Stirne: „Das war keine feine Rede, mein Freund; du scheinst mir ein recht übermütiger Bursche zu sein. Man sieht doch, wie ungleich die Götter ihre Gaben verteilen: Wie selten sind Schönheit und männliche Kraft gepaart mit Beredsamkeit und Weisheit! Du darfst mir glauben, daß ich kein Neuling im Kampfe bin, und als ich noch meiner Jugendkraft vertrauen konnte, habe ich mich mit den Tapfersten gemessen. Aber ob die Feldschlacht und der Kampf mit dem Meere mich auch entkräftet haben, du hast mich herausgefordert – ich versuche den Wettkampf!“

Auf sein Geheiß reichte man ihm die Wurfscheiben. Odysseus wählte die schwerste von allen aus, und ohne den Mantel abzulegen, schleuderte er sie so kräftig, daß sie weit über das Ziel hinaus flog, weit hinter die Wurfmarken der anderen.

„Schleudert mir dorthin nach, ihr vorlauten Jünglinge“, rief Odysseus seinen Herausforderern zu, „und versucht euch mit mir, in welchem Kampfe ihr wollt! Ich werde keinem ausweichen, weder im Bogenschießen, noch im Wettkampf mit dem Wurfspeer. Nur im Laufen mag es mir jemand zuvortun, denn die stürmische Meerfahrt hat mir die Glieder steif gemacht.“

Da schwiegen die Phaiaken alle, und niemand getraute sich mehr, den Helden herauszufordern. Alkinoos sprach vermittelnde Worte. Dann zeigten sich schöne Jünglinge im Tanze, daß Odysseus selber staunen mußte. Noch nie hatte er einen so anmutigen Tanz gesehen. „In dieser Kunst habt ihr euresgleichen nicht“, sagte er lobend zum König; „sicherlich könnt ihr Phaiaken euch der geschicktesten Tänzer auf der ganzen Erde rühmen!“

Eine solche Anerkennung hörte der König gern. Euryalos aber reichte dem Gast sein kunstvoll gearbeitetes Schwert zum Geschenk und bat ihn, die kränkenden Worte zu vergessen. „Mögen die Götter dir fröhliche Heimkehr verleihen!“ sagte er freundlich. Wie er taten nach des Königs Geheiß auch die phaiakischen Fürsten; jeder schickte einen Herold nach Hause, ein Geschenk für den Fremden holen zu lassen.

„ICH BIN ODYSSEUS!“

Unterdes war es Abend geworden. Odysseus setzte sich im Saale an die Seite des Königs, während die Diener das Fleisch zerlegten und aus den Mischkrügen Wein in die Becher schenkten. Auch Demodokos, den blinden Sänger, führte man wieder herein und gab ihm seinen Ehrenplatz. Als alle gespeist hatten, wandte sich Odysseus an den Sänger und lobte seinen Gesang: „So lebendig und genau verstehst du das Schicksal der griechischen Helden zu schildern, als hättest du selber alles miterlebt! Besing uns doch auch einmal die seltsame Sage vom hölzernen Pferde und von der Tat des Odysseus!"

Da sang der Alte zum Klange der Harfe, und keiner der Lauschenden ahnte, daß der Held, dessen List er feierte, leibhaftig unter ihnen saß. Odysseus konnte seinen heimlichen Tränen nicht wehren, als er seine Taten so preisen hörte, und Alkinoos, der allein die Tränen bemerkte, hieß den Sänger schweigen. „Laß die Harfe ruhen", sagte er, „denn nicht allen singst du zur Freude! Seit das Lied ertönt, sitzt unser Gast wie in tiefen Gram versunken, und vergebens trachten wir, ihn fröhlich zu stimmen. Muß uns ein Fremder, der voll Vertrauen naht, nicht lieb sein wie ein Bruder?"

Und damit wandte er sich an Odysseus, der den zartfühlenden Gastgeber dankbar anblickte: „So sag uns nun, Fremdling, frei und offen: Wie heißt du? Wer sind deine Eltern, welches ist dein Vaterland?"

Alle blickten in stummer Erwartung auf den Gefragten. „Glaube nicht, edler König, daß euer Sänger mich nicht erfreue! Eine Wonne ist es, seine göttergleiche Stimme und sein unsterbliches Lied zu vernehmen, und nichts Schöneres weiß ich, als wenn im Kreise der schmausenden Gäste die Becher gefüllt werden und der Sänger sein Lied anstimmt von den Taten der Helden. Doch ihr fragt nach meinem leidvollen Schicksal, ihr lieben Gastfreunde; noch tiefer muß ich nun in Gram und Kummer versinken. So höret zuerst mein Geschlecht und mein Vaterland: Ich bin Odysseus, des Laërtes Sohn, durch Klugheit unter den Menschen bekannt, und mein Ruhm steigt bis zum Himmel. Ithakas sonnige Höhen sind meine Heimat."

Bewundernd blickten die Phaiaken auf den berühmten Helden. Sie drängten sich herbei, den Mann zu sehen, dessen Taten sie so oft im Liede vernommen hatten und der jetzt leibhaftig vor ihnen saß.

BEI DEN LOTOPHAGEN

„Ihr wollt von meiner traurigen Heimfahrt erfahren, die mir der Donnerer Zeus beschied“, fuhr Odysseus fort. „So höret! Von Ilion weg trug uns der Wind zur Kikonenstadt Ismaros. Wir eroberten sie und erschlugen die Männer. Die anderen Einwohner teilten wir unter uns. Nach meinem Rate hätten wir uns eilends davonmachen sollen, doch meine unbesonnenen Gefährten blieben schwelgend sitzen, und die Verwandten der Kikonen, die landeinwärts wohnen, überfielen uns beim Festschmaus. Sechs Gefährten von jedem unserer Schiffe blieben tot auf dem Platze, als wir uns mit Mühe vor der Übermacht retteten.

So segelten wir weiter, zwar froh, der Todesgefahr entronnen zu sein, doch traurig über den Verlust unserer Gefährten. Nun galt es, ein seltsames Abenteuer zu bestehen: Als wir ein Vorgebirge an der Pelopsinsel umfahren wollten, warf uns der Sturmwind wieder auf die offene See hinaus. Neun Tage trieben wir umher, bis wir ans Ufer der Lotophagen gelangten. Die zwei Kundschafter, die wir ausschickten, wurden von dem friedlichen Volke, das sich nur von der Lotosfrucht nährt, freundlich aufgenommen, doch die Kost, die man ihnen gab, hat ganz seltsame Wirkung. Sie ist süßer als Honig und nimmt dem, der von ihr ißt, für immer den Drang zur Heimkehr. Nur mit Gewalt und ganz gegen ihren Willen konnten wir unsere Gefährten zu den Schiffen zurückführen.

BEIM KYKLOPEN POLYPHEM

Auf unserer weiteren Fahrt landeten wir an einer kleinen, dichtbewaldeten Insel. Menschen fanden wir nicht, nur Ziegen durchstreiften in großen Scharen die Ebene. Wir versorgten unsere zwölf Schiffsmannschaften reichlich mit frischem Fleische. Gegenüber dieser Insel liegt ein mächtiges Eiland, auf dem das Volk der Kyklopen haust. Sie wissen nichts vom Ackerbau, denn ohne ihr Zutun lassen die Götter dort alle Nahrung, Getreide und Reben, wachsen. Sie kennen nicht Gesetze noch staatliche Ordnung, leben einsam in Felshöhlen und kümmern sich kaum um ihre Nachbarn.

Als ich am andern Morgen mit meinem Schiffe zur Kyklopeninsel hinüberfuhr, wußte ich davon noch nichts. Hart am Gestade erblickten wir eine hohe, von Gesträuch überschattete Felsenkluft. Eine Menge Ziegen und Schafe lagerte davor in einem mächtigen Gehege von Steinen und Bäumen.

Da wählte ich zwölf meiner tatkräftigsten Freunde aus, hieß die übrigen an Bord bleiben und das Schiff bewachen. Ich versäumte auch nicht, einen Schlauch voll süßen Weines mitzunehmen, denn ich ahnte, er könnte mir nützlich sein als Gastgeschenk für die fremden Bewohner.

Wir fanden den Herrn nicht zu Hause, denn er war bei seinen Herden auf der Weide. Voll Verwunderung betrachteten wir das Innere der Höhle, die Körbe voll von Ziegenkäse, die Kübel, Bütten und Eimer, dazu die Menge der Schafe und Lämmer in den unterirdischen Pferchen. Hier hauste der fürchterlichste unter den Riesen; er war ein Sohn Poseidons und hieß Polyphem. Wie alle Kyklopen hatte er ein einziges Auge mitten auf der Stirn. Er war mit unendlicher Kraft begabt, so daß er Felsen wegwälzen und Granitblöcke wie Kiesel durch die Luft schleudern konnte.

Wäre ich doch dem Rate meiner Gefährten gefolgt, von dem Käse zu nehmen, Lämmer und Ziegen auf unsere Schiffe zu treiben und zu den Gefährten zurückzukehren! Doch es reizte mich, den seltsamen Herrn der Höhle kennenzulernen und sein Gastgeschenk abzuwarten.

So setzten wir uns in der Höhle nieder, zündeten ein Feuer an und aßen von dem Käse des Kyklopen. Endlich nahte er, auf seinen Riesenschultern einen mächtigen Haufen trockenen Feuerholzes tragend. Verängstigt krochen wir in die Winkel der Grotte, als er die Last zu Boden fallen ließ. Er trieb die Ziegen und Schafe herein, rollte einen mächtigen Felsblock, den zweiundzwanzig vierrädrige Karren nicht hätten von der Stelle schaffen können, vor den Eingang, hockte sich gemächlich nieder, melkte Ziegen und Schafe und legte die saugenden Jungtiere ans Euter.

Erst als er das Feuer entfachte, erblickte uns der mächtige Mann. „Wer seid ihr, Fremdlinge?“ fuhr er uns mit seiner rauhen Stimme an; sie klang wie Donnerrollen, daß uns das Herz im Leibe erbebte. „Woher kommt ihr über das Meer gefahren? Seid ihr Seeräuber, oder was treibt ihr?“

Da nahm ich allen Mut zusammen: „Griechen sind wir, kommen von Troja her und haben uns auf dem Meere verirrt. Schutzflehend nahen wir uns dir! Erhöre unsere Bitten, denn du weißt ja, daß Zeus die Schutzflehenden beschirmt und jeden Frevel an ihnen rächt!“

Mit häßlichem Lachen erwiderte der Kyklop: „Ein rechter Tor scheinst du mir, Fremdling, wenn du meinst, uns Kyklopen kümmere die Rachedrohung der Götter. Sind wir selber nicht viel mehr als sie? Doch sag mir, wo bist du mit deinem Schiffe gelandet?“

Ich merkte die Arglist, die in seiner Frage lag, gar wohl. „Mein Schiff“, entgegnete ich, „hat der Erderschütterer Poseidon auf die Klippen geworfen und zertrümmert; ich allein bin mit zwölf Gefährten hierher entronnen!“ Statt aller Antwort streckte der Unhold seine Riesenhände aus, packte zwei meiner Gefährten und schmetterte sie wie junge Hunde zu Boden, daß Blut und Gehirn auf die Erde spritzten. Und sogleich zerriß er sie und fraß sie auf. Voll Entsetzen mußten wir der Untat zuschauen; jammernd streckten wir die Hände zu Zeus empor.

Doch ungerührt trank der Kyklop zu seinem schrecklichen Mahle einen Kübel Milch und streckte sich dann auf dem Boden zur Ruhe nieder. Sollte ich mich auf ihn stürzen und ihm das Schwert ins Herz stoßen? Schnell verwarf ich diesen Racheplan, denn was hätte er uns geholfen? Wir hätten einen elenden Tod in dem Felsengrab sterben müssen, weil niemand uns den Stein vom Eingang hätte fortwälzen können. So ließen wir das Ungeheuer schnarchen und erwarteten in dumpfer Bangigkeit den Morgen.

Wieder packte Polyphem zwei meiner Begleiter und verzehrte sie vor unseren Augen. Dann schob er den Felsblock vom Eingang der Höhle, trieb die Herde hinaus und legte den Stein wieder sorgsam vor das Loch. In bebender Todesangst blieben wir zurück.

Da ersann ich einen Plan, um uns zu befreien und zugleich die toten Gefährten zu rächen. Im Stalle lag die mächtige Keule des Kyklopen, lang und dick wie ein Mastbaum. Davon hieb ich ein Stück ab, hieß die Gefährten es glätten, schärfte es oben spitz und härtete es in der Flamme. Diesen Pfahl verbarg ich sodann unter dem Mist, der den ganzen Boden bedeckte. Vier meiner Gefährten traf das Los, mit mir zusammen meinen Plan zu verwirklichen. Wir wollten dem Kyklopen das Auge ausbrennen.

Am Abend kehrte der schreckliche Riese heim, führte seine Schafe in die Höhle und verrammelte den Eingang mit dem Felsen. Wieder packte er zwei unserer Gefährten und vertilgte sie. Da näherte ich mich dem Ungeheuer mit einer Kanne meines schweren Weines: „Da nimm, Kyklop, und trink! Auf Menschenfleisch schmeckt der Wein vortrefflich. Ich hatte ihn dir als Gastgeschenk mitgebracht, aber wahrlich, du treibst es zu arg. Wer wird dich künftig wieder besuchen, wenn du so mit deinen Gästen umgehst?“

Wortlos nahm der Kyklop den dargebotenen Wein; man sah, wie das Getränk ihm behagte. Zum ersten Male zeigte er sich freundlich: „Gib mir noch einen Schluck davon zu trinken, Fremdling“, bat er, „und sage mir doch, wie du heißest, damit auch ich dich mit einem Gastgeschenk erfreuen kann!“

Gern gab ich ihm von neuem zu trinken. Ja, dreimal schenkte ich den Krug voll, und dreimal leerte er ihn in seiner Dummheit. Als dann der Wein ihn zu umnebeln begann, redete ich ihn listig an: „Meinen Namen willst du wissen, Kyklop? Ich habe einen seltsamen Namen, denn ich heiße Niemand*; alle Welt nennt mich Niemand, Mutter und Vater heißen mich so und alle meine Freunde.“

„So sollst du dein Gastgeschenk erhalten, Niemand“, entgegnete der Kyklop mit grimmigem Spott; „ich werde dich als letzten von euch allen verspeisen. Bist du mit meiner Gabe zufrieden?“

Diese letzten Worte brachte der Unhold nur noch lallend hervor; dann lehnte er sich in seinem Rausche hintenüber und fiel in tiefen Schlaf.

DIE FLUCHT VON DER KYKLOPENINSEL

Da steckte ich eilig den Pfahl in die glimmende Asche und drehte ihn, bis die ganze Spitze glühte und sprühte. Zu viert packten wir an und stießen dem Riesen die glühende Spitze mitten in das einzige Auge! Grauenvoll heulte der Verletzte auf, so laut, daß die Höhle vom Gebrüll erzitterte. Bebend vor Angst flüchteten wir uns in den äußersten Winkel. Polyphem riß den Pfahl aus der Augenhöhle, schleuderte ihn weit von sich und tobte wie ein Besessener.

Als seine Nachbarn das Geschrei hörten, kamen sie von allen Seiten herbei. „Niemand, Niemand bringt mich um, ihr Freunde! Niemand tut es mit Arglist!“ schrie der Riese immer wieder.

Kopfschüttelnd hörten die Kyklopen seine Worte. „Wenn niemand dir etwas zuleide tut, warum schreist du denn so? Vielleicht bist du krank, Polyphem, doch dagegen haben wir kein Mittel. Da mag dein Vater Poseidon dir helfen!“ So sprachen sie und gingen davon. Wie freute ich mich, daß meine List sie so getäuscht hatte!

Vor Schmerzen winselnd, tappte der Geblendete in seiner Höhle umher. Er nahm den Felsblock vom Eingang, hockte sich vor der Höhle nieder und betastete mit seinen plumpen Händen sorgsam die hinausdrängenden

* Es handelt sich um ein Wortspiel, das im Deutschen nicht wiederzugeben ist. Der Held gibt sich den Namen Utis, der eine Verkleinerungsform von Odysseus darstellt, zugleich aber „Niemand“ bedeutet.

Schafe, damit keiner von uns entwische. Er hielt uns für zu einfältig. Ich aber hatte längst eine List erdacht, band von den stärksten Widdern immer drei mit Weidenruten zusammen und hieß unter dem Bauche des mittleren einen der Gefährten sich an der Wolle festhalten, während die beiden Tiere rechts und links die heimliche Last beschirmten. Für mich selber wählte ich den stattlichsten Bock, das Leittier der Herde, aus.

Sorgfältig tastete Polyphem über jeden Rücken, ob keiner von uns draufsitze; an den Bauch dachte er in seiner Dummheit nicht. Wohlbehalten gelangten die Gefährten hinaus. Als mein Bock mit seiner schweren Last durch das Tor der Höhle schritt, streichelte Polyphem ihn zärtlich. „Gutes Widderchen, warum trabst du so langsam hinter der übrigen Herde hinaus? Du leidest es doch sonst nie, daß andere Schafe dir vorangehen, betrübt dich das ausgebrannte Auge deines Herrn? Könntest du sprechen, du gutes Tier, sicher würdest du mir sagen, in welchem Winkel der Höhle sich die Frevler versteckt halten. Wie wollte ich mich an ihnen rächen!"

Von den zwölf Gefährten waren nur noch wir sieben am Leben, als wir uns endlich in Freiheit befanden. Wir umarmten einander herzlich und betrauerten die Toten. Heimlich trieben wir die Tiere, die uns gerettet hatten, dann zum Schiff. Doch als wir auf unsern Ruderbänken saßen und durch die Brandung steuerten, rief ich mit spottenden Worten den Kyklopen an, der eben mit seiner Herde den Hügel emporkletterte. „Heda, Polyphem, merkst du nun, daß du keines verächtlichen Mannes Gefährten in deiner Höhle gefressen hast? Endlich hast du die Strafe des Zeus für deine Freveltaten erfahren!"

Bei diesen Worten wußte sich der Kyklop vor Zorn nicht mehr zu halten. Er riß einen mächtigen Felsblock aus dem Gebirge heraus und warf ihn nach unserem Schiffe. So gut hatte er gezielt, daß er fast das Steuerruder getroffen hätte. Der entstehende Wogenschwall wollte das Schiff wieder ans Ufer zurücktragen, und nur mit aller Kraft entgingen wir neuem Unglück. Wieder hob ich meine Stimme, obwohl die Freunde, die einen zweiten Wurf befürchteten, mich mit Gewalt abhalten wollten. „Höre, Kyklop", schrie ich, „wenn dich je einmal ein Menschenkind fragt, wer dich geblendet habe, so sollst du eine bessere Antwort geben, als du sie deinen Stammesbrüdern erteilt hast. Sag nur: Der Zerstörer Trojas, Odysseus, war es, der mir das Augenlicht nahm!"

In höchstem Grimme schrie er seine Antwort zurück: „So hat sich also doch erfüllt, was einst der Wahrsager mir prophezeite. Der sprach mir von Odysseus, und immer fürchtete ich, einst werde ein heldenhafter Mann von übermenschlicher Stärke mich heimsuchen. Und nun muß ich erleben, daß solch ein elender Wicht mich mit Wein überlistet und im Rausche geblendet hat!"

Dann änderte er listig den Ton seiner Worte: „Komm doch noch einmal heran, Odysseus, und laß uns Frieden schließen!" rief er freundlich. „Ich will dich als meinen lieben Gast aufnehmen und den Meeresgott, meinen Vater, bitten, dir sicheres Geleite zu geben. Gewißlich wird er mich heilen und mir die Sehkraft wiedergeben!"

Natürlich wies ich seine arglistigen Worte höhnend zurück. Da rief er seinen Vater Poseidon an und bat ihn, mir die Heimkehr zu verwehren. „Und kehrt er jemals zurück, so sei es spät, unglücklich und verlassen, auf fremdem Schiffe; nichts als Elend soll er zu Hause antreffen!" So betete Polyphem, und ich glaube, der finstere Meeresgott hat ihn erhört.

In seiner ohnmächtigen Wut ergriff der Kyklop einen zweiten Felsblock und schleuderte ihn uns nach; nur mit Mühe entgingen wir ihm. Eilig ruderten wir zur Ziegeninsel hinüber, wo unsere Gefährten uns mit Freudenrufen empfingen. Fröhlich wurde unsere Rettung gefeiert.

Am nächsten Morgen saßen wir wieder auf unseren Schiffen und ruderten weiter – der Heimat entgegen.

DAS GASTGESCHENK DES AIOLOS

Unsere Reise führte uns zu einer schwimmenden Insel, die Aiolos, der Gott der Winde, bewohnte. Freundlich nahm er uns auf und bewirtete uns einen ganzen Monat. Immer wieder mußte ich von Troja und von unseren Abenteuern auf der Heimfahrt berichten. Als wir endlich Abschied nahmen, gab mir der Gott als Gastgeschenk einen dickaufgeschwollenen Schlauch, der aus der Haut eines mächtigen Stieres gearbeitet war. Darin hatte Aiolos alle Winde eingeschlossen, und wie glücklich hätte uns sein Geschenk machen können, wenn meine Gefährten nicht durch ihre Torheit alles verdorben hätten!

Aiolos ließ einen sanften Wind wehen, der uns schnell und leicht in die Heimat bringen sollte. Neun Tage segelten wir dahin, und in der zehnten Nacht waren wir der geliebten Heimatinsel schon so nahe, daß wir Ithakas Wachtfeuer erblicken konnten: Das Ende unserer Irrfahrt schien gekommen!

Doch die Anstrengungen waren zu groß gewesen; unaufhörlich hatte auch ich die Segel bedient, um das Vaterland so schnell wie möglich zu erreichen. Nun legte ich mich im Schiffsraum nieder, überließ mich sorglos dem Schlummer und träumte von der Heimat. Meine Gefährten hatten sich schon oft Gedanken darüber gemacht, was in dem Schlauche sein möge, den Aiolos mir als Gastgeschenk überreicht hatte, und ihn mit scheelen Blicken betrachtet. „Einen Sack voll Gold und Silber hat der Gott ihm geschenkt, während wir mit leeren Händen heimkehren", so meinten sie, und schnell stifteten sie sich gegenseitig an, nach den verborgenen Schätzen zu forschen. Sie öffneten die Stricke, mit denen der Windgott den Sack verschnürt hatte – da brachen alle Winde in brausendem Sturm hervor, rissen unsere Schiffe mit fürchterlicher Gewalt zurück und trieben uns in die offene

See hinaus. Ehe wir uns versahen, waren wir wieder vor der Insel des Aiolos, von der wir vor zehn Tagen abgefahren waren.

Fast wäre ich, von den tobenden Winden aus dem Schlafe gerissen, in meiner Verzweiflung über Bord gesprungen, doch ich faßte mich wieder und war entschlossen zu ertragen, was das Schicksal mir schickte. Nun eilte ich zur Burg des Windgottes hinauf, ihn um seine Hilfe zu bitten. Er saß mit den Seinen beim Mahle und staunte nicht wenig, als er mich zurückkehren sah. Doch als ich ihm von meinem Schicksal berichtete, fuhr er von seinem Sitze empor. „Mach dich aus meinem Hause, du Verworfener!" schrie er zornbebend. „Hier ist nicht Platz für einen Mann, den der Zorn der Götter verfolgt!" Mit diesem Fluche jagte er mich von dannen.

BEI DEN LAISTRYGONEN

In tiefer Mutlosigkeit machten wir uns wieder auf die Reise. Sechs Tage ruderten wir rastlos durch das unermeßliche Meer, bis wir endlich Land erblickten. Wir waren vor der Küste der Laistrygonen, steuerten unsere Schiffe in eine geschützte Bucht und legten an. Vergeblich aber schaute ich mich nach Spuren menschlicher Tätigkeit um. Sollte das Land unbewohnt sein?

Von einer Anhöhe sah ich Rauch zum Himmel steigen, der auf eine Stadt schließen ließ. Zwei Gefährten, die ich samt einem Herold auf Kundschaft ausschickte, folgten einem Wege, der sie auch wirklich zu dieser Stadt führte. Ein laistrygonisches Mädchen, das Wasser vom Brunnen geholt hatte, bot sich ihnen als Führerin an. Sie war die Tochter des Königs und zeigte ihnen freundlich den Palast ihres Vaters. Arglos traten die drei Abgesandten ein. Doch wie erschraken sie, als des Königs Frau, groß wie ein Berg, vor sie trat. Die Laistrygonen sind nämlich Riesen und – Menschenfresser!

Sie rief sogleich ihren Gemahl herbei, und dieser packte zum Gruße einen meiner Männer und befahl, ihn zum Abendessen herzurichten. Entsetzt flohen die beiden andern zu den Schiffen zurück. Über tausend Riesen stürzten auf des Königs Geschrei hinter ihnen her, schleuderten gewaltige Felssteine auf uns und zerschmetterten Menschen und Schiffe. Nur mein eigenes Schiff, das ich hinter einem Felsen festgemacht hatte, blieb von den Geschossen verschont. In aller Eile nahm ich dort all die Männer auf, die noch unverletzt waren, und wir entkamen unversehrt aus dem verhängnisvollen Hafen. Unsere anderen Schiffe aber waren mit ihrer Mannschaft, Toten, Sterbenden und Verwundeten, in den Abgrund gesunken.

ABENTEUER AUF KIRKES INSEL

Nun fuhren wir auf dem einzigen geretteten Schiffe weiter, bis wir an eine Insel mit Namen Aiaia kamen. Hier herrschte die wunderschöne Kirke, eine Tochter des Sonnengottes Helios. Doch wir wußten nichts von ihr. Müde und betrübt lagen die Gefährten im Ufergrase, während ich das Land auskundschaftete. Als ich in der Ferne den Rauch aus einem Palast aufsteigen sah, kehrte ich, durch die schrecklichen Erlebnisse gewitzt, zuerst zu den Freunden zurück, um Späher auszusenden. Ein guter Hirsch, den die barmherzigen Götter mir in den Weg schickten, gab den ausgehungerten Gefährten einen köstlichen Abendschmaus und ließ den alten Mut wieder erwachen.

Als ich ihnen jedoch von dem Rauch über dem Palaste erzählte, packte sie wieder Verzagtheit, denn sie dachten an unsere Abenteuer bei den Kyklopen und Laistrygonen.

Endlich gelang es mir, die Gefährten wieder aufzurichten. Ich teilte sie in zwei Haufen und loste mit Eurylochos, dem Anführer des anderen, wer die Insel erkunden solle. Das Los traf ihn. Nur unter Seufzern machte er sich mit seinen zweiundzwanzig Genossen auf den Weg nach der Stelle, von der ich den Rauch hatte aufsteigen sehen.

Bald stießen sie auf Kirkes herrlichen Palast, der in einem anmutigen Tale versteckt lag. Doch wie erstaunten meine Genossen, als sie auf dem Hofe Wölfe und Löwen herumwandeln sahen. Die grimmigen Raubtiere kamen ihnen friedlich entgegen wie Hunde, die ihren Herrn begrüßen – es waren, wie wir später erfuhren, lauter Menschen, die Kirkes Zauberkunst in Tiere verwandelt hatte.

Aus dem Innern des Palastes erscholl eine liebliche Stimme. Es war Kirke, die am Webstuhl arbeitete und dabei sang. Als sie das Rufen der Ankömmlinge vernahm, öffnete sie die Pforte. „Tretet ein, ihr Gastfreunde“, bat sie schmeichelnd, „daß ich euch bewirte!“ Die Männer ließen sich hineinführen; nur der besonnene Eurylochos ahnte den Trug und blieb draußen.

Kirke ließ ihre Gäste auf den prächtigen Sesseln Platz nehmen und setzte ihnen die köstlichsten Speisen vor. Doch heimlich mischte sie unheilbringendes Gift hinein, und kaum hatten die Männer von der verführerischen Speise gekostet, so wurden sie – in borstige Schweine verwandelt. Zufrieden trieb die Zauberin die grunzenden Tiere in den Stall.

Eurylochos, der das alles mit angesehen hatte, stürzte sprachlos vor Entsetzen zu unserem Schiffe zurück, um mir von dem Schicksal der Freunde zu berichten. Sofort ergriff ich Schwert und Bogen. Vergebens suchte Eurylochos mich zurückzuhalten. Ich wollte die Gefährten befreien oder sie an der grausamen Zauberin rächen. Das Schicksal war mir wohlgesinnt; denn unterwegs begegnete mir in blühender Jugendkraft Hermes, der Götterbote. Er reichte mir eine schwarze Wurzel, die mich gegen Kirkes Zauberkraft gefeit machte. „Wenn sie dich mit ihrem Zauberstabe berührt“, sagte er, „dann zieh dein Schwert und geh auf sie los, als wolltest du sie erschlagen! Dann wird sie sich gefügig zeigen und die Gefährten freigeben!“

Sorgenvoll eilte ich zum Palaste. Kirke selber öffnete mir, führte mich zum Sessel und reichte mir in goldener Schale von ihrem Traubenmus. Kaum hatte ich davon genossen, so berührte sie mich mit ihrem Zauberstabe: „Fort mit dir in den Schweinestall, zu deinen Freunden!“

Sie hatte nicht an meiner Verwandlung gezweifelt. Doch ich tat, wie Hermes mir anbefohlen hatte. Da warf sie sich schreiend zu Boden und umfaßte meine Knie: „Wer bist du, daß du meinen Zauber brichst? Noch kein Sterblicher hat der Kraft meines Trankes widerstanden. Bist du vielleicht Odysseus, von dem mir einst Hermes geweissagt hat, er werde meine Kraft brechen?"

Nicht eher willigte ich ein, ihre Freundschaft anzunehmen, als bis sie sich mit heiligem Eid verpflichtet hatte, mich unversehrt zu lassen und meine Gefährten zurückzuverwandeln.

Von den herrlichen Speisen, die sie mir vorsetzte, rührte ich nichts an, so sehr die Göttin mich auch nötigte. „Wie sollte ich unbekümmert Speise und Trank zu mir nehmen, solange meine Freunde gefangen sind?" sagte ich zu ihr. Da ging sie in den Stall, trieb meine so seltsam verwandelten Freunde heraus und bestrich jeden mit ihrem Zaubersaft. Da schälten sie, die eben noch als grunzende Schweine um mich herum gelaufen waren, sich aus ihrer borstigen Hülle und standen wieder als Menschen, jünger und schöner als zuvor, vor mir. Mit Freude begrüßten wir uns wieder, erst recht die beim Schiff zurückgebliebenen Gefährten, die auch mich schon verloren glaubten!

Gern ließen wir uns jetzt von Kirke bereden, eine Zeitlang als ihre Gäste bei ihr zu verweilen. Wir zogen das Schiff auf Strand, bargen die Ladung in einer Felsengrotte und ließen es uns bei ihr wohl sein.

IM REICHE DER SCHATTEN

Als wir endlich von Kirkes Insel abzufahren gedachten, befahl sie uns, auf der Heimfahrt einen Umweg durch das Schattenreich zu machen und den blinden Seher Teiresias um unsere Zukunft zu befragen. Nur ungern vernahm ich das Geheiß der Zauberin, denn mir graute vor dem Reiche der Toten.

Nicht anders erging es den Gefährten; doch ihr Jammern half nichts. „Richte nur getrost den Mast in die Höhe und spann die Segel“, sagte Kirke begütigend, „der Nordwind wird euch zu Persephones Hain treiben, wo sich der Eingang zur Unterwelt befindet!“

Die Sonne tauchte ins Meer, als wir, von wunderbarem Fahrtwinde vorwärtsgetrieben, am Ende der Welt, das in ewigem Nebel liegt, am Strome Okeanos anlangten. Wir zogen unser Schiff auf den Strand, nahmen die mitgebrachten Opfergaben und stiegen zu dem Orte hinab, den uns Kirke bezeichnet hatte.

Als wir nach ihrem Geheiß die Totenopfer darbrachten, tauchten tief aus der Unterwelt die Seelen der Abgeschiedenen empor. Mit hohlem, grauenvollem Stöhnen drängten sie um die Opferstelle, daß mich Entsetzen überkam. Nur mit Mühe konnte ich sie mit meinem Schwerte abhalten, von dem Opferblute zu lecken, bevor ich Teiresias befragt hatte.

Da trat der Seher heran. Ich stieß das Schwert in die Scheide und ließ ihn trinken, denn erst mit dem Genusse des Blutes erhalten die Schatten ihr leibliches Leben zurück.

„Du forschest bei mir, Odysseus, nach fröhlicher Heimkehr. Einer der Himmlischen wird sie dir schwer machen, denn du weißt, wie tief du den Erderschütterer Poseidon beleidigt hast, als du seinem Sohne das Auge blendetest. Dennoch wird dir die Heimkehr nicht verwehrt bleiben, wenn ihr auf der Insel Thrinakria die Stiere des Helios unangetastet laßt. Verletzt ihr sie aber, dann weissage ich deinem Schiff und deinen Freunden Verderben. Nur nach unendlichen Mühen wirst du dann, verlassen von allen deinen Gefährten und unbekannt wie ein Bettler, auf einem fremden Schiffe heimkehren, und nur bitteres Elend wird dich zu Hause erwarten.“

Dankend schied ich vom Seher Teiresias. Nun erschien auch meine Mutter und trank von dem Blute. Urplötzlich erkannte sie mich und erfuhr nun die Geschichte meiner Leiden. Aus Gram um mich, so berichtete sie, sei sie verschieden, während mein Vater Laërtes im Jammer um das Geschick des verschollenen Sohnes dahinlebe. „Alles Glück seines Reichtums“, sagte sie, „verschmäht er, solange er dich nicht glücklich weiß.“

Als ich die Mutter in herzlicher Sehnsucht in meine Arme schließen wollte, entschwand sie wie ein Traumbild. An ihre Stelle drängten sich andere in Scharen, die einst die Gattinnen meiner Kampfgenossen gewesen waren. Sie tranken von dem Blute und erzählten mir ihr Schicksal. Dann wurde mir ein Anblick zuteil, der mich im Innersten bewegte. Es kam nämlich die Gestalt des Völkerfürsten Agamemnon heran, schwermütig und kraftlos. Traurig erzählte er von dem Schicksal, das ihn in der Heimat ereilt hatte. Achilleus trat heran und erkannte mich staunend. „Lieber wollte ich als Tagelöhner auf Erden das Feld bestellen, ohne Eigentum und Erbe, als hier im Reiche der Toten herrschen", sagte er klagend. Andere Seelen der Abgeschiedenen folgten, Patroklos und Aias. Auch die Schatten längst verstorbener Helden erblickte ich von ferne, auch Tantalos und Sisyphos, die ihr qualvolles Schicksal zu ertragen hatten, und viele andere. Doch mich packte das Grauen, noch länger an diesem Orte zu verweilen; eilig verließ ich mit den Gefährten den Hades und segelte durch den Okeanos wieder auf das weite Meer hinaus.

DIE SIRENEN – SKYLLA UND CHARYBDIS

Auf der Weiterfahrt kehrten wir noch einmal auf Kirkes Insel ein und machten uns dann, reichlich mit Lebensmitteln versehen und vor allerlei Gefahren gewarnt, auf die Heimreise.

Das erste Abenteuer, das die Göttin uns bereits vorausgesagt hatte, erwartete uns an der Insel der Sirenen. Diese sangeskundigen Nymphen bezaubern jeden der Vorüberfahrenden, der ihrem Liede lauscht. Doch wer sich von ihnen auf das grüne Gestade hinüberlocken läßt, muß unrettbar sterben. Durch Kirke gewarnt, verklebte ich meinen Gefährten die Ohren mit Wachs, als ich die Inseln der Sirenen in der Nähe vermutete, und ließ mich selber an den Mastbaum binden.

Gar bald zeigte sich, wie recht Kirke mir geraten hatte. Denn der Gesang der Sirenen war so hinreißend und bezaubernd, daß ich mein Verlangen nicht zu bändigen vermochte. Doch ob ich auch den Gefährten zunickte, mich freizulassen, sie banden mich nach meinem vorherigen Geheiß nur noch fester, und erst als wir die betörenden Jungfrauen hinter uns hatten, lösten sie mir die Fesseln und entfernten das Wachs aus ihren Ohren.

Bald darauf vernahmen wir von ferne den Donner einer wütenden Brandung. Es war die Charybdis, ein schrecklicher Strudel, der unter einem Felsen hervorquillt und jedes Schiff verschlingt. Meinen Gefährten fuhren die Riemen vor Schrecken aus der Hand, und erst, nachdem ich meine eigene Furcht überwunden hatte, konnte ich ihnen und dem Steuermann Mut zusprechen. Von der Skylla, dem gegenüber drohenden Ungeheuer, schwieg ich noch wohlweislich, denn ich fürchtete, meine Gefährten würden sich dann im Schiffsraume verkriechen.

Unter Donnergetöse schlürfte die Charybdis die Meeresflut ein, so daß man in einen Abgrund von schwarzem Schlamm hinunterblicken konnte. Während wir unsere Augen mit starrem Entsetzen auf dieses Schauspiel richteten und unwillkürlich zur Linken auswichen, waren wir der Skylla zu nahe gekommen. Mit einem einzigen Zupacken hatten ihre sechs scheußlichen Köpfe sechs meiner tapfersten Gefährten von Bord hinweggeschnappt und hoch in die Luft emporgerissen. Flehentlich schrien sie um Hilfe, aber im nächsten Augenblick waren sie zermalmt. Soviel Schreckliches ich auf meinen Irrfahrten erdulden mußte, nie erlebte ich einen jammervolleren Anblick!

DIE RINDER DES HELIOS

Nachdem wir glücklich zwischen dem Strudel der Charybdis und dem Felsen der Skylla hindurch waren, lag die Insel Thrinakria im Sonnenschein vor uns. Schon vom Meere aus hörten wir das Gebrüll der heiligen Rinder des Sonnengottes und das Blöken seiner Schafe. Ich erzählte meinen Gefährten von Kirkes Voraussage und warnte sie, die Insel zu betreten, auf der uns das grimmigste Schicksal bedrohe.

Doch sie nannten mich grausam, weil ich ihnen nicht Ruhe und Erholung nach der ermüdenden Seefahrt gönnte. „Einen Schwur müßt ihr mir leisten, die heiligen Rinder nicht zu verletzen!“ Das verlangte ich, und sie schwuren es mir zu.

Einen ganzen Monat lang hinderten uns ungünstige Winde an der Weiterfahrt. Solange Kirkes Gaben uns noch ernährten, taten die Gefährten nichts Unrechtes. Doch als uns Speise und Trank zu fehlen begannen und nagender Hunger sich einstellte, ließen sie sich, als ich mich für kurze Zeit von unserm Lager entfernt hatte, von Eurylochos zu Ungehorsam und Eidbruch verleiten: Sie wagten es, die Stiere des Sonnengottes zu schlachten!

„Ich will den verfluchten Räubern das Schiff mit dem Donnerkeile zerschmettern!“ rief Zeus in seinem Zorne. Keiner meiner Gefährten sollte seiner Rache entgehen.

Kaum hatten wir bei gutem Ostwind die Insel verlassen, so senkte Zeus schwarzblaues Gewölk auf uns hernieder. Ein rasendes Unwetter brach aus und zerriß die Haltetaue des Mastbaumes. Während dieser bei seinem Sturz unendliche Verwirrung anrichtete, fuhr ein Blitz unter krachendem Donner auf das Schiff herab, zerschmetterte es und schleuderte uns alle ins Meer. Keiner meiner Gefährten entrann dem grausigen Tode. Mir selber gelang es, mich an den Kiel zu klammern und ihn mit einem Tau an den vorbeitreibenden Mast zu binden.

Neue Angst packte mich, als der Wind nach Süden umschlug und mich wieder der Skylla und der Charybdis entgegentrieb. Der entsetzliche Strudel packte den Mast und verschlang ihn. Wie durch ein Wunder gelang es mir, mich an einen Feigenbaum zu klammern, der über dem grausigen Schlunde hing. Als Mast und Kiel wieder aus dem Wirbel emportauchten, gelangte ich in kühnem Sprunge auf den Balken, und ich konnte mich, mit bloßen Händen rudernd, aus dem Strudel retten: Zeus hatte mich glücklich von dem Felsen der Skylla abgelenkt.

Neun Tage trieb ich auf der See herum, bis die gütigen Götter mich am zehnten wieder auf Kalypsos Insel Ogygia führten. Dort hat mich die Göttin neun Jahre lang festgehalten.“

ABSCHIED VON DEN PHAIAKEN

Odysseus hatte seine lange Erzählung beendet. Mit tiefer Ergriffenheit hatten die Phaiaken dem abenteuerreichen Bericht des Odysseus gelauscht. Als er geendet hatte, überhäuften sie ihren Gast mit Geschenken. Der König selber sorgte dafür, daß sie sorgsam in dem Schiffe verstaut würden, das Odysseus in die Heimat führen sollte.

Das Abschiedsmahl für den Scheidenden war im königlichen Palaste gerichtet. Wieder sang Demodokos herrliche Lieder. Odysseus selber aber drängte zur Abreise. „Möge ich meine Gattin untadelig und Sohn, Verwandte und Freunde wohlbehalten antreffen!“ sagte er zum König; „dich aber, Alkinoos, mögen die Götter mit all ihren Gaben segnen!“

Alle Phaiaken stimmten diesem Wunsche zu. Sie erhoben sich von ihren Sitzen und brachten den Göttern ein Trinkopfer für die glückliche Heimkehr ihres Gastes. Gerührten Herzens dankte der edle Dulder allen, besonders dem Königspaare, ließ sich in ehrenvollem Geleit zum Schiffe führen und legte sich auf das weiche Fell, das die Phaiaken für ihn niedergelegt hatten. Leicht wie ein Vogel glitt das Schiff über die Meeresfläche. Odysseus aber sank in tiefen Schlummer.

AUF DEM BODEN DER HEIMAT

Der Morgenstern stand noch am Himmel, als das Schiff die Insel Ithaka ansteuerte und in einer sicheren Bucht landete. Um den schlafenden Heimkehrer nicht zu stören, faßten die phaiakischen Jünglinge leise das Fell, auf dem er schlief, und trugen ihn an Land. Auch seine Geschenke legten sie in aller Stille in der Nähe nieder. Dann begaben sie sich wieder ins Schiff, um in die Heimat zurückzufahren. So unerbittlich aber war Poseidons Zorn, daß er seinen Zorn noch an den friedliebenden Phaiaken ausließ. Er verwandelte ihr Schiff in einen Felsen, ehe es den Heimathafen erreicht hatte.

Als Odysseus aus seinem tiefen Schlummer erwachte, lag die ganze Landschaft in tiefen Nebel gehüllt. Er erkannte sein Vaterland nicht! Trostlos und einsam wankte er am Gestade umher. Sollte eine neue Leidenszeit beginnen?

Da gesellte sich ein Hirtenknabe zu ihm, und als Odysseus nach dem Namen des Landes fragte, erfuhr er zu seinem Erstaunen, er stehe auf Ithakas Boden! Der Hirtenknabe, schön wie ein Gott und gekleidet wie ein König, war niemand anders als Odysseus' göttliche Freundin Pallas Athene!

Da warf der edle Dulder sich nieder und küßte den Boden der wiedergewonnenen Heimat.

Athene half ihm, die mitgebrachten Gastgeschenke sorgsam in einer Felsgrotte zu verbergen. Dann beratschlagte sie mit ihm, wie er sich der aufdringlichen Freier entledigen solle. Ohne die Warnung der Göttin hätte ihn wohl im eigenen Hause ein schmählicher Tod erwartet.

„Sei getrost, mein Freund", sagte die Göttin, „solange ich bei dir bin! Doch niemand darf von deiner Ankunft etwas ahnen, bevor du dir nicht zuverlässige Freunde verschafft hast. Ich will deine Gestalt verwandeln, damit du allen unkenntlich bist." Sie berührte ihn mit ihrem Zauberstabe, und aus dem kraftvollen Helden wurde ein runzliger, gebeugter Greis mit glanzlosen Augen. Statt der herrlichen goldgestickten Kleider, die ihm die Phaiaken geschenkt hatten, umgaben ihn Lumpen.

„Zuerst nun rate ich dir, deinen treuesten Untertan aufzusuchen, den Schweinehirten Eumaios. Bei ihm wirst du alles erfahren, was in deinem Hause vorgeht! Ich eile indessen zu deinem Sohn Telemachos, denn er kommt soeben von Sparta zurück, wo er nach deinem Schicksal geforscht hat. Jetzt muß ich ihn vor den Freiern schützen, die im Hinterhalt auf ihn lauern!" Damit verließ die Göttin ihren Schützling.

ODYSSEUS, EUMAIOS UND TELEMACHOS

Odysseus schritt in der verwandelten Gestalt über die waldigen Höhen zu dem Ort, den ihm Athene bezeichnet hatte. Dort traf er den treuesten seiner Knechte. Eumaios jedoch erkannte den armen Wanderer nicht. Dennoch lud er ihn freundlich ein und setzte ihm Speise und Trank vor. „Es ist nur Ferkelfleisch", sagte er bitter, „denn die Mastschweine essen mir die unersättlichen Freier weg, diese gewalttätigen Menschen ohne alle Götterfurcht!"

Mit wachen Augen blickte Odysseus auf die Arbeit seines Hirten, auf das Gehege, das er errichtet hatte, und auf die Fülle der wohlgenährten Schweine, die Eumaios selber sorgfältig überwachte. Der arme Heimkehrer freute sich von Herzen über den ehrlichen und getreuen Knecht, der das Gut des längst verloren geglaubten Herrn so gewissenhaft verwaltete.

Glücklich traf bald darauf Telemach wieder auf Ithaka ein. Sein erster Besuch galt nach dem Geheiß der Göttin dem treuen Schweinehirten. Eumaios saß mit seinem Gastfreunde beim Frühstück, als draußen Schritte vernehmbar wurden. „Gewiß besucht dich ein Freund oder Bekannter", sagte Odysseus, „denn die Hunde schlagen nicht an. Gegen Fremde gebärden die Hunde sich doch ganz anders, das habe ich selbst erfahren!"

Da stand auch schon Telemachos, schlank und hochgewachsen, auf der Schwelle. Schmeichelnd sprangen die Hunde an ihm empor und umschnupperten ihn. In freudiger Überraschung ließ der Hirt das Geschirr aus der Hand fallen, eilte seinem jungen Herrn entgegen und umarmte ihn unter Küssen, als sei er vom Tode erstanden. Nicht herzlicher kann ein Vater den langvermißten Sohn empfangen, der aus der Fremde heimkommt.

Odysseus, der Bettler, wollte dem jungen Königssohne ehrerbietig Platz machen, doch Telemach wehrte ihm: „Bleib nur sitzen, Fremdling!" sagte er bescheiden, „Eumaios wird schon für mich sorgen." Dieser bereitete inzwischen einen Sitz aus Reisig, über das er einen Schafpelz legte, setzte dem Sohne seines Herrn Fleisch und Brot vor und mischte ihm den Wein. Während sie schmausten, fragte Telemach den Hirten nach seinem Gaste. „Er sagt, er stamme aus Kreta und sei landflüchtig", entgegnete Eumaios, „und ich empfehle ihn dir, daß du für ihn sorgest."

Telemachos blickte unsicher auf den Fremden: „Gern will ich dich mit Kleidung und Speise ausstatten, doch unter die Freier darfst du dich nicht begeben, denn sie schalten so frech in meinem Hause, daß ihnen niemand widerstehen kann!"

Seufzend hatte der Königssohn diese Worte gesprochen. Dann bat er Eumaios, zu Penelope zu gehen, um ihr seine Rückkehr zu melden.

VATER UND SOHN

Pallas Athene hatte nur diesen Augenblick abgewartet. Sie erschien dem Odysseus durch die halbgeöffnete Pforte, blieb aber seinem Sohne unsichtbar, und winkte ihn freundlich zu sich heraus. „Edler Odysseus", sagte sie, „jetzt ist es Zeit, dich deinem Sohne zu entdecken und mit ihm über die Rache an den Freiern zu beratschlagen. Auch ich brenne vor Begierde, mit euch die Frevler zu bestrafen." Damit berührte sie ihn mit ihrem goldenen

Stabe, und augenblicklich verwandelte sich der runzlige, altersgebeugte Bettler in den männlich starken, hochgewachsenen Helden zurück.

Staunend blickte Telemachos auf den Eintretenden, denn er dachte nicht anders, als daß ein Gott sich ihm nahe. „Wie anders erscheinst du mir –", doch Odysseus unterbrach ihn: „Nein, ich bin kein Gott", rief er, „dein Vater bin ich, um den du so lange getrauert hast!" Unter heißen Tränen hielten Vater und Sohn sich innig umschlungen.

Nun galt es die Rache an den Freiern zu vollziehen. Odysseus ließ sich ihre Namen – es waren wohl hundert – nennen und mahnte den Sohn zur Verschwiegenheit. „Niemand darf von meiner Heimkehr wissen", sagte er, „auch nicht Laërtes oder der Hirt, ja nicht einmal Penelope, deine Mutter."

Gegen Abend kehrte Eumaios wieder vom Palaste zurück. Er ahnte nicht, was in seiner Abwesenheit geschehen war, denn Athene hatte ihrem Schützling inzwischen wieder die Bettlergestalt zurückgegeben.

Tags darauf ließ sich Odysseus von dem Schweinehirten in die Stadt begleiten. Telemach war vorausgeeilt, um seine Mutter zu begrüßen. Voll banger Erwartung hatte Penelope auf gute Nachricht über den fernen Gatten gehofft, und Telemach mußte sich alle Kraft zusammennehmen, damit seine Mutter seine Freude über die Heimkehr des Vaters nicht merkte.

Tiefbewegt schritt Odysseus, der Heimkehrer, durch das Land seiner Väter. Wie schlug ihm das Herz, als er sich dem Palast näherte, in dem er einst geherrscht hatte! An der Seite des Eumaios betrat er sein Haus. Da schlug ihm festlicher Lärm entgegen. Niemand beachtete den armseligen Bettler. Nur im Vorhof erhob ein alter Haushund den Kopf und richtete die Ohren in die Höhe. Argos hieß er; Odysseus selber hatte ihn einst aufgezogen und oft mit auf die Jagd genommen. Jetzt lag das arme Tier, im Alter verachtet und von Ungeziefer bedeckt, auf dem Mist. Trotz der Verkleidung erkannte der treue Hund seinen Herrn, wedelte mit dem Schweife und versuchte näherzukommen. Doch seine Kraft war gebrochen. Odysseus wandte sich schweigend ab und wischte eine Träne aus dem Auge, als er den treuen Hund zu seinen Füßen verenden sah.

UNERKANNT IM EIGENEN HAUSE

Bescheiden, wie es sich für einen Bettler geziemt, hockte sich Odysseus auf der Schwelle seines Hauses nieder. Telemach, der ihn erblickt hatte, ließ ihm durch Eumaios Brot und Fleisch reichen. Während Odysseus sich daran labte, trieb Athene ihn an, die Freier auf die Probe zu stellen und sie um Brosamen zu bitten. Odysseus erhob sich, durchschritt den Lärm der Schmausenden und streckte flehend die Hand aus – so sicher, als sei er seit je zu betteln gewohnt. Einige gaben ihm verwundert. Nur Antinoos, der Übermütigste von allen, fuhr den Schweinehirten zornig an. Als Odysseus bescheiden an ihn herantrat, schleuderte der freche Freier seinen Fußschemel nach dem vermeintlichen Bettler und traf ihn an der rechten Schulter. Odysseus stand unverrückbar wie aus Stein und wiegte nur schweigend das Haupt, seinen Groll im Herzen verschließend. Schweigend sah auch Telemach, wie sein Vater mißhandelt wurde, und drängte seinen Ingrimm zurück.

Noch eine andere Beschimpfung mußte Odysseus, der Bettler, an jenem Tage erleben. Da war ein berüchtigter Bettler aus der Stadt, Iros mit Namen, den der Neid trieb, den Nebenbuhler aus dem Hause zu verdrängen. Für die Freier war dieser Streit eine willkommene Abwechslung. Unter Scherzen und Lachen stachelten sie die beiden gegeneinander auf und zwangen sie, miteinander zu ringen. Dröhnendes Gelächter scholl durch den weiten Palast, als Odysseus den elenden Landstreicher zu Boden schlug.

Penelope zeigte sich selber im Kreise der Freier. Mit unendlicher Freude sah Odysseus, der unbeachtet auf der Schwelle hockte, ihre Treue und Besonnenheit. Bis in die späte Nacht währte das Zechen und der Reigentanz. Odysseus selber schürte das Feuer, behielt aber dabei jeden der Freier im Auge. In seinem Herzen sann er auf grimme Rache.

Während Telemach sich dann auf seines Vaters Geheiß schlafen legte, erschien Penelope aus ihrem Frauengemach, schön wie Artemis und Aphrodite; sie ließ sich den elfenbeingeschmückten Sessel zum Feuer rücken und hieß Odysseus ihr gegenüber Platz nehmen. Sorgsam wich er ihren Fragen aus, als sie Namen und Herkunft wissen wollte, und mischte Wahres und Falsches, als er ihr tröstend erzählte, er habe Odysseus in Kreta gesehen. Wie schwer wurde es ihm, die Tränen zurückzuhalten, aber um seines Racheplanes willen mußte er sich bezwingen. Mit einem heiligen Eid aber versicherte er ihr: „Odysseus wird heimkehren, noch in diesem Jahre, ehe der Mond gewechselt hat!"

Die Königin gab der treuen Eurykleia den Auftrag, dem Gast die Füße zu waschen. Odysseus rückte vorsichtig ins Dunkel, als die Alte heißes und kaltes Wasser mischte, denn er hatte über dem rechten Knie eine tiefe Narbe, die ihm einst ein Eber auf der Jagd gerissen hatte. Er fürchtete, von der greisen Magd erkannt zu werden. Als diese mit den Händen über die Stelle fuhr, fühlte sie sofort die Narbe. Mit Freudentränen in den Augen umfaßte sie den Helden: „Odysseus, wahrlich, du bist es!" stieß sie hervor. Schon wollte sie Penelope die freudige Botschaft zurufen, da preßte Odysseus ihr die Kehle zu: „Willst du mir alles verderben, Mütterchen?" flüsterte er; „da du mich erkannt hast, ehe es an der Zeit ist, so schweig, damit kein Mensch im Hause es erfahre!"

Am folgenden Tage feierte man das Neumondsfest. Schon früh herrschte reges Leben in der Halle, denn die Mägde waren eifrig an der Arbeit, alles zu reinigen. Hirten brachten Mastvieh herbei, und in der Küche wurde gesotten und gebraten. Auch Odysseus erhielt seinen Anteil am Mahle; doch die Freier unterließen nicht, ihn wieder zu beschimpfen, und einer der Übermütigen schleuderte sogar einen Kuhfuß nach ihm. Odysseus wich dem Wurfe geschickt aus, und Telemach verwies dem Frechen streng seine Tat. „Mein Speer hätte dich durchbohrt", rief er, „wenn du unsern Gast getroffen hättest." Alle wunderten sich über die männliche Kraft, die aus der Rede des Jünglings sprach.

Da nahm ein anderer der Freier das Wort, lobte Telemachs Haltung und mahnte die Genossen, ihre harten Reden zu lassen. „Aber Telemach und seine Mutter sollen jetzt in Güte mit sich reden lassen. Da doch mit der Rückkehr des Odysseus nicht mehr zu rechnen ist, so soll sie dem Besten unter den Bewerbern die Hand zum Ehebund reichen. Wir andern wollen sodann in Frieden heimziehen."

Telemach tat, als stimme er einem solchen Vorschlag von ganzem Herzen zu, doch heimlich warf er seinem Vater einen Blick zu, als erwarte er dessen Zeichen, um loszubrechen.

DER BOGEN DES ODYSSEUS

Jetzt war auch Penelopes Zeit gekommen. Athene hatte ihr den Rat gegeben, den Freiern den Bogen des Odysseus, den er bei seinem Auszug nach Troja daheimgelassen hatte, zum Wettkampf vorzulegen. Den Bogen und den pfeilgefüllten Köcher in der Hand, trat sie in den Saal mitten unter die lärmenden Gäste und ließ Stille gebieten. „Höret mich, ihr edlen Freier", rief sie. „Ihr wollt mich zur Gattin gewinnen. Nun denn, so gelte es einen Wettkampf! Wer diesen Bogen des göttlichen Odysseus am leichtesten spannt und durch die Öhre von zwölf hintereinander aufgestellten Äxten hindurchschießt, wie mein Gemahl es einst getan, dem will ich die Hand zum Ehebunde reichen."

Der treue Eumaios vergoß Tränen, als Penelope ihm befahl, den Freiern Bogen und Pfeile zu reichen. Telemach aber zog eine Furche auf dem Estrich, stellte die Äxte sorgsam auf und richtete sie nach der Schnur.

„Auf denn, ihr Freunde", rief Antinoos triumphierend, „laßt uns den Wettkampf beginnen!" Der Reihe nach versuchten die Freier nun, den mächtigen Bogen zu spannen. Doch vergebens bemühte sich einer nach dem andern; auch als sie den Bogen mit Fett bestrichen, wollte es nicht gelingen.

Odysseus war mit Eumaios und dem treuen Rinderhirten Philoitios in den Vorhof gegangen. „Wie wäre es, ihr Freunde", sagte er, „wenn Odysseus plötzlich heimkehrte? Würdet ihr für ihn eintreten?"

„O Zeus im hohen Olymp“, rief der Rinderhirt, „wenn mir dieser Wunsch gewährt würde! Wie wollte ich meine Arme regen!“ Ebenso flehte Eumaios zu den Göttern, sie möchten dem geliebten Herrn die Heimkehr schenken.

„Nun denn, so vernehmt: Ich bin Odysseus!“ rief der Held. Er zeigte ihnen die Narbe am Bein, um sie zu überzeugen, und sah voll Ergriffenheit ihre Freude. Dann gab er ihnen genaue Anweisungen, wie er das Rachewerk an den Freiern vollenden wolle; er gebot ihnen, alle Türen des Palastes fest zu verriegeln.

Im Saale drehte Eurymachos inzwischen den Bogen über dem Feuer, um ihn zu erwärmen und dadurch geschmeidiger zu machen. Dennoch gelang es ihm nicht, die schwere Waffe zu spannen. Antinoos, der als einziger noch keinen Versuch gemacht hatte, schlug vor, den Wettkampf auf den nächsten Tag zu verschieben.

Da wandte sich Odysseus an die Freier und bat, man solle ihm den Bogen überlassen. „Bist du von Sinnen? Betört dich der Wein?“ schrie ihm Antinoos entgegen. Penelope aber verwies ihm das Wort; dem Fremden solle die Bitte gewährt sein.

Da rief Telemach: „Über den Bogen habe nur ich zu bestimmen, sonst niemand auf der Insel. Du aber, Mutter, geh in dein Frauengemach zu Webstuhl und Spindel, denn Kriegswaffen sind Männersache.“ Staunend hörte Penelope die entschlossene Rede ihres Sohnes, doch fügte sie sich schweigend. Athene goß ihr süßen Schlummer auf die Wimpern.

Dann reichte der Schweinehirt den Bogen Odysseus, während die Freier ein tobendes Geschrei erhoben. Der Held schwang ihn nur leicht, um zu prüfen, ob nicht Würmer das Holz zernagt hätten, als er ferne war. Mit Erschrecken sahen die Freier, wie leicht der Bettler den schweren Bogen handhabte. Nun versuchte er die Spannkraft der Sehne; hell erklang sie wie das Zwitschern der Schwalbe. Gleichzeitig aber ließ Zeus den Donner rollen.

Jetzt nahm Odysseus einen Pfeil aus dem Köcher, spannte den Bogen wie vormals und schoß den aufgelegten Pfeil durch alle zwölf Öhre! Ruhig wandte sich der Held an den Sohn: „Der Fremdling, den du in deinem Palaste aufgenommen hast, Telemachos, hat dir, so scheint mir, keine Schande gemacht! Meine Kraft ist ungeschwächt, so sehr mich auch die Freier verhöhnt haben. Doch jetzt ist es Zeit, den Achaiern noch bei Tageslicht das Nachtmahl zu bereiten und an Tanz und Saitenspiel zu denken, wie es zum festlichen Mahle gehört!"

Damit gab Odysseus dem Sohne das vereinbarte Zeichen. Schnell hängte dieser sein Schwert um, nahm den Speer zur Hand und trat neben den Vater.

DIE RACHE AN DEN FREIERN

Odysseus streifte die Bettlerlumpen ab, sprang auf die Schwelle und schüttete aus dem vollen Köcher die Pfeile vor seinen Füßen aus: „Der erste Wettkampf wäre nun vollbracht, ihr Freier! Nun gilt es ein Ziel, wie es noch keiner vor mir getroffen hat."

Mit diesen Worten legte er auf Antinoos an, der eben seinen goldenen Pokal emporhob und ahnungslos zum Munde führte. Da fuhr ihm Odysseus' Pfeil in den Hals, daß die Spitze zum Genick hervordrang. Der Becher stürzte ihm aus der Hand; dem Getroffenen fuhr ein dicker Blutstrahl aus der Nase, und im Hinsinken stieß er den Tisch um, daß Speise, Brot und Fleisch auf den Boden rollten.

Tobend sprangen die Freier auf. Sie stürmten durch den Saal, nach Waffen suchend; doch nicht Schild noch Speer waren mehr an den Wänden. In grimmigem Zorn fuhren sie den Schützen an: „Das war ein unseliger Schuß, du verfluchter Fremdling! Die Geier sollen dich fressen!" Sie meinten nämlich, Odysseus habe ohne böse Absicht getroffen, und ahnten nicht, die Toren, daß ihnen allen das gleiche Schicksal bevorstand.

Mit donnernder Stimme aber fuhr der Held sie an: „Ihr Hunde! Dachtet ihr, ich käme nimmermehr von Troja zurück, daß ihr mein Gut verpraßtet und um mein Weib warbt, obwohl ich am Leben war? Jetzt ist die Stunde eures Verderbens gekommen!"

Schreckensbleich, von Entsetzen gepackt, hörten die Freier seine Worte. Vergebens versuchte Eurymachos zu vermitteln, vergeblich versuchten die anderen Freier, durch Tische gedeckt, Odysseus von der Schwelle zu verdrängen. Erbarmungslos trafen seine Pfeile einen nach dem andern. Telemach holte für sich und die beiden Hirten Waffen aus der Rüstkammer und brachte auch dem Vater eine Rüstung. Athene selber gesellte sich den vier Kämpfern zu und feuerte Odysseus an. Wie Rinder, die auf der Weide von der Bremse verfolgt werden, so irrten die Freier verstört im Saale umher, um sich vor den Geschossen zu schützen. Doch nicht eher nahm das Strafgericht ein Ende, als bis der letzte der frechen Eindringlinge in seinem Blute lag. Nur Phemios, den Sänger, und Medon, den Herold, verschonten die Waffen des Odysseus.

ODYSSEUS UND PENELOPE

Nun rief der Held Eurykleia, die treue Schaffnerin, herbei, und ließ sie das grausige Rachewerk schauen. Die Alte wollte aufjauchzen, doch Odysseus wehrte ihr: „Freue dich im Herzen, Mütterchen“, sagte er, „aber juble nicht; denn gottlos ist es, über erschlagene Menschen zu frohlocken. Was hier geschehen ist, ist ein Gericht der Götter!“

Darauf ließ er die Leichen von den Mägden hinaustragen und die Sessel und die Tische vom Blute reinigen. Eurykleia brachte auf ihres Herrn Geheiß Glut und Schwefel auf einer Pfanne, um Saal, Haus und Vorhof auszuräuchern. Nach getaner Arbeit umdrängten die treugebliebenen Dienerinnen ihren heimgekehrten Herrn, hießen ihn unter Freudentränen willkommen und drückten zum Zeichen ihrer Ergebenheit ihr Angesicht in seine Hände. Odysseus selber schluchzte und weinte vor Freuden.

Jetzt erst erlaubte Odysseus der rührigen Alten, Penelope aus dem Schlafe zu wecken, um ihr die freudige Botschaft zu verkündigen. Hastig trippelte

Eurykleia hinauf und trat vor Penelopes Lager: „Erwache, meine Tochter, denn mit eigenen Augen darfst du heute sehen, worauf du von Tag zu Tag gewartet hast: Odysseus ist heimgekehrt. Er ist heimgekehrt und hat die frechen Freier, die dich so sehr bedrängt haben, erschlagen!"

Doch Penelope, aus dem Schlafe gerissen, wollte den überraschenden Worten nicht Glauben schenken: „Mütterchen", sagte sie traurig, „warum treibst du Spott mit mir in meinem tiefen Kummer?"

„Nein, nein", versetzte die Alte eifrig, „es ist wirklich so; der Fremdling ist's, den sie alle im Saale verspotteten. Telemach hat es längst gewußt, doch er verbarg das Geheimnis, bis die Rache an den Freiern vollzogen war."

Da sprang die Fürstin von ihrem Lager auf und umarmte die Alte unter Freudentränen; staunend hörte sie vom Tode der aufdringlichen Bewerber. Zitternd vor Hoffnung und Freude, folgte sie der treuen Eurykleia hinunter in den Saal. Hier setzte Penelope sich, ohne ein Wort zu reden, Odysseus gegenüber am Herdfeuer nieder. Lange saß sie stumm, denn Staunen und Zweifel hielten ihr Herz gefangen; bald glaubte sie sein Angesicht zu erkennen, bald wieder schien es ihr fremd, da ihn die Bettlerlumpen bedeckten. Erst als Odysseus ihr Zeichen nannte, die nur ihr und ihm bekannt waren, ließ Penelope Zweifel und Mißtrauen fahren. Weinend vor Glück und Freude warf sie sich an seinen Hals und küßte ihn zärtlich: „Zürne mir nicht, Odysseus, ich bitte dich, daß ich dich nicht sogleich willkommen geheißen habe! Mein armes Herz lebte in beständiger Angst, von einem schlauen Betrüger getäuscht zu werden. Jetzt aber bin ich ganz überzeugt!" Da übermannte auch den Helden innige Rührung, und weinend hielt er sein liebes, getreues Weib umfangen.

Die halbe Nacht verging den Gatten unter gegenseitigen Berichten über alles Schwere, das sie beide in den zwanzig verflossenen Jahren erlitten hatten, und der Königin kam nicht eher der Schlaf, als bis ihr Gemahl von allen seinen Irrfahrten erzählt hatte.

ODYSSEUS UND LAËRTES

Sobald der Morgen graute, rüstete sich Odysseus mit den beiden Hirten, seinen Vater aufzusuchen. Bald erreichten sie das Landgut des alten Laërtes. Odysseus ging sogleich in den Obstgarten, wo er den Vater vermutete. Laërtes, armselig gekleidet wie ein Ackerknecht, war eben dabei, den Boden um ein kleines Bäumchen vom Unkraut zu reinigen. Um dem Vater nicht mit der unerwarteten Botschaft Schaden zuzufügen, trat Odysseus mit freundlichem Gruße an ihn heran, ihn vorsichtig vorzubereiten. Er berichtete von einem Mann, den er einst beherbergt habe. „Der stammte aus Ithaka und erzählte mir, er sei ein Sohn des Königs Laërtes", erklärte er dem aufhorchenden Greise.

Tränenden Auges horchte der greise Vater auf, als er die Worte vernahm, doch er hatte keine Hoffnung mehr, den Sohn noch einmal lebend zu sehen. Voll tiefer Wehmut beugte er sich zu Boden und streute sich Staub auf sein weißes Haupt.

Da übermannte es den Helden. Er flog auf den Vater zu und umarmte ihn unter Tränen: „Ich bin es ja selber, Vater, um den du weinst", rief er; „jetzt endlich bin ich heimgekehrt! Laß Tränen und Schmerz und vernimm: Die Freier habe ich in unserem Palaste erschlagen!"

In fassungslosem Staunen blickte Laërtes auf den Heimkehrer. „Bist du wirklich mein Sohn Odysseus, so nenne mir ein untrügliches Kennzeichen, das mich ganz überzeugt!"

„Schau hier die Narbe", entgegnete Odysseus lächelnd, „die mir einst der Eber schlug, als du mich zum Großvater sandtest! Doch ein zweites Zeichen: Ich will dir die Bäume zeigen, die du mir einst geschenkt hast, als ich kindlich darum bat: Birnbäume waren es dreizehn, zehn Apfelbäume, vierzig kleine Feigenbäume und fünfzig Weinreben dazu, die jeden Herbst voll prächtiger Früchte stehen müssen!"

Da war dem Greis jeglicher Zweifel behoben. Er schlang die Arme um den wiedergefundenen Sohn und sank an seinem Herzen in Ohnmacht.

Doch noch waren Odysseus und sein Haus nicht aller Sorgen ledig. Als der Vater wieder zum Bewußtsein zurückgekehrt war, saßen sie mit Telemachos, Eumaios und Philoitios im Landhause zur fröhlichen Wiedersehensfeier beim Mahle. Doch zugleich pflogen sie ernsthaften Rat, wie man den Angehörigen der Freier begegnen solle, die sicherlich nach Rache dürsteten. Und in der Tat hatten die Väter der Erschlagenen sich in der Volksversammlung zusammengetan, um an Odysseus Rache zu nehmen. Der Sänger und der Herold, die der Held großmütig geschont hatte, bekundeten aber, wie recht der Heimkehrer gehandelt habe, und Pallas Athene selber erwirkte die Mithilfe des Zeus. Nach seinem Beschluß wurde jeglicher Gedanke an Rache aus den Herzen aller Beteiligten getilgt. Athene erneuerte zwischen Odysseus und den Fürsten der Insel den ewigen Landfrieden, und diese huldigten mit dem ganzen Volke dem heimgekehrten Helden als ihrem König.

Odysseus, der edle Dulder, lebte noch lange, glückliche Jahre mit seiner Gattin zusammen, bis sich an ihm erfüllte, wie es ihm einst von Teiresias vorausgesagt war. Im hohen Greisenalter entführte ihn ein sanfter Tod in die Unterwelt.

DIE WICHTIGSTEN GÖTTER DER ALTEN GRIECHEN

(In Klammern die römischen Namen der Gottheiten)

Acheron, siehe Unterwelt.

Aphrodite (Venus), die Göttin der Liebe und der weiblichen Anmut; ihr ständiger Begleiter ist Eros.

Apollon, auch Phoibos A. (Phoebus Apollo), der Gott der Weisheit, des delphischen Orakels und der schönen Künste, auch gleichgesetzt dem Lichtgott Helios, der den Sonnenwagen lenkt; ihm ist das Orakel zu Delphoi heilig. Er und seine Zwillingsschwester Artemis sind Kinder des Zeus und der Göttin Leto (Latona).

Ares (Mars), der schreckliche Gott des Krieges; er vermählte sich mit Aphrodite.

Artemis (Diana), Apollons Schwester, die Göttin der Jagd und des Waldes.

Athene, auch Athena; Pallas A. (Minerva), Lieblingstochter des Zeus, aus seinem Haupte entsprungen, Lehrerin von vielen schönen Künsten und Lenkerin der Völkergeschicke in Schlacht und Krieg, Göttin der Klugheit, Schutzgöttin der Stadt Athen, der sie den Ölbaum schenkte.

Bakchos (Bacchus), siehe Dionysos.

Chariten: Die drei Chariten (Grazien) erscheinen als Göttinnen der Schönheit und der Lebensfreude meist in Aphrodites Gefolge. Gemeinsam mit den neun Musen verschönern sie durch Gesang und Tanz die Feste der Götter.

Charon, siehe Unterwelt.

Demeter (Ceres), die Göttin des Ackerbaus und der Fruchtbarkeit.

Dionysos (Dionysus), Bakchos (Bacchus), der Gott des herzerfreuenden Weines und der Fröhlichkeit, meist begleitet von den Satyrn und Bakchantinnen.

Eos (Aurora), die Morgenröte, die dem Sonnengotte Helios, ihrem Bruder, die Himmelspforten öffnet.

Erinnyen (Furien), die grausigen Rachegöttinnen mit flatterndem Haar aus Schlangenleibern. Eumeniden, „die Wohlmeinenden“, nennt man sie, um sie günstig zu stimmen.

Eros (Amor, Cupido), der Liebesgott, ausgerüstet mit Bogen und Pfeilen, die Hephaistos gefertigt hat.

Hades, auch Pluton (Pluto), der finstere Gott der Unterwelt Hades (Orcus, Orkus), des Aufenthaltsortes der Toten.

Helios, Sonnengott, Bruder der Eos; bei ihm schwuren die Griechen, da er alles sah und hörte.

Hephaistos (Vulcanus, Vulkan), der Gott des Feuers und der Schmiedekunst, Erbauer der Götterburg Olymp.

Hera, Here (Juno), Gemahlin des Zeus, die stolze Himmelskönigin; die Beschützerin der Ehe und Familie. Ihrer Ehe entsprossen Hephaistos, Ares und Hebe.

Hermes (Mercurius, Merkur), der Götterbote, auch der Gott des Handels und des Verkehrs, mit Flügelschuhen und Zauberstab; er schuf die Hirtenflöte Syrinx.

Horen, die Göttinnen der Jahres- und der Tageszeiten.

Iris, die geflügelte Botin des Zeus, Dienerin der Hera, die Göttin des Regenbogens.

Kerberos, siehe Unterwelt.

Moiren, die drei Moiren (Parzen) Klotho, Lachesis und Atropos, die als geheimnisvolle Schicksalsmächte den Faden des Menschenlebens spinnen, drehen und abschneiden.

Musen, die neun Musen, Töchter des Zeus, sind Begleiterinnen Apollons, Schützerinnen der schönen Künste und des heiteren Wissens: Kleio oder Klio (Geschichte), Melpomene (Trauerspiel), Terpsichore (Tanzkunst), Thaleia oder Thalia (Schau- und Lustspiel), Euterpe (Musik), Erato (Gesang), Urania (Sternkunde), Polyhymnia (Beredsamkeit und Lyraspiel), Kalliope (Heldengedicht).

Nymphen sind meist die Begleiterinnen der jungfräulichen Artemis; sie bewohnen auch die Berge und Flüsse, Bäume, Grotten und Quellen.

Pan (Faunus), Sohn des Hermes, der bocksfüßige Hirtengott mit der Syrinx, der Hirtenflöte; mit seinem plötzlichen Auftauchen jagt er den Hirten oft „panischen“ Schrecken ein.

Persephone (Proserpina), Tochter der Demeter und des Zeus, Gemahlin des Hades.

Poseidon (Neptunus, Neptun), Bruder des Zeus, der Gott der Meere, der mit seinem Dreizack die Fluten aufwühlt. Seine Lieblinge sind die Pferde.

Satyrn und Bakchantinnen, die Begleiter und Begleiterinnen des Bakchos auf seinen Streifzügen.

Styx, siehe Unterwelt.

Tethis, eine der Meeresgöttinnen, Göttin der Feuchtigkeit, Gattin des Okeanos, des Gottes des großen Meeres, das die Erde umspült.

Unterwelt: In der Unterwelt, in des Hades Reich, führt der Fährmann Charon die Seelen der Abgeschiedenen über den Acheron, den Totenfluß, in das Reich der Schatten. Vor dem Eingangstor wacht der dreiköpfige Kerberos (Cerberus). Dort fließt auch die Styx, „die Verhaßte“; sie ist die Tochter des Okeanos. Bei diesem Flusse schwören die Götter; im Falle eines Eidbruches müßten sie ihn überschreiten und verlören damit ihre Unsterblichkeit. – Die tiefste Tiefe der Unterwelt ist der Tartaros.

Zeus (Jupiter), der Vater der Götter, Beherrscher des Weltalls und Schützer des Rechts. Das Zeichen seiner Macht ist ein Bündel Blitze, sein königlicher Begleiter der Adler.

NAMEN- UND SACHREGISTER

(In Klammern die römischen Namen und Bezeichnungen - griech. ai = lat. ae [deutsch ä]; griech. oi = lat. oe [deutsch ö]; griech. k = lat. c; griech. os = lat. us)

INHALT